acatech DISKUTIERT

> WACHSTUM DURCH TECHNOLOGISCHE INNOVATIONEN

BEITRÄGE AUS WISSENSCHAFT UND WIRTSCHAFT

GÜNTER SPUR (Hrsg.)

D1699281

Bibliografische Information der Deutschen Bibliothek
Die Deutsche Bibliothek verzeichnet diese Publikation in der Deutschen Nationalbibliografie; detaillierte
bibliografische Daten sind im Internet über http://dnb.ddb.de abrufbar.

ISSN 1861-9924/ISBN 3-8167-7021-5

Geschäftsstelle München   Geschäftsstelle Berlin
Residenz München
Hofgartenstraße 2   Jägerstraße 22/23
80539 München   10117 Berlin

Telefon +49 (0) 89/520 30 90   Telefon +49 (0) 30/39 88 50 71
Telefax +49 (0) 89/520 30 99   Telefax +49 (0) 30/39 88 50 72

E-mail: info@acatech.de
Internet: www.acatech.de

Koordination: Jens Pape, acatech
Lektorat: Yetvart Ficiciyan, Fraunhofer IPK, Berlin
Umschlaggestaltung und Layout-Konzeption: klink, liedig werbeagentur gmbh, München
Satz/Layout: Fraunhofer-Institut für Medienkommunikation IMK, Sankt Augustin
Herstellung und Produktion: Fraunhofer IRB Verlag, Stuttgart

Printed in Germany

Verlag und Vertrieb:
Fraunhofer IRB Verlag
Fraunhofer-Informationszentrum Raum und Bau IRB
Nobelstraße 12
70569 Stuttgart

Postfach 80 04 69
70504 Stuttgart

Telefon +49 (0) 711/970 25 00
Fax +49 (0) 711/970 25 08

E-mail: irb@irb.fraunhofer.de
Internet: www.IRBbuch.de

acatech DISKUTIERT

> WACHSTUM DURCH TECHNOLOGISCHE INNOVATIONEN

BEITRÄGE AUS WISSENSCHAFT
UND WIRTSCHAFT

GÜNTER SPUR (Hrsg.)

> acatech DISKUTIERT

Die Reihe „acatech DISKUTIERT" dient der Dokumentation von Symposien, Workshops und weiteren Veranstaltungen des Konvents für Technikwissenschaften. Darüber hinaus werden in der Reihe auch Ergebnisse aus Projektarbeiten bei acatech veröffentlicht. Die Bände dieser Reihe liegen generell in der inhaltlichen Verantwortung der jeweiligen Herausgeber und Autoren.

> INHALT

> VORWORT

Das Gütesiegel „Made in Germany" wird weltweit mit dem hohen Leistungsstand deutscher Technologien verbunden. Grundlage hierfür ist der ungebrochene Erfindergeist der Menschen in unserem Land, verbunden mit dem Anspruch, Produkte höchster Qualität herzustellen. Durch den globalen Wettbewerb forschungsintensiver Erzeugnisse entstand jedoch zunehmend ein Innovationsdruck auf den Produktionsstandort Deutschland, der zu einer Reform unserer Forschungspolitik herausfordert. Ein wesentlicher Beitrag für einen wirtschaftlichen Aufschwung wird dabei durch die produktive Umsetzung von Forschungsergebnissen in wettbewerbsfähige Produkte und Prozesse erwartet.

Technologische Innovationen sind Triebkräfte des ökonomischen Systems. Die Globalisierung der Märkte macht es volkswirtschaftlich notwendig, die regionale Innovationsfähigkeit zukunftsorientiert zu stärken. Die Bedeutung von Innovationen muss nachhaltig in der Unternehmenskultur verankert werden. Es gilt, ein Innovationsbewusstsein zu schaffen. Insbesondere im Bereich Forschung und Entwicklung ist ein gezieltes Innovationsmanagement aufzubauen, das auf eine permanente Erneuerung technologischer Innovationsprozesse zielt. Es geht dabei nicht nur um die Anpassung der organisatorischen Strukturen, sondern auch um die Aktivierung aller Kreativpotenziale für innovatives Handeln. Ebenso sollte staatliche Innovationspolitik Anreize für eine Ausrichtung der Industrie auf neue, strategisch bedeutsame Technologiefelder mit Schlüsselfunktionen entwickeln.

Die in den Jahren 2003 bis 2005 von acatech – Konvent für Technikwissenschaften der Union der deutschen Akademien der Wissenschaften – durchgeführten Symposien machten deutlich, wie stark die Wettbewerbsfähigkeit der deutschen Wirtschaft und damit der Wohlstand unserer Gesellschaft von der Entwicklung innovativer Technologien abhängen. Ohne Wachstum ist eine nachhaltige Entwicklung unserer Gesellschaft nicht denkbar.

Der acatech Arbeitskreis „Technikwissenschaften und Innovation" hat in den Jahren 2003 bis 2005 gemeinsam mit der Stiftung *Brandenburger Tor* zu dieser Thematik eine Workshop-Reihe durchgeführt. Unter Mitwirkung von Experten aus Wissenschaft, Wirtschaft und Politik wurden zentrale Fragestellungen zur Aktivierung und Optimierung des technologischen Innovationspotenzials am Industriestandort Deutschland durch Referate vertieft und in Arbeitsgruppen diskutiert.

Die ersten Zwischenergebnisse dieser Workshops sind in der vorliegenden Buchreihe „acatech diskutiert" mit dem Blick auf die Entwicklung einer technologischen Innovationstheorie zusammengefasst.

Gemeinsam mit meinem Kollegen Prof. Dr. Eckard Minx im Bereich Wissenschaft und Forschung der Stiftung *Brandenburger Tor* konzentrierte sich unsere Arbeit sowohl auf die Grundfragen des Wissens- und Technologietransfers als auch auf die Verbesserung des Dialogs zwischen Wissenschaft und Praxis.

Dem Kuratorium der Stiftung *Brandenburger Tor* unter dem Vorsitz von Herrn Bundespräsident a. D. Prof. Dr. Roman Herzog sowie dem Vorstand, namentlich Prof. Monika Grütters und Prof. Dr. Heinz Grimm, gilt mein besonderer Dank für die Unterstützung und Förderung dieser Thematik seitens der Stiftung.

Es ist mir ein herzliches Bedürfnis, allen Teilnehmern der Workshop-Reihe für das eingebrachte Interesse zu danken, insbesondere dem Vorstand von acatech unter dem Vorsitz von Prof. Dr.-Ing. Joachim Milberg, allen Mitgliedern unseres Arbeitskreises „Technikwissenschaften und Innovation" sowie Prof. Dr.-Ing. Dieter Spath und Prof. Dr. Klaus Kornwachs für die zukünftige Unterstützung zur Weiterführung dieser Workshop-Reihe.

Günter Spur
Berlin, im März 2006

> GELEITWORT

„Was einmal gedacht wurde, kann nicht mehr zurückgenommen werden", lässt Dürren-
matt in *Die Physiker* den Forscher Möbius über die Entwicklung des technologischen
Fortschritts sinnieren. Diese Feststellung gilt heute sicherlich immer noch. Doch ist es
inzwischen zumindest in Deutschland so, dass viele Entdeckungen technologischer Art,
zwar „gedacht" – im Sinne von „erfunden" – werden, diese aber nicht mehr ihren Weg als
Produkt oder neue Technologie in den Markt finden. Aber erst wenn eine neue Technik
das Labor verlässt und Wirtschaft und Gesellschaft verändert, wird sie zur Innovation.

Deutschland liegt nach wie vor bei den Patentanmeldungen – nach den USA und
Japan – weltweit auf Platz drei und ist europaweit unangefochten an der Spitze, doch
mangelt es an der Umsetzung in Form neuer Produkte. Worin besteht dieser Mangel? Sind
es gesellschaftliche oder politische Voraussetzungen, wissenschaftliche oder wirtschaftliche Rahmenbedingungen, die sich verändert haben und die Umsetzung behindern?
Welche Faktoren sind zu verändern, um ein innovationsfreudigeres Klima zu schaffen?

In einer Workshop-Reihe ist der Bereich Wissenschaften innerhalb der Stiftung *Brandenburger Tor* diesen Fragen nachgegangen. Die interdisziplinären Veranstaltungen ermöglichten es, mit Wissenschaftlern, Unternehmern und Politikern in einen Meinungs-
austausch zu treten. So ist der Sitz der Stiftung, das Max Liebermann Haus, zu einem Ort
des Dialogs zwischen den verschiedenen Disziplinen geworden.

Seit 1999 veranstaltet die Stiftung Workshops, die sich mit den Fragen von Wis-
sens- und Technologietransfer, Technikkultur und Innovationsprozessen beschäftigen. Es
gehört inzwischen zur Tradition des Hauses, Ergebnisse dieser Veranstaltungen in einer
Veröffentlichungsreihe einer breiten Öffentlichkeit zugänglich zu machen. Die Stiftung
Brandenburger Tor arbeitet dabei eng mit acatech, dem Konvent für Technikwissenschaften der Union der deutschen Akademien der Wissenschaften, zusammen.

Für die inhaltliche Vorbereitung und Moderation der hier dokumentierten Workshops ist den Beiratsmitgliedern für Wissenschaft in der Stiftung *Brandenburger Tor* zu
danken. Mit hoher Fachkenntnis und Engagement haben Professor Dr. Eckard Minx und
Professor Dr. Günter Spur diese Veranstaltungen geleitet. Zu danken ist darüber hinaus
den Referenten für ihre sachkundigen Beiträge und den Teilnehmern für ihre anregenden
Diskussionsbeiträge. Der Dank gilt auch den Mitarbeitern der Veranstalter, die die Tagungen und diese Veröffentlichung organisatorisch betreut haben.

Die Verantwortlichen der Stiftung *Brandenburger Tor* hoffen, dass sie mit der vorliegenden Publikation allen Interessierten Anregungen geben und den Dialog zwischen Wissenschaft und Unternehmen in die Öffentlichkeit tragen können.

Heinz Grimm
Berlin, im März 2006

> TECHNOLOGISCHE INNOVATIONEN – THEORIE UND PRAXIS

> INNOVATIONSPOTENZIALE DER TECHNIKWISSEN-SCHAFTEN

GÜNTER SPUR

DIFFERENZIERUNG UND AUFGABEN DER TECHNIKWISSENSCHAFTEN

Die Technikwissenschaften basieren auf einem geordneten, folgerichtig aufgebauten, zusammenhängenden System von wissenschaftlichen Erkenntnissen und praktischer Erfahrung. Ihre Einbindung in verschiedene Wissensbereiche ist vielseitig und nicht immer eindeutig zu erkennen. Eine Differenzierung der Technikwissenschaften nach Wirkbereichen ist in Bild 1 dargestellt.

Bild 1: Differenzierung der Technikwissenschaften nach Wirkbereichen

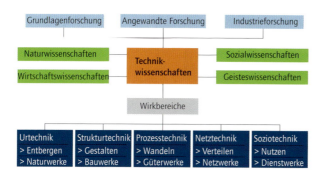

Mit seinen kooperierenden Teilsystemen aus Grundlagenforschung, angewandter Forschung und Industrieforschung begründet der komplexe Wissensverbund die Bildung einer für die Technikwissenschaft entwicklungsnotwendigen methodisch orientierten Theorie.

Die Naturwissenschaften, Wirtschaftswissenschaften, Sozialwissenschaften und Geisteswissenschaften werden zwar unterschiedlich in Anspruch genommen, sind aber doch als Wirkungsfeld für die Entwicklung der Technikwissenschaft insgesamt unentbehrlich.

Das System Technik lässt sich grundlegend nach aufbauorientierten und transformationsorientierten Funktionen gliedern. Nach ihren Wirkbereichen lassen sich technische Systeme in Urtechnik, Strukturtechnik, Prozesstechnik, Netztechnik und Soziotechnik unterteilen:

- Urtechnik zielt umweltorientiert auf einen unmittelbaren Eingriff in die Natur.
- Strukturtechnik wirkt durch ihren raumorientierten konstruktiven Aufbau funktional.
- Prozesstechnik basiert auf energetischer, materieller und informationeller Transformation von Operanden aus einem Eingangszustand in einen Ausgangszustand.
- Netztechnik bewirkt durch kommunizierende Verknüpfung qualitative und quantitative Verstärkungseffekte.
- Soziotechnik ist gesellschaftlich durch Mensch-Maschine-Schnittstellen bestimmt und damit im Dienstleistungsbereich wirksam.

Für die Technikwissenschaften ergeben sich als System von wissenschaftlichen Erkenntnissen und Methoden zur Anwendung in der Technik durch Analyse von Nutzungspotenzialen und durch die Entwicklung von Innovationspotenzialen folgende wissenschaftliche Aufgabenstellungen (Bild 2):

Bild 2: Aufgaben der Technikwissenschaften

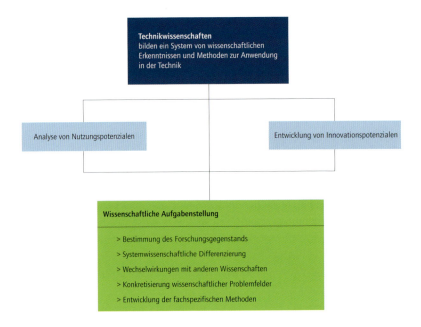

- Bestimmung des Forschungsgegenstands,
- systemwissenschaftliche Differenzierung,
- Wechselwirkungen mit anderen Wissenschaften,
- Konkretisierung wissenschaftlicher Problemfelder sowie
- Entwicklung der fachspezifischen Methoden.

Eine zentrale Aufgabe der Technikwissenschaften besteht darin, geeignete Methoden zur Innovationsförderung zu entwickeln oder zu verbessern. Hierbei ist Multidisziplinarität in besonderer Weise zu berücksichtigen. Weiterhin sind die wissenschaftstheoretischen Voraussetzungen sowohl für die analytisch-ursächliche als auch für die synthetisch-konstruktive Methodik zur Aufbereitung von Innovationen zu schaffen. Hierbei spielen die Wechselbeziehungen zwischen Theorie und Praxis eine vermittelnde und anregende Rolle.

Technologische Innovationen entstehen im Wissenschaftsverbund von Wirtschaftswissenschaften, Technikwissenschaften, Naturwissenschaften, Umweltwissenschaften, Geisteswissenschaften und Sozialwissenschaften. Sie sind als Gegenstand multidisziplinärer Forschung zu betrachten (Bild 3).

Bild 3: Innovationsforschung im multidisziplinären Wissenschaftsverbund

INNOVATIONSORIENTIERUNG TECHNIKWISSENSCHAFTLICHER FORSCHUNG

Technische Systeme sind zweckbestimmt und wirken als geordnete Menge von Elementen, die wiederum durch eine Menge komplexer Beziehungen untereinander verknüpft sind. Strukturierung und Wirkverhalten technischer Systeme sind Objekt innovationsorientierter Forschung. Eine systemtheoretische Analyse sieht die Technik in ihrer innovativen Wirkung und bewertet sie nach der Innovationsfähigkeit ihrer elementaren Strukturen und Funktionen, also nach ihrer Qualitäts- und Produktivitätsfähigkeit (Bild 4).

Bild 4: Innovationsorientierung technikwissenschaftlicher Forschung

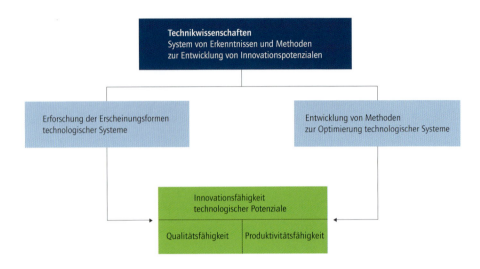

Für das Wachstum technologieorientierter Unternehmen sind Synergieeffekte besonders wirksam, wenn sie die Kriterien einer kalkulierbaren Wirtschaftlichkeit und einer nachhaltigen Innovation erfüllen. Schrittmachertechnologien öffnen den Fortschritt mit Anschwung, als Schlüsseltechnologien bringen sie das Wachstum zum Markterfolg und als Basistechnologien sichern sie durch Perfektion die Ertragserwartungen des Unternehmens (Bild 5).

Bild 5: Aktivierung der Innovationspotenziale

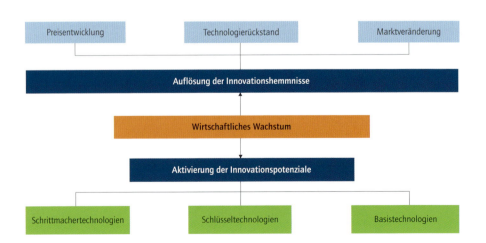

Das Unternehmensmanagement muss jederzeit eine Substitutionstechnologie vorhalten, die einerseits den zunehmenden Druck von Konkurrenztechnologien abfängt, aber andererseits auch die Position einer Spitzentechnologie anstrebt. Schlüsseltechnologien sind Wachstumstechnologien, die unter anderem durch folgende Indikatoren gekennzeichnet sind:

- hohe Investition in die Technologieentwicklung,
- breiter potenzieller Markt,
- anfängliche funktionale Unsicherheiten,
- Instabilität von Kostenkalkulationen,
- Aktivierung der Personalqualifizierung sowie
- Technologische Monopolstellung.

Wachstum stärkt die Marktposition, verbessert das Image, fördert den Zuliefermarkt und beeinflusst den Marktpreis. Meistens ist das quantitative Wachstum auch mit der allgemeinen Marktentwicklung verbunden. Die Erfahrung beim Nutzer führt schrittweise zu Verbesserungen der Produktfunktionen. Die Entwicklung einer Technologie verläuft nach der biologischen Wachstumskurve: je ausgereifter eine Technologie ist, desto geringer ist der erzielbare Fortschritt und desto größer der hierfür erforderliche Aufwand.

INNOVATIONEN DURCH FORSCHUNGSWIRTSCHAFT

Die Forschung der Technikwissenschaften zielt nicht nur auf neue Erkenntnisse, sondern auch auf deren gezielte Umsetzung in einer innovationsorientierten Forschungswirtschaft (Bild 6).

Im Forschungsgegenstand der Technikwissenschaften kommt zugleich ein Innovationspotenzial zur Anwendung, das auf schöpferisches Handeln fördernd zurückwirkt.

Durch die soziotechnische Vernetzung sind technologische Innovationen Träger gesellschaftlicher Wandlungsprozesse, die Handlungspotenziale in Wissenschaft, Wirtschaft und Politik integrieren.

Die Reform unserer Industriegesellschaft zu einer Forschungswirtschaft wird durch wissenschaftsgetriebenen Innovationsdruck erzeugt, der von theoretischem Wissen, praxisgeführter Erfahrung, entscheidungsstarker Handlungsfähigkeit sowie einer bewussten Einfühlung in die Empfindsamkeit des Zeitgeistes der Gesellschaft geprägt ist.

Ein solcher Fortschritt bedarf einer permanenten wissenschaftlichen Analyse durch eine innovationsorientierte Begleitforschung, die sich aus seiner klärenden Aufbereitung durch die einzelnen Fachdisziplinen im Sinne eines neuen Selbstverständnisses der Technikwissenschaft integrativ zu einer übergreifenden Technischen Innovationslehre entwickeln könnte. Damit würde ein prozessorientiertes Wissenschaftssystem von Erkenntnissen und Methoden entstehen, das nicht nur der optimalen Gestaltung und Führung von technologischen Wirksystemen dient, sondern auch die Entfaltung des gesellschaftlichen Innovationspotenzials gezielt fördert.

Mit der zunehmend wissenschaftsbestimmten, global vernetzten Technik steht der Gesellschaft unserer Zeit ein Innovationspotenzial zur Verfügung, das in seiner Komplexität und Mächtigkeit bisher nicht gekannte Dimensionen erreicht hat.

Bild 6: Innovationen durch Forschungswirtschaft

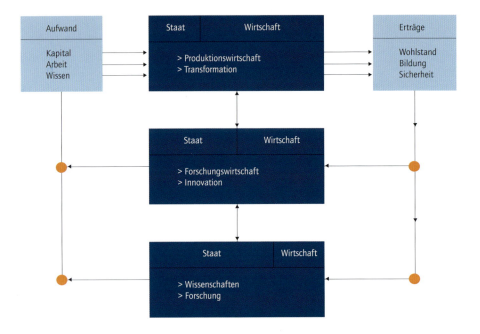

DER ARBEITSMARKT IM WANDEL

Die Lage am Arbeitsmarkt kann nur durch Innovationen einer technologisch geprägten Produktionswirtschaft verbessert werden. Sie verändern die Struktur der Arbeitswelt, indem sie den Bedarf an qualifizierter Arbeit vermehren, allerdings dabei den Mengenbedarf an einfacher Arbeit vermindern. Technologische Innovationen verändern die Arbeitsinhalte, erfordern Flexibilität in der Arbeitsordnung und eine organisatorische Anpassung der Arbeitsabläufe (Bild 7).

Bild 7: Wirkung der Innovationsprozesse auf den Arbeitsmarkt

Die globalen Veränderungen im Wirtschaftswettbewerb bewirken eine zunehmende Instabilisierung der Arbeitsmärkte. Hochqualifizierte Fachkräfte sind die Gewinner dieser Entwicklung. Kompetenz ist gefragt. Verlierer sind die minderqualifizierten Hilfskräfte, deren Arbeitsproduktivität nicht mehr wettbewerbsfähig ist. Oft kann die erforderliche Arbeitsqualität von Menschen deshalb nicht erbracht werden, weil die technologischen Anforderungen das Leistungsvermögen menschlicher Arbeit übersteigen. Dies betrifft sowohl die Schnelligkeit von Handhabungen als auch deren Genauigkeit. Sehr oft ist die Feinheit und Sauberkeit von Arbeitsverrichtungen durch Menschen nicht mehr zu erbringen.

Der Arbeitsmarkt wird zukünftig weniger durch ökonomische Zwänge bestimmt, sondern zunehmend am technologischen Leistungsangebot gemessen. Dabei ist zu beachten, dass fachliches Handlungsvermögen allein nicht ausreicht, gefragt sind genauso Tugenden, wie zum Beispiel Zuverlässigkeit, Gründlichkeit, Pünktlichkeit und Ordnungssinn.

Die Triebfeder des innovativen Forschrittes kommt aus der Informatik, aus informationstechnischen Entwicklungen, natürlich auch nach wie vor aus der Werkstofftechnik und der Energietechnik. Technik bildet kein in sich abgeschlossenes System, sondern kann nur sozio-technisch verstanden werden. Voraussetzung ist, dass der sozio-technische Innovationsdruck auch die Erwartungen des Marktes erfüllt.

INNOVATIONSFÄHIGKEIT DER UNIVERSITÄTEN STEIGERN

Universitäten sind nach ihrem Gründungsauftrag auf Forschung ausgerichtet. Ideen und Fragestellungen kommen von den Wissenschaftlern, kommen von den Professoren. Bei ihnen liegt neben den Lehraufgaben die Verantwortung für den Fortschritt ihrer Fachdisziplinen. In den Fakultäten existiert mit den graduierten Studenten und Assistenten ein hoch motiviertes Potenzial der Forschung, das sich in jedem Semester erneuert. Im Rahmen der laufenden Forschungsprojekte können zahlreiche Diplomarbeiten betreut werden. Durch eingeworbene Drittmittel wird bei entsprechenden Investitionen die Forschungsfähigkeit in den Instituten erheblich verbessert.

Eine wichtige Voraussetzung zur Steigerung der Forschungsleistung ist das persönliche Engagement der Wissenschaftler. Die in der deutschen Universitätsstruktur gewährten Freiheiten bieten einen großzügigen Rahmen für wissenschaftliche Entfaltungsmöglichkeiten: eine Herausforderung, aber auch Verpflichtung.

Die Wissenschaft ist künftig als Ideengeber mehr denn je auf eine Selbstaktivierung ihrer Forschungspotenziale angewiesen. Die Erneuerung unserer Innovationskultur ist kein Luxus, sie ist bittere Notwendigkeit für die Sicherung unserer Lebensbedingungen. Die Technikwissenschaften müssen sich zu ihrer Eigenverantwortung bekennen und ihre Innovationsfähigkeit zur Lösung anstehender Probleme der realen Welt steigern. Diese konzentrieren sich als vordringliche Herausforderung auf das Wachstum unseres Wirtschaftspotenzials. Es gilt, den Innovationsbedarf zu erfassen und darauf angepasste Forschungs- und Entwicklungsprozesse auszulösen.

Diese Fähigkeit zu steigern ist eine der wichtigsten Aufgaben des Wissenschaftsmanagements. Hierzu gehören alle Maßnahmen, die das kreative Leistungspotenzial der Mitarbeiter zur optimalen Entfaltung bringen. Wichtig ist eine zielgerichtete und intensive Begleitung der Innovationsprozesse durch die Leitungsorgane, wobei auf eine wirkungsvolle Zusammenarbeit aller Beteiligten zu achten ist. Hierbei kann ein anregendes Wechselspiel zwischen internen und externen Kooperationen sehr erfolgreich sein.

Wir müssen vielleicht lernen, dass es nicht nur auf das Hauptprodukt ankommt. Wenn dieses in Ordnung ist, hat man zwar gewonnen, aber die Nebenprodukte können auch eine wirtschaftliche Bedeutung erlangen. Man kann sie nutzen. Es gibt allerdings auch Störprodukte. Dies sind teilweise Umweltprodukte und auch solche, die misslungen sind, die nicht funktionieren, die Störungen haben. Das Innovationsrisiko führt dazu, dass in der Entwicklung die Angst vor neuen Produkten zunimmt. Kein Unternehmen kann es sich heute erlauben, dass ein mit großem Aufwand eingeführtes Produkt nicht auf Stückzahlen kommt (Bild 8).

Bild 8: Produktivität von Innovationsprozessen

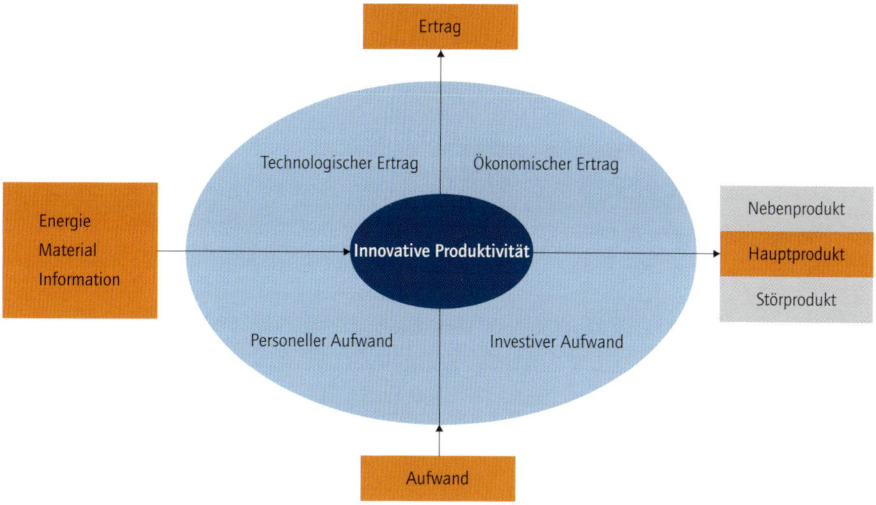

WIRKRICHTUNG VON INNOVATIONSPOTENZIALEN

Technikwissenschaftliche Forschung benötigt immer wieder Innovationsinitiativen, die von Visionen geleitet Ideenreichtum entfalten. Hierzu muss ein geeignetes Klima zwischen Forschung und Praxis entwickelt und gepflegt werden. Die Innovationsfähigkeit ist dann besonders hoch, wenn sich Innovationspotenziale interdisziplinär miteinander verdichten.

Technische Systeme sind zweckbestimmt und wirken als geordnete Menge von Elementen, die wiederum durch eine Menge komplexer Beziehungen untereinander verknüpft sind. Strukturierung und Wirkverhalten technischer Systeme sind Objekt wissenschaftlicher Forschung. Die systemtheoretische Analyse sieht die Technik in ihrer ganzheitlichen Wirkung, aber gleichzeitig auch in ihren elementaren Strukturen und Funktionen. Innovationspotenziale technischer Systeme führen zur Verfeinerung (Präzisierung), zur Vermehrung (Komplexisierung) und zur Verbesserung (Optimierung) dieser Funktionen (Bild 9).

Bild 9: Wirkrichtung von Innovationstechnologien

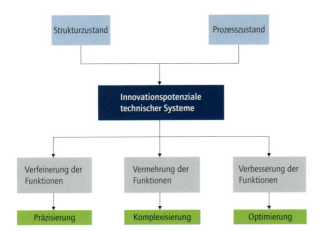

Aus der Innovationsblickrichtung gesehen sollte die technikwissenschaftliche Forschung grundsätzlich innovationsorientiert sein. Das System von Erkenntnissen und Methoden der Technikwissenschaft dient der Entwicklung von Innovationspotenzialen. Die Innovationsfähigkeit darzustellen und auszubauen, ist die Aufgabe der Technikwissenschaften (Bild 10).

Bild 10: Fähigkeit zur Innovatisierung technischer Systeme

THESEN ZUR WEITERENTWICKLUNG DER TECHNIKWISSENSCHAFTEN

Im Folgenden werden zehn Thesen zur Weiterentwicklung der Technikwissenschaften zur Diskussion gestellt.

These 1:

Die Technikwissenschaften überwinden die gewachsenen Strukturen ihrer Fachgebiete und begründen eine innovationsorientierte allgemeine Wissenschaftslehre der Technik.

These 2:

Das Innovationspotenzial von Wissenschaft und Technik betreibt durch interdisziplinäre Zusammenarbeit eine wettbewerbsfähige „Forschungswirtschaft" mit gezieltem Technologietransfer.

These 3:

Die technikwissenschaftliche Forschung überwindet Erkenntnisdefizite in der methodologischen Reflexion technologischer Innovationsprozesse und entwickelt eine „Allgemeine technologische Innovationstheorie".

These 4:

Durch die zunehmende Verlagerung der Schwerpunkte technologischer Produktionen zu sozio-technischen und immateriellen Innovationen ändern sich auch die Paradigmen der technikwissenschaftlichen Forschung, was zu einer Neuorientierung der Wissenschaftsstrukturen führt.

These 5:

Das für eine innovationsorientierte Industriegesellschaft notwendige Kreativitäts- und Bildungsniveau eines verfügbaren Leistungspotenzials wird der Engpass für den Fortschritt sein.

These 6:

Die Zukunft der Technik entwickelt sich als Strukturveränderung sozio-technischer Systeme, die höhere Präzision, mehr Komplexität, aber auch eine Steigerung von Zuverlässigkeit und Sicherheit aufweisen.

These 7:

Da Innovationen technischer Systeme durch gestalterische Freiheitsgrade mehrläufig sind, also nicht nur zu einer einzigen Lösung führen, auch Widersprüche und Zwänge aufweisen können, stellt sich die Frage nach einer regulativen Planung der Innovationsprozesse.

These 8:

Der Fortschritt in der Hochtechnologie kann nur von einer kapitalstarken Industriegesellschaft mit staatlicher Absicherung des vermehrten Innovationsrisikos erbracht werden, was einen technopolitischen Innovationsdruck auf die Wissenschaftsentwicklung zur Folge hat.

These 9:

Die Technikwissenschaften erforschen Wege zur Reform unserer Industriegesellschaft unter Aktivierung der gesellschaftsformenden Handlungspotenziale in Wissenschaft, Wirtschaft und Politik.

These 10:

Durch Globalisierung wird unsere Industriegesellschaft zu einer Harmonisierung ökonomischer, ökologischer und ethischer Prinzipien gezwungen sein, was ein reformiertes Selbstverständnis der Technikwissenschaften voraussetzt.

> TECHNOLOGISCHE INNOVATION ALS ZU GESTALTENDER PROZESS IM SINNE DER SYSTEMATISCHEN GENERIERUNG VON IDEEN

ECKHARD SCHÜLER-HAINSCH

Die Fähigkeit, immer wieder neue technologische Innovationen generieren zu können, ist eine ganz wesentliche Grundvoraussetzung für die Wettbewerbsfähigkeit unserer Wirtschaft. Doch wie kommt man eigentlich zu Innovationen? Wie findet man neue Ideen? Der folgende Beitrag betrachtet vor allem den Prozess der Ideengenerierung als einen Teil des gesamten Innovationsprozesses und beleuchtet neue methodische Ansätze dazu.

INNOVATIONSPROZESSE

Zwar kennt die Literatur viele Darstellungsvarianten von Innovationsprozessen, doch wesentliche Kernelemente finden sich immer wieder. In der Regel wird ein Innovationsprozess durch einen Innovationsanstoß ausgelöst, sei es nun durch das Auftreten eines Problems oder durch den einfachen Wunsch, noch bessere und erfolgreichere Produkte zu erzeugen. Dem Innovationsanstoß folgt die Phase der Ideengewinnung. Die in dieser Phase gewonnenen Ideen sind anschließend zu bewerten und zu priorisieren, und zwar vor dem Hintergrund der (möglichst zukünftigen) Kundenwünsche. Die anschließende Phase der Umsetzung und Markteinführung schließt den Innovationsprozess ab.

Die Phase der Ideengewinnung selbst lässt sich differenzieren in die Teilprozesse Problemanalyse, Suchfeldbestimmung und Ideenfindung. Ideenfindung erfordert dabei nicht zwangsläufig die Generierung neuer Ideen, sondern kann stattdessen auch durch Übernehmen oder Adaptieren vorhandener Ideen aus verwandten oder auch entfernteren Anwendungsfeldern erfolgen.

Die grundsätzlichen Herangehensweisen zum Finden neuer Ideen lassen sich mit Hilfe zweier gegensätzlicher Pole verdeutlichen. Auf der einen Seite findet sich das intuitiv-kreative Denken, bei dem Ideen als Geistesblitze aus den geballten Wolken der Kreativität entstehen und auf der anderen Seite das diskursive Denken, die systematisch-analytische Herangehensweise, die alle vorhandenen Möglichkeiten in Betracht zieht, um schließlich daraus zur Lösungsidee zu gelangen. Denkt man darüber nach, welche der beiden Methoden wohl die Bessere ist, kommt man unweigerlich zu dem Schluss, dass es weder nur die eine noch nur die andere sein kann. Das Beste ist, sich der nützlichen Elemente beider Methoden zu bedienen. Eine solche Verknüpfung findet sich tatsächlich in vielen Ideenfindungsmethoden und Kreativitätstechniken. Ordnet man nun die Vielzahl an Ideenfindungs- und Kreativitätstechniken in einem Portfolio, in dem auf einer

Achse der Grad des diskursiven Denkens und auf der anderen Achse der Grad des intuitiven Denkens dargestellt werden, so lässt sich daraus nach Gausemeier eine Aussage zur Garantie auf innovative Produktideen treffen: Je stärker diskursives und intuitives Denken gleichermaßen in Ideenfindungsmethoden integriert sind, umso höher ist die Garantie auf innovative Produktideen (Bild 1).

Bild 1: Portfolioanalyse ausgewählter Ideenfindungs- und Kreativitätstechniken (nach Gausemeier u.a.)

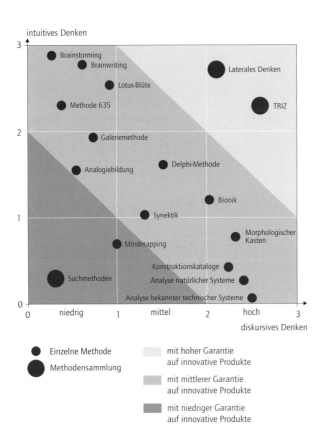

TRIZ – DIE THEORIE DES ERFINDERISCHEN PROBLEMLÖSENS

Eine Methode, die diese Bedingungen erfüllt und sich für die Entwicklung von neuen Produktideen besonders bewährt hat, ist TRIZ. Bei dieser Abkürzung handelt es sich um ein russisches Akronym, welches sich ins Deutsche als „Theorie des erfinderischen Problemlösens" übersetzen lässt, was der ursprünglichen russischen Bedeutung am nächsten kommt. Später wurde es auch häufig als „Theorie der Evolution technischer Systeme" bezeichnet, ohne das Akronym, welches sich bereits durchgesetzt hatte, zu verändern. Diese zweite Bezeichnung ist meines Erachtens die bessere, da sie weitreichender ist.

Im Folgenden soll der Versuch unternommen werden, einen Überblick über die wesentlichen Elemente von TRIZ zu vermitteln. Dieser Überblick erhebt keinen Anspruch auf Vollständigkeit, sondern will eher anhand der beispielhaften Darstellung von Kernelementen einen groben Eindruck über die Hintergründe und die Möglichkeiten von TRIZ vermitteln. Für einen tieferen Einstieg wird schon an dieser Stelle auf die abschießenden Literaturhinweise verwiesen.

Bis zum Anfang der neunziger Jahre galt TRIZ als eine rein russische (sowjetische) Methode, da sie dort ihren Ursprung hatte. Der Erfinder von TRIZ, Genrich Altschuller, war ein Russe, der in den zwanziger Jahren des 20. Jahrhunderts geboren wurde, mit vierzehn seine erste Erfindung machte, mit sechzehn sein erstes Patent anmeldete und später Patent-Offizier bei der sowjetischen Marine wurde. Die Patente, mit denen er arbeitete, hatten den für die Entwicklung von TRIZ ganz wesentlichen Vorteil, dass sie entgegen der heutigen Praxis sehr einfach strukturiert waren und eine relativ klare Beschreibung des Problems und der Methode, mit der es gelöst wurde, enthielten.

In der Arbeit mit diesen Patenten hat Altschuller zum einen erkannt, dass sich die dort beschriebenen Probleme auf immer wieder ähnliche Problemtypen zurückführen lassen konnten, und zum anderen, dass diese Probleme auch mit immer wiederkehrenden Lösungsprinzipien überwunden werden konnten. Daraus entwickelte er Beschreibungen erster allgemeingültiger innovativer Prinzipien zur Lösung sich widersprechender technischer Ziele.

Als er sich 1948 mit dem Vorschlag an Stalin wandte, mit Hilfe dieser Prinzipien die UdSSR-Wirtschaft wettbewerbsfähiger zu machen, wurde er als „Zweifler" nach Sibirien deportiert. Ursprünglich war er zu 25 Jahren verurteilt worden, wurde aber nach vier Jahren von Chruschtschow begnadigt. Erstaunlicherweise beschreibt er diese vier Jahre als seine kreativsten und wichtigsten Jahre hinsichtlich der Entwicklung von TRIZ. Allerdings war er in Sibirien nicht alleine und isoliert, sondern von der gesamten russischen Intelligenz umgeben. In diesem in geistiger Hinsicht trotz aller widrigen Umstände förderlichen Umfeld hat er einen großen Teil der Zeit damit verbracht, an seiner Theorie weiterzuarbeiten.

Nach seiner Begnadigung wurde in der Sowjetunion damit begonnen, Erfinderschulen aufzubauen und das Erfinden wurde an Universitäten gelehrt. Allerdings war dieser Aufbruch von kurzer Dauer, da die Erfinderschulen unter dem folgenden Regime wieder in Ungnade fielen. Es wurde verboten, TRIZ zu lehren, woraufhin Altschuller sich einer sehr kreativen List bediente. Er begann, Science-Fiction-Romane zu schreiben und ließ darin die Methode von seinen Protagonisten erklären und anwenden. Somit hatte er die Chance und Gelegenheit, sie weiter zu verbreiten. Altschuller hat persönlich bis 1986 sehr intensiv an der Weiterentwicklung von TRIZ gearbeitet. Danach ist er schwer erkrankt und verstarb im Jahr 1998.

Die zuvor getroffene Aussage, dass TRIZ bis zum Beginn der neunziger Jahre eine russische Methode war, bezieht sich darauf, dass bis zu diesem Zeitpunkt die ausgewiesenen TRIZ-Experten in Russland, bzw. in der Sowjetunion zu finden waren. Nach der Öffnung des Eisernen Vorhangs, Glasnost und Perestroika hatten sie die Gelegenheit, auszureisen, und haben dies auch in großer Zahl getan. Viele sind in die USA emigriert und haben dort Unternehmen gegründet, um TRIZ kommerziell zu verwerten. Sie haben Consulting-Aktivitäten entfaltet sowie Software und Schulungen entwickelt, sodass der noch häufig vorgebrachte disqualifizierende Vorbehalt, die Methode stamme aus Russland, einem ökonomisch erfolglosen Land, unberechtigt ist. Zum einen handelt es sich nicht um eine ökonomische Methode, sondern um eine technisch-wissenschaftliche. In diesem Bereich kann sicherlich nicht so einfach von einer sowjetischen Unterlegenheit gesprochen werden. Zum anderen ist festzuhalten, dass die Anwendung und Weiterentwicklung der Methode in den USA in den letzten zehn Jahren bereits unter marktwirtschaftlichen Bedingungen erfolgt sind.

TRIZ ist tatsächlich eine empirisch begründete Technikwissenschaft, die auf der Beobachtung basiert, wie sich technische Systeme über einen Zeitraum von mittlerweile einhundert Jahren weiterentwickelt haben. TRIZ strukturiert die technologische Evolution des 20. Jahrhunderts und hat ein hohes Potenzial, wesentliche Beiträge für die technologische Evolution des 21. Jahrhunderts zu leisten.

DIE VIER SÄULEN VON TRIZ

Betrachten wir nun die wesentlichen Säulen, von denen TRIZ getragen wird: Systematik, Wissen, Analogie und Vision (Bild 2).

Bild 2: Die vier Säulen von TRIZ (Quelle: www.triz-online.de)

Für die erste Säule von TRIZ, die Systematik, steht vor allem der so genannte ARIZ. Bei dieser Abkürzung steht das 'A' für Algorithmus, das vor die letzten drei Buchstaben von TRIZ gesetzt wurde, und es handelt sich dabei folglich um einen „Algorithmus zum erfinderischen Problemlösen", eine schrittweise Anleitung zur Lösung von komplexen Problemen. Dieser ARIZ ist seit den fünfziger Jahren immer wieder weiterentwickelt worden und hat dabei durch ständige Verfeinerung der Schritte zunehmend an Umfang und Komplexität gewonnen. Wenn auch die letzte Version des ARIZ in ihrer Anwendung sicherlich die höchsten Chancen auf eine erfolgreiche Problemlösung bietet, so greifen doch TRIZ-Anwender je nach Komplexität der Fragestellung auch häufig auf frühere Versionen oder auf Abwandlungen davon zurück. Welche Version oder Abwandlung auch immer Verwendung findet, ein wesentliches Grundprinzip kommt dabei immer zum Tragen: Bei all diesen Problemlösungsprozessen kommt der Erarbeitung einer klaren Formulierung des eigentlichen Problems eine hohe Bedeutung zu oder – Albert Einstein zitierend – „Die genaue Formulierung eines Problems ist wesentlich schwieriger als dessen Lösung, welche dann nur noch eine Frage des abstrakten Denkens und der experimentellen Kenntnis ist."

Die zweite Säule von TRIZ ist Wissen. Bild 3 vermittelt einen Eindruck von der prinzipiellen Begrenztheit des Wissens einzelner Personen, Teams oder Unternehmen und macht deutlich, dass es darüber hinaus noch weiterreichendes Wissen gibt, das man sich zur Problemlösung nutzbar machen kann und sollte. Doch wie lässt sich dies möglichst effizient erreichen?

Bild 3: Wissensebenen und TRIZ-Wissensbasis

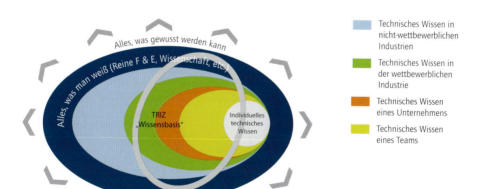

Technisches Wissen in nicht-wettbewerblichen Industrien

Technisches Wissen in der wettbewerblichen Industrie

Technisches Wissen eines Unternehmens

Technisches Wissen eines Teams

Im Rahmen der Entwicklung von TRIZ sind Effekte-Datenbanken aufgebaut worden. Wenn zum Beispiel ein Ingenieur an irgendeiner Stelle in einem technischen System die Temperatur messen möchte, so kennt er unter Umständen zehn oder fünfzehn Methoden, dies zu tun. Tatsächlich ist aber bereits heute eine dreistellige Zahl von naturwissenschaftlichen Effekten bekannt, die zum Messen von Temperaturen genutzt werden können. Schon ein Blick in eine Datenbank von naturwissenschaftlichen Effekten könnte also den entscheidenden Schritt zur Problemlösung bedeuten.

Die Nutzung von Effekten unterstützt vor allem dann die Problemlösung, wenn bereits erkannt wurde, was zu tun ist (zum Beispiel Temperatur messen), aber noch ein Weg gefunden werden muss, wie es zu tun ist.

Die dritte Säule von TRIZ ist die Analogie. Nachdem Altschuller erkannt hatte, dass immer wieder ähnliche Problemstellungen mit immer wieder ähnlichen Lösungsprinzipien überwunden wurden, entwickelte er aus dieser Erkenntnis einen Handlungsansatz, der sich folgendermaßen beschreiben lässt:

„Abstrahiere dein spezifisches Problem in ein typisches technisches Problem und nutze dann die erfolgreichen Lösungsprinzipien der Vergangenheit zum Finden deiner spezifischen Lösung."

Ein anschauliches Beispiel für diese Vorgehensweise sind mathematische Formeln, bei denen das Problem zuerst abstrahiert wird (in eine Formel gegossen, „formuliert") und dann auf die konkrete Problemstellung angewendet wird (Einsetzten der Werte). In TRIZ wird dieses Vorgehen anstatt auf mathematische auf technische Problemstellungen übertragen.

Dazu hat Altschuller ein System von Parametern entwickelt, mit dem alle Eigenschaften technischer Systeme beschrieben werden können. Dabei handelt es sich um einfache Beschreibungsgrößen wie Masse, Länge, Geschwindigkeit und Temperatur, aber auch um komplexere wie Materialverluste, Messgenauigkeit, Fertigungsqualität und Bedienungsfreundlichkeit. Dieses System beinhaltet im klassischen TRIZ genau 39 Parameter. Auch wenn bereits Weiterentwicklungen mit leicht veränderten Parameterzahlen vorgestellt wurden, so lautet die Kernaussage aber doch: Es gibt eine endliche Anzahl von Parametern, mit der man die Eigenschaften technischer Systeme beschreiben kann.

Aufbauend auf diesen Parametern wird ein technisches Problem beschrieben, in dem die Anforderungen hinsichtlich unterschiedlicher Parameter in einem Konflikt miteinander stehen, dass beispielsweise die angestrebte Verbesserung des einen Parameters zur Verschlechterung des anderen führt. Ein Beispiel dazu: Die Automobilindustrie unternimmt vielfältige Anstrengungen, um den Kraftstoffverbrauch zu reduzieren. Ein wesentlicher Parameter, den es dabei zu reduzieren gilt, ist das Fahrzeuggewicht (Leichtbau). Konventionelle Ansätze wie die Reduzierung der Materialstärken führen aber zu einem Abnehmen der Stabilität. Damit ist das Problem beschrieben als ein Konflikt zwischen den Anforderungen „Masse reduzieren" und „Stabilität nicht reduzieren".

Der standardisierten Problembeschreibung auf der einen Seite stehen standardisierte Lösungsansätze auf der anderen Seite gegenüber. Die Analyse von 2,5 Millionen

Patenten führte zu der Extraktion von vierzig innovativen Lösungsprinzipien, mit deren Hilfe die jeweiligen technischen Konflikte überwunden wurden (also auch hier eine endliche Zahl).

Beispiele für solche Lösungsprinzipien lauten „Segmentierung und Zerlegung", „Eigenschaftsänderungen", „periodische Wirkungen", „billige Kurzlebigkeit" oder „Mechanik ersetzen".

Kommen wir zurück zu dem Beispiel aus dem Automobilleichtbau: Vor dem Hintergrund des dargestellten Konflikts könnte man sich nun für einen Kompromiss entscheiden, indem man das Fahrzeug konventionell ein wenig leichter und nur geringfügig weniger stabil macht. Aber irgendwann ist dieses Vorgehen ausgereizt und ein Durchbruch erfordert völlig neue Lösungskonzepte. Diese bietet TRIZ mit den vierzig innovativen Lösungsprinzipien. Bleibt nur noch die Frage, welche Prinzipien denn am besten geeignet sind. Hier kommt die so genannte Widerspruchs- oder Konfliktmatrix zum Zuge. Sie stellt in einer Matrix (39 über 39) die zu verbessernden Parameter auf der einen Achse und die sich verschlechternden auf der anderen Achse dar. In dem Schnittfeld dieser Parameter findet man dann entsprechend Bild 4 die Nummern derjenigen drei bis fünf innovativen Lösungsprinzipien, die bei solchen Konflikten in der Vergangenheit besonders häufig zum Erfolg geführt haben (auch dies wieder ein Ergebnis der Patentanalysen).

Bild 4: Ausschnitt aus der TRIZ-Widerspruchsmatrix

innovative Lösungsprinzipien

Die so gefundenen Lösungsprinzipien dienen nun als spezifische Suchrichtungen für die kreative Lösungsfindung. Das in dem Leichtbaubeispiel aus der Matrix herausgelesene Lösungsprinzip 1, Segmentierung und Zerlegung, führt beispielsweise zu bereits verwendeten Lösungen wie Gitter- oder Profilstrukturen sowie zu Faserverbundwerkstoffen und eröffnet darüber hinaus ein kreatives Suchfeld für den Ideenfindungsprozess. Dieser kreative Prozess der Ideenfindung erfordert dann aber wieder den Menschen. TRIZ zeigt die Richtung, stellt die richtigen Fragen, aber die Antworten müssen wir selbst liefern.

Bleibt noch die vierte Säule von TRIZ, die Vision. Sie bezieht sich auf die Betrachtung der zukünftigen Evolution von technischen Systemen.

Jede Problemlösung entwickelt ein technisches System weiter, sodass sich die Muster der Problemlösung auch auf Muster und sogar Gesetze der technischen Evolution übertragen lassen.

Bild 5 zeigt die Entwicklungsmuster der technischen Evolution. Auf die ersten beiden Muster soll beispielhaft detaillierter eingegangen werden.

Bild 5: Entwicklungsmuster der technologischen Evolution

Stufenweise Evolution
Jedes technische System durchläuft eine Phase der Schwangerschaft, der Geburt, der Kindheit, des Erwachsenseins, der Reife und des Dahinscheidens.

Vergrößerung der Idealität
Technische Systeme entwickeln sich in Richtung höherer Idealität.

Uneinheitliche Entwicklung der Systemteile
Subsysteme technischer Designs entwickeln sich nicht gleichmäßig, was zu Widersprüchen führt.

Erhöhung der Dynamik und Steuerung
Technische Systeme durchlaufen eine Evolution zu höherer Dynamisierung und Steuerbarkeit.

Über Komplexität zur Einfachheit
Technische Systeme werden im Verlauf ihrer Evolution zunächst immer komplizierter, dann genial einfach. Die Kombination einfacher Systeme läßt diesen Zyklus neu beginnen.

Evolution mit passenden und gezielt nicht passenden Komponenten
Technische Systeme entwickeln sich in Richtung zusammenpassender oder gezielt nicht zusammenpassender Komponenten.

Miniaturisierung und verstärkter Einsatz von Felden
Die Weiterentwicklung von Makro- über die Mini- zur Mikro-Ebene ist typisch für technische Systeme, gleichermaßen auch der vermehrte Einsatz von Feldern.

Geringere menschliche Interaktion
Technische Systeme entwickeln sich in Richtung reduzierter menschlicher Interaktion.

Stufenweise Evolution: Der Reifegrad eines Systems wird häufig mit der so genannten S-Kurve dargestellt. Patentanalysen haben zu der sehr interessanten Erkenntnis geführt, dass sowohl die Zahl der Erfindungen für das System als auch das Niveau der Erfindungen in einer gewissen Art und Weise mit den Abschnitten dieser S-Kurve korrelieren. Am Anfang steht eine kleine Anzahl von herausragenden Erfindungen, wie zum Beispiel die Lasertechnologie. Es dauert dann aber eine ganze Weile, bis jemand mit dieser Technologie etwas anfangen kann, bis es entsprechende Produkte gibt und bis diese irgendwann neue Erfindungen in großer Zahl nach sich ziehen (Kindheitsphase). Im nächsten Abschnitt nehmen das Niveau und die Zahl der Erfindungen ab, das System wird kommerziell eingesetzt und vermarktet (Erwachsenenphase). Nun erreicht das System so langsam seine Leistungsgrenze, Weiterentwicklungen führen zu keinem Durchbruch mehr (Reife). In der letzten Phase geht dann auch die Zahl der Erfindungen zurück, ebenso der kommerzielle Erfolg, da Nachfolgesysteme schon einen erheblichen Leistungsstand erreicht haben.

Idealität: Der Begriff der Idealität wird definiert als die Summe aller nützlichen Funktionen eines Systems dividiert durch die Summe aller schädlichen Funktionen, wobei die Betonung auf „aller" liegt. Daraus ergibt sich einerseits, dass die Idealität eines Systems immer noch erhöht werden kann. Andererseits hat ein System dann die maximale Idealität erreicht, wenn der Nenner Null geworden ist, das System also gar nicht mehr notwendig ist, um die gewünschte Funktion zu erfüllen. Denkt man dies zu Ende, dann heißt das, dass die ideale Maschine also gar keine Maschine mehr ist, denn eine Maschine ist eigentlich nur eine Gebühr, die wir bezahlen, um einen Nutzen zu erlangen. Sie hat eine Funktion, so wie ein Computer während einer Präsentation nur als Unterstützung dient. Man würde nicht zögern, sich einer einfacheren Lösung zu bedienen, wenn sie den gleichen Nutzen und die gleiche Funktionalität bieten würde. Bezogen auf den Begriff der Idealität bedeutet dies, dass die Summe aller schädlichen Funktionen genau die Gebühr ist, die man zahlen muss, um etwas zu erreichen. Der gleiche Gedankengang ließe sich beispielsweise auch auf eine Projektionsleinwand übertragen, die sich durch die dahinter stehende einfache weiße Wand ersetzen ließe und damit keine zusätzliche Gebühr mehr erforderte (da die Wand ja aus statischen oder raumgestalterischen Gründen bereits vorhanden ist). Die ideale Projektionsleinwand ist also keine Projektionsleinwand.

ANWENDUNGSERFAHRUNGEN

In der industriellen Forschung führt die theoretische Erkenntnis großer Nutzenpotenziale einer neuen Methode konsequenterweise zu einer pilothaften Anwendung, um beurteilen zu können, ob sich diese Potenziale auch in dem realen Umfeld realisieren lassen. Dazu haben wir mit zwei unterschiedlichen Fragestellungen für die ersten beiden Pilotprojekte verschiedene methodische Schwerpunkte definiert, zum einen die Nutzung der widerspruchsorientierten Problemlösungsansätze und zum zweiten die Nutzung der Muster der technologischen Evolution:

1. Die Erhöhung der Umweltverträglichkeit ist ein allseits akzeptiertes Ziel der Automobilentwicklung. Dabei ist aber darauf zu achten, dass sich die für die Automobilkunden wichtigen Kriterien wie Sicherheit, Leistungsfähigkeit und Komfort nicht verschlechtern. Im Sinne von TRIZ ist dies ein typischer technischer Konflikt. Unterstützt durch einen externen Coach haben wir in einer Serie von vier Workshops Konzeptideen für ein „Umweltauto" entwickelt. Im ersten Work-

shop erfolgte die Vereinbarung der Zielsetzung und des Ablaufplanes. Im zweiten Workshop folgte die Problemanalyse mit Hilfe einer Innovations-Checkliste. Anschließend fand die Ideengenerierung mit den geeigneten TRIZ-Werkzeugen statt, gefolgt von der Strukturierung, der Konzeptsynthese und der Bewertung. Am Ende des erfolgreichen Pilotprojekts standen tatsächlich einige interessante Konzepte und Konzeptelemente.

2. In einem zweiten und dieses Mal ohne externen Coach durchgeführten Pilotprojekt stand die Nutzung der Entwicklungsmuster der technologischen Evolution im Vordergrund. Aus empirischen Erhebungen gewonnene und in die Zukunft projizierte Kundenanforderungen einer spezifischen Zielgruppe wurden mit den Mustern der technologischen Evolution verknüpft, um herauszufinden, welche möglichen zukünftigen technologischen Konzepte die für diese Kunden wichtigen Funktionen in Zukunft besser erfüllen könnten, als dies heute der Fall ist. Im Rahmen dieses Projekts wurden drei unterschiedliche Fahrzeugkonzepte für drei unterschiedliche Zielgruppensegmente beschrieben.

Diesen beiden Pilotprojekten sind mittlerweile mehrere erfolgreiche TRIZ-Anwendungsprojekte in Fahrzeugentwicklung und -produktion gefolgt. Die praktischen Anwendungen haben gezeigt, dass TRIZ tatsächlich ein hohes Potenzial zur Lösung technischer Problemstellungen aufweist und zukünftig durchaus eine Schlüsselrolle im Prozess der Lösung komplexer technischer Probleme spielen kann.

SCHLUSSBEMERKUNG

Zwar liegen heute in den meisten Unternehmen noch keine praktischen Erfahrungen mit TRIZ vor, in vielen Unternehmen ist TRIZ überhaupt noch nicht bekannt. Dieses wird sich aber in den nächsten Jahren mit hoher Wahrscheinlichkeit ändern. So ist es durchaus denkbar, dass TRIZ für die technische Problemlösung in der Zukunft die gleiche Bedeutung haben wird, wie heute QFD in der Produktentwicklung oder Six Sigma im Qualitätsmanagement.

LITERATUR

Gausemeier, J.; Ebbesmeyer, P.; F. Kallmeyer (2001): *Produktinnovation*, Carl Hanser Verlag, München, Wien.

Altschuller, G. (1996): *And suddenly the inventor appeared*, translated by Shulyak, L., Technical Innovation Center, Inc., Worcester, MA (USA).

Gimpel, B.; Herb, R.; Herb, T. (2000): *Ideen finden, Produkte entwickeln mit TRIZ*, Carl Hanser Verlag München, Wien.

Zobel, D. (2001): *Systematisches Erfinden*, expert-Verlag, Mannheim.

Schüler-Hainsch, E. (2003): „Einsatz von TRIZ zur Entwicklung von Fahrzeugkonzepten", Vortrag im Rahmen des 3. Europäischen TRIZ-Kongresses, Zürich.

Schüler-Hainsch, E.; Ahrend, C. (2003): „Applying the TRIZ Principles of Technological Evolution to Customer Requirement Based Vehicle Concepts", Vortrag im Rahmen der ETRIA-World-Conference TRIZ-Future, Aachen.

> EVOLUTIONÄRE MODELLE FÜR TECHNOLOGISCHE INNOVATIONEN

KLAUS LUCAS

Die Vielfalt der Arten in unserer Welt, einschließlich des Menschen, ist ein Innovationsprozess der Natur, der sich bekanntlich, wie wir seit Darwin wissen, nach den Gestal-
tungsparadigmen Mutation und Selektion entwickelt hat. Nur Arten, die auf dem Markt
ihrer speziellen Lebensräume erfolgreich akzeptiert wurden, haben sich durchgesetzt.
Immer wieder neue sind entstanden und nicht mehr erfolgreiche haben sich verabschiedet. Schon diese oberflächliche Betrachtung lässt Analogien von Evolutionsprozessen
und Innovationsprozessen erahnen. Neue Produkte werden geschaffen als Variationen
bestehender Produkte durch mehr oder weniger zufällige Ideen einzelner. Einige davon
finden ihren Markt, das heißt werden zur Innovation, die meisten verschwinden wieder,
sind Fehlschläge. Dies gilt für kleine, aber auch für große Inventionen. Niemand will
Fehlschläge, jeder will Innovation. Es besteht also Bedarf an einer Theorie der Innovationsprozesse, die praktisch-operativ einsetzbar ist und zeigt, wie man Fehlschläge vermeiden und erfolgreiche Innovation steuern kann. Angesichts der erkennbaren Analogie zur
Artenentwicklung liegt es nahe, den Versuch zu unternehmen, bei der Entwicklung einer
solchen Theorie die Prinzipien der natürlichen Evolution zur Grundlage zu machen.

Dies ist offenbar ein großer Anspruch und in seiner Allgemeinheit sicherlich nicht
einlösbar. Aber man kann doch Teillösungen demonstrieren und Ansätze aufzeigen, wie
noch nicht lösbare Probleme systematisch angegangen werden können. Worum geht
es? Das Bild 1 zeigt die mögliche Ablaufstruktur eines Produktinnovationsprozesses.
Zunächst soll eine neue Idee generiert werden, eine Invention, zum Beispiel ein neues
technisches Produkt, ein neuer energie- oder verfahrenstechnischer Prozess oder ein neuer betriebswirtschaftlicher Ansatz in einem Unternehmen. Danach muss die Invention
umgesetzt werden. Hierzu sind zunächst technische und ökonomische Machbarkeitsstudien erforderlich. Es muss ein Prototyp, eine versuchsweise Realisation gestaltet werden. Und schließlich muss der Markt die Invention aufnehmen, das heißt sie muss einen
Bedarf befriedigen und dafür einen angemessenen Preis erlösen bis zum Verschwinden
des Produkts auf dem Markt. Alle diese Schritte gehören zusammen, sind aufeinander
bezogen und unentbehrlich. Natürlich gibt es vielfältige Rückkopplungen, die in Bild 1
nicht eingezeichnet sind. Wie lassen sich solche Innovationsprozesse einer systematischen
Analyse und Steuerung zuführen? Der hier gewählte methodische Ansatz besteht darin,
die natürlichen Entwicklungsparadigmen Mutation und Selektion auf die Teilschritte des

Innovationsprozesses anzuwenden. Das Ziel sind Analyse- und Optimierungsmodelle für Innovationsprozesse.

Bild 1: Mögliche Ablaufstruktur eines Produktinnovationsprojekts

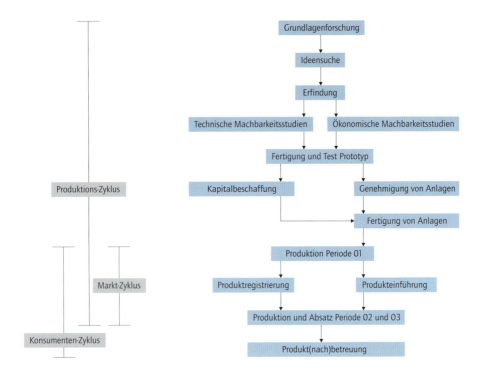

Die Methode ist zunächst grundlegend verknüpft mit einigen Präzisierungen und Einschränkungen, die von Anfang an deutlich gemacht werden müssen. Da ist zunächst der Begriff „neu". Die natürlichen Entwicklungsparadigmen schaffen nichts grundsätzlich Neues, zumindest nicht in einem großen Wurf, wie man es sich von Innovationen gelegentlich erhofft. Sie gehen vielmehr von Bestehendem aus und verbessern es in vielen, scheinbar endlosen kleinen Tastschritten. Dennoch kann dabei etwas großes Neues entstehen, wie wir alle wissen. Das ist auch bei den hier betrachteten Analyse- und Optimierungsmodellen für Innovationsprozesse so. Es wird ein Raum möglicher Gestaltungsoptionen a priori festgelegt. Der kann sehr groß und vielfältig sein, aber er ist doch begrenzt. Wenn die Innovation zum Beispiel auf dem Kraftwerkssektor stattfinden soll, was ja bekanntlich eine der großen zukünftigen technischen Herausforderungen ist, dann besteht der Raum möglicher Gestaltungsoptionen, die so genannte Superstruktur, wie wir sagen, zum Beispiel aus allen denkbaren Komponenten eines thermischen Kraftwerks, also Turbinen, Dampferzeugern und Wärmeüberträgern, in verschiedenen technischen Ausprägungen und damit auch Kosten sowie einer Vielzahl von möglichen Temperaturen, Drücken, Brennstoffen. Die jeweiligen Komponenten können durchaus über den Stand der Technik hinausgehen. Es werden damit denkbare Entwicklungsrichtungen als Grundlage von Innovationsprozessen in die Betrachtungen einbezogen. Aus diesen Komponenten können eine Vielfalt neuer Kraftwerkstypen und -betriebsweisen entstehen, die das Potenzial für beachtliche Innovationen haben. Aber, eines ist klar, aus einer solchen Superstruktur entsteht keine Brennstoffzelle, kein Windrad und auch keine Photovoltaik-Anlage. Beliebige, unvorhersehbare Kreativität ist bei diesem methodischen Ansatz ausgeschlossen. Alles mögliche an Kombinatorik steckt in der Vorgabe der Superstruktur. Das ist eine Einschränkung, allerdings wiederum keine so große, dass nicht doch noch ein großes Innovationspotenzial freigesetzt werden könnte. Viele Innovationen entstehen aus einer Kombinatorik von bekannten Strukturelementen.

Unbedingt von großer Bedeutung ist die Erkenntnis, dass bei einem praktischen Innovationsprozess ein reales Problem mit schlecht strukturierter Problemsituation vorliegt. Es ist also nicht so, dass sich ein Innovationsprozess ohne weiteres auf ein mathematisch lösbares Problem zurückführen ließe, wie es die gewöhnlichen Optimierungsaufgaben voraussetzen. Es ist daher notwendig, dass der Innovationsprozess eine zunehmende Strukturierung durch Konstruktion eines Entscheidungsmodells erfährt und in ein gut strukturiertes Problem, was dann schon den Charakter einer Quasi-Lösung hat, überführt wird. Dies wird bei dem hier vorgestellten evolutionären Ansatz wie folgt gelöst. Es wird im ersten Schritt ein Wirkungszusammenhang konstruiert, der beschreibt, welches Ergebnis eine Entwicklungsvariante hervorruft. Welches Ergebnis im Rahmen einer Kraftwerksinnovation löst zum Beispiel den Übergang zu einer neuen Werkstoffklasse aus? Die aus den unterschiedlichen Entwicklungsvarianten abzuleitenden Ergebnisse müssen im zweiten Schritt bewertet werden. Dies ist bei der in der Regel gegebenen Vielzahl von Kriterien keineswegs trivial. Der neue Werkstoff erzeugt höhere Kosten; können diese die erreichte Wirkungsgradsteigerung rechtfertigen? Schließlich, als dritten Schritt, muss ein effizientes Lösungsverfahren zur Verfügung gestellt werden, das zur Auswahl der optimalen Entwicklungsvariante in der Lage ist. Wie kann man in zahlreichen durchgespielten Entwicklungsvarianten auf dem Computer in Bezug auf ein Anforderungsprofil die optimale Lösung finden? Diese Teilschritte sind vermutlich einleuchtend, wenn auch nicht in allen Phasen des Innovationsprozesses leicht zu realisieren. Wir betrachten daher zwei Beispiele, die sich mit den ersten Stufen eines Innovationsprozesses beschäftigen. Diese Beispiele zeigen den Gedankenansatz.

Als erstes betrachten wir das bereits zitierte Kraftwerk. Aus Gründen der einfachen Darstellung schränken wir das Innovationspotenzial so weit ein, dass ein ganz bestimmter Kraftwerkstyp, nämlich ein Gas- und Dampfkraftwerk (GuD), vorgegeben ist und dass die potenzielle Innovation darin bestehen soll, unter Verwendung neuer Werkstoffe und

Komponenten Temperaturen und Drücke der Prozessecksteine neu zu realisieren. Dies ist nicht wenig. Durch neue Werkstoffe und Komponenten, wie zum Beispiel neue Turbinengenerationen, sowie neue Verbrennungsführungen lassen sich über den Weg neuer Zustandsparameter Druck und Temperatur erhebliche Wirkungsgradverbesserungen erzielen. Die GuD-Technik an sich ist schon eine Innovation gewesen, von der gehen wir hier aus. Wir nutzen etablierte Kostenkorrelationen für die Komponenten in Abhängigkeit der Drücke und Temperaturen, denn die Wirkungsgradverbesserungen durch neue Werkstoffe und Komponenten haben ihren Preis. In einem ersten groben Ansatz definieren wir das Zielprofil, also letztlich den Erfolg am Markt, dadurch, dass wir ein Kraftwerk mit minimalen Gesamtkosten, also Investkosten und annualisierten Betriebskosten, entwickeln wollen. Bild 2 zeigt das Schaltschema des Prozesses, wobei die Grenzen der Drücke und Temperaturen durch die heute mögliche Spannweite an Technologie vorgegeben sind. Es geht darum, durch Einsatz neuer Technik in ihrer Parameterkombination solche Werte zu finden, die die Gesamtkosten minimieren. Dies sei hier verkürzt die Innovation, wobei Realisierung und Marktakzeptanz durch minimale Gesamtkosten als gesichert gelten mögen. Solch ein Innovationsprozess ist relativ leicht lösbar. Er ist zugegebenermaßen stark idealisiert und kann nicht mehr als ein grobes Modell angesehen werden.

Bild 2: GuD-Prozess (Schaltbild)

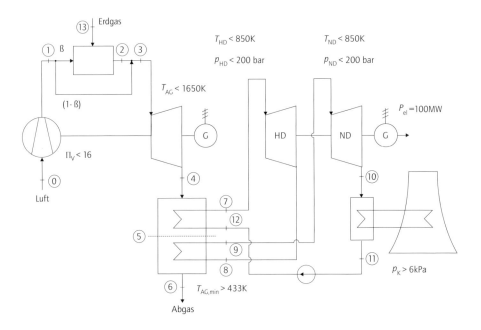

Der erste Teilschritt zur Strukturierung des Problems, das heißt die Herstellung eines Wirkungszusammenhangs zwischen den denkbaren Varianten der Kraftwerkrealisierung und dem Anforderungsprofil ist hier durch physikalisch-technische Gleichungen und Kostenkorrelation gegeben und als bekannt vorauszusetzen. Der zweite Teilschritt, die Bewertung, erfolgt nach den Gesamtkosten. Den dritten Schritt des Lösungsverfahrens leistet ein spezieller evolutionärer Algorithmus: die Evolutionsstrategie. Ein entsprechender Computercode ist auch schnell geschrieben. Ausgehend von einer beliebigen Anfangskonfiguration, zum Beispiel dem Stand der Technik, kämpft sich der Algorithmus in vielen kleinen Tastschritten, über den Weg selbst lernender Mutationen, durch den Lösungsraum und präsentiert schließlich die Innovation: das GuD-Kraftwerk mit den niedrigsten Gesamtkosten. An dem Verlauf des Innovationsprozesses über Generationen (Bild 3), die hier die Entwicklungsschritte symbolisieren, erkennt man, dass viele unterschiedliche Lösungen mit nahezu denselben Gesamtkosten existieren. Diese Information ist insofern wertvoll, als dadurch Freiheitsgrade aufgezeigt werden, andere Kriterien bei nahezu gleichen Gesamtkosten zu berücksichtigen. Jeder Punkt auf der Innovationslinie stellt eine bestimmte Realisation des Kraftwerks dar und könnte gebaut werden. Damit ist dieser Innovationsprozess erfolgreich beendet. Die speziellen Parameter, die das neue Produkt definieren, sind in der Tabelle 1 zusammengestellt. Das exergetische Optimum, also die Lösung mit minimalem Bedarf an Primärenergie, ist hier ebenfalls aufgelistet. Diese Variante ist wesentlich teurer als diejenige mit minimalen Gesamtkosten, verbraucht allerdings auch deutlich weniger Primärenergie.

Bild 3: Optimierung eines GuD-Kraftwerks nach dem Kriterium minimaler Gesamtkosten

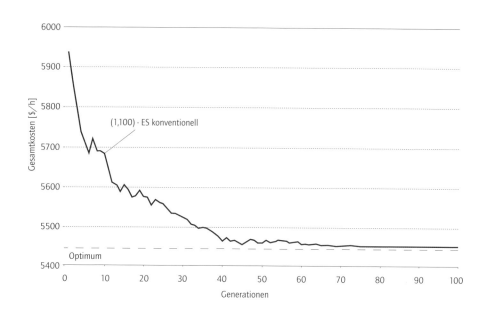

Tabelle 1: Parameter-Konstellation verschiedener Individuen

	Kostenoptimum	Zwischenwert nach 500 Generationen	exergetisches Optimum
Π_V	11,798	11,844	16
T_{AG}	1527,21 K	1527,17 K	1650 K
$T_{AG, min}$	433 K	433 K	433 K
P_{HD}	79,347 bar	70,055 bar	200 bar
T_{HD}	806,15 K	806,38 K	850 K
P_{ND}	2,563 bar	2,035 bar	3,337 bar
T_{ND}	433,90 K	413,38 K	458,26 K
P_K	6 kPa	6 kPa	6 kPa
Gesamtkosten	5446,02 $/h	5447,78 $/h	6768,10 $/h
Exergieverlust	89,526 MW	90,008 MW	78,011 MW

Dieses einfache Beispiel, Teilprozess eines denkbaren realen Innovationsprozesses, illustriert den methodischen Ansatz. Es lässt sich auf analoge Weise auch die Struktur, also zum Beispiel die Verschaltung der Kraftwerkskomponenten sowie das Innovations-potenzial neuer Komponenten und Werkstoffe analysieren. Als Prototyp eines typischen Innovationsprozesses greift das bisher Gesagte allerdings noch zu kurz. Wir wollen es schrittweise erweitern, um zu realistischeren Modellen des Innovationsprozesses vorzu-dringen und die dabei auftretenden Schwierigkeiten zu würdigen. Betrachten wir als erste typische Erweiterung dieser Art die mehrkriterielle Performance. Ein realistisches Anforderungsprofil an eine Innovation ist sicher mehrkriteriell. Neben Kosten mögen die Ästhetik des Produkts, die Vielfalt der Funktionalitäten, die Umweltverträglichkeit, die Langlebigkeit, die Schwierigkeit der Nachahmung durch Wettbewerber und viele andere Kriterien mehr das Anforderungsprofil bestimmen. Wir sind damit bei den technischen und ökonomischen Machbarkeitsstudien angelangt, die über Innovation oder Fehlschlag entscheiden. Solche Kriterien sind typisch konfliktionär, das heißt es sind Abwägungen er-forderlich. Insbesondere möchte man wissen, wann bestimmte Gewichtsverschiebungen einzelner Kriterien eine Entscheidung kippen können oder in welchen Bereichen sie stabil ist. Dies bringt Vertrauenswürdigkeit in den Innovationsprozess, auch wenn die äußeren Bedingungen sich ändern. Wir können auch dies an unserem Kraftwerksbeispiel exemp-larisch darstellen, wenn wir die zuvor zusammengefassten Kriterien, Investkosten und Betriebskosten, wie es sich gehört, trennen und getrennt betrachten. Diese beiden Teil-ziele sind offensichtlich für ein Kraftwerk konfliktionär, denn durch teurere Werkstoffe und Komponenten, also höhere Investkosten, können wir den Wirkungsgrad erhöhen und da-mit die Betriebskosten reduzieren. Einzelne Marktteilnehmer werden Investkosten und

Betriebskosten ganz unterschiedlich gewichten, je nachdem, ob kurz- oder langfristige Interessen dominant sind. Abwägungsprobleme dieser Art führen bekanntlich zur Ermittlung der so genannten Pareto-Menge, die alle Lösungen angibt, die nur unter Verschlechterung im Hinblick auf ein Teilziel ein anderes verbessern können. Auch dies ist mit evolutionären Algorithmen lösbar. Das Ergebnis für das betrachtete Kraftwerksbeispiel ist in Bild 4 dargestellt. Wie ist es zu interpretieren? Eine erste Analyse zeigt zwei extreme Situationen. Die Absenkung der Betriebskosten unter etwa $2{,}2 \cdot 10^7$ US-$/a ist praktisch nicht möglich, da die damit verbundenen Investkosten dann senkrecht ansteigen. Analog ist eine Absenkung der Investkosten auf weniger als 10^7 US-$ nicht erreichbar, weil dies mit unbegrenzten Betriebskosten verbunden wäre. Damit ist der Bereich sinnvoller Optionen abgesteckt. Jede Tangente an die Pareto-Kurve repräsentiert eine bestimmte Wichtung von Betriebs- und Investkosten. Beginnt man zum Beispiel mit der blau gestrichelten Kurve bei A, eine starke Wichtung der Betriebskosten, und dreht sie um den Drehpunkt bei A gegen den Uhrzeigersinn, so ändert sich zunächst nicht viel an dem Kraftwerk, auch wenn nun die Investkosten relativ stärker gewichtet werden. Erreicht man allerdings die grün gestrichelte Kurve, so findet man plötzlich zwei Kraftwerkstypen, die technisch völlig unterschiedlich sind und dennoch die gleichen Wirtschaftlichkeitsparameter haben. Solche instabilen Gebiete der Pareto-Menge sind wichtige Entscheidungsdeterminanten in einem Innovationsprozess, in dem die Gewichtsverteilung der einzelnen Bestandteile eines Anforderungsprofils ja nie fest vorgegeben ist. Es lassen sich stabile von instabilen Bereichen unterscheiden. Auf dieser Grundlage können wir eine optimale Gestaltung des Kraftwerks in Abhängigkeit einer speziellen Zielordnung auswählen: eine wesentliche Voraussetzung für den späteren Markterfolg! Eine Bemerkung zum Schluss: Das Kraftwerksbeispiel hat den Vorteil, das grundlegende Innovationsmodell auf seine Aussagefähigkeit überprüfen zu können. Wir kennen die Historie der Kraftwerksentwicklung. Wählt man als Ausgangspunkt ein typisches Kraftwerk von 1960 und füttert die Superstruktur mit den bis 2000 bekannt gewordenen Komponenten, Werkstoffen sowie Brennstoffen, dann führt die hier gezeigte Analyse recht genau zu den Kraftwerkstypen, die wir heute als Innovation bauen.

Bild 4: Pareto-Menge optimaler Lösungen

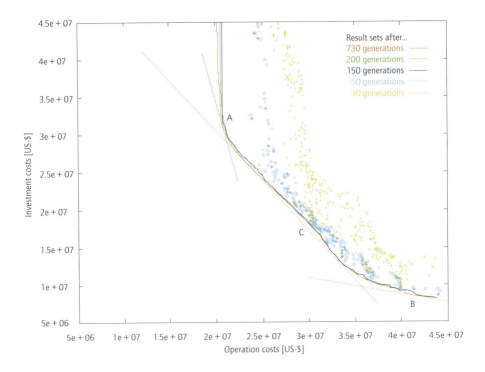

Ich will diese prinzipiellen Gedanken, also die Übertragung der natürlichen Evolutionsparadigmen auf den Innovationsprozess, nun mit Hilfe eines zweiten Beispiels erweitern und verallgemeinern. Dieses Beispiel ist insofern besonders geeignet, weil es keine bekannte, bereits im Wesentlichen abgelaufene Innovation, sondern ein noch voranzutreibendes Innovationsprojekt darstellt. Der Prozess ist noch nicht abgeschlossen, also liegen noch keine Endergebnisse vor, aber es lassen sich Einblicke in die Überlegungen geben. Der eigentliche kreative Akt hat längst stattgefunden, eine zum Patent angemeldete Erfindung eines neuen dynamischen Flächenheizsystems, als Antwort auf die neuen Herausforderungen, die durch verändertes Nutzerprofil und veränderte Gebäudebedingungen auf die Branche der Raumheiztechnik zukommen. Die besonderen Eigenschaften bestehen in der hochdynamischen, das heißt im Minutenbereich angesiedelten Bereitstellung eines angenehmen Raumklimas nach vorheriger Abkühlung, ohne wesentliche Einbeziehung der thermischen Trägheit der Raumwand. So ist ein auf 15 °C ausgekühlter Raum innerhalb weniger Minuten komfortabel, das heißt Wandtemperatur = 21 °C, Lufttemperatur = 20 °C. Dies ist bei klassischen Heizsystemen bekanntlich nicht zu erreichen, da Wände lange kalt bleiben. Wenn der Raum verlassen wird, und sei es nur für eine Stunde, schaltet das dynamische Heizsystem ab und lässt ihn auskühlen. Bei erneuter Nutzung ist er binnen weniger Minuten wieder angenehm warm. Das senkt natürlich den Energieverbrauch. Angesichts der zunehmenden Isolation im Gebäudebereich und der häufigen Teilnutzung von Räumen im modernen Lebensstil trifft ein Heizsystem mit solchen Eigenschaften tendenziell auf Bedarf.

Bevor man nun in eine Produktion geht und die Stufen des Innovationsprozesses weiter durchläuft, ist eine Reihe von Fragen zu beantworten, und zwar zunächst auf der Ebene der technischen und ökonomischen Machbarkeitsstudien (siehe Bild 1). In der Heizungsbranche gibt es eine Reihe widersprüchlicher Teilziele. Eine Innovation kann nur entstehen, wenn eine erfolgreiche Marktpositionierung erreicht werden kann. Dies erfordert es, für die konkurrierenden Heizsysteme, also Dynamotherm im Vergleich zu bereits etablierten Marktteilnehmern, systematische Zielerfüllungsvergleiche durchzuführen. Jedes Heizsystem kann irgendwie, aber doch unterschiedlich gut, an die speziellen Parameter einer Heizaufgabe angepasst sein. Solche unterschiedlichen Parameter ergeben sich durch unterschiedliche gebäudephysikalische Gegebenheiten, zum Beispiel Neubau – Altbau, durch unterschiedliche Ansprüche der Nutzer an die Dynamik, durch unterschiedliche Temperaturbedingungen und viele andere Kriterien mehr. Auch das Zielprofil kann sehr unterschiedlich sein. Wir greifen hier zur Illustration zwei Teilziele aus dem Zielprofil heraus, nach denen die Entscheidung über ein Heizsystem oft fällt, nämlich Komfort und Energieverbrauch. Im Sinne eines Strukturierungsprozesses müssen auch hier wieder zunächst die Wirkungszusammenhänge zwischen der Variation der Parameter und dem Anforderungsprofil, dann die Ergebnisbewertung und schließlich ein Lösungsverfahren bereitgestellt werden. Dies gelingt wieder durch ein geeignetes Software-Tool im Zusammenspiel mit einem geeigneten evolutionären Algorithmus. Details sollen hier nicht erörtert werden. Für jedes untersuchte Heizsystem ergibt sich eine Pareto-Menge, ihre Überlagerung führt zu einer so genannten resultierenden Pareto-Menge, die das jeweils geeignete Heizsystem für ein bestimmtes Zielprofil identifiziert. Zahlenmäßig liegt das Ergebnis noch nicht vor, weil die umfangreichen Modellierungsarbeiten noch nicht abgeschlossen sind. Der grundsätzliche Aufbau ist in Bild 5 dargestellt. Das schwarze Energiesystem eignet sich für hohe Ansprüche an Komfort bei Inkaufnahme eines hohen Energiebedarfs. Es entspricht der gewöhnlichen, wasserbasierten Fußbodenheizung. Das Umgekehrte gilt für das blaue Energiesystem, das der Elektroflächenheizung entspricht. Die resultierende Pareto-Menge weist den unterschiedlichen Heizsystemen ihre jeweiligen Anwendungsbereiche zu. In dem Maße, wie die hier qualitativ dargestellten Abhängigkeiten durch Zahlen belegt werden und tatsächlich alle relevanten Parameter und Teilziele berücksichtigen, erhält man ein klares Bild über die Marktposition eines Heizsystems im Vergleich zu anderen. Nur auf einer solchen Grundlage kann der Innovationsprozess rational ablaufen. Insbesondere kann man ermitteln, ob ein spezielles Nutzerverhalten tendenziell die errechnete Komforteinbuße von Dynamotherm irrelevant erscheinen lässt, zum Beispiel der intermittierend genutzte Büroraum. Auf diese Weise kann die dynamische Elektroflächenheizung sich als System der Wahl ergeben.

Bild 5: Pareto-Mengen unterschiedlicher Heizsysteme

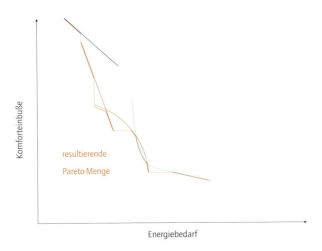

Mehrkriterielle Performance ist ein typisches Merkmal eines Innovationsprozesses und es ist, wie wir am Beispiel von Investkosten vs. Betriebskosten, sowie Komfort vs. Energiebedarf gezeigt haben, analytisch beherrschbar. Natürlich wird die Situation bei vielen Kriterien entsprechend komplexer, und die Auswertung und Visualisierung der Pareto-Menge ist dann noch nicht vollständig verstanden. Es gibt weitere typische Merkmale, die noch der Lösung harren. Eines ist zum Beispiel die variable Zielsetzung. Während eines Innovationsprozesses ändern sich nicht selten die Ziele, sei es durch sich ändernde Marktbedingungen, durch Wettbewerb, durch Veränderungen im Zeitgeist und was es sonst noch alles geben mag. Eine angelaufene Entwicklung hat dann schon Kosten verursacht, wie kann sie also an die neue Sicht angepasst werden? Im Rahmen eines computerunterstützten Optimierungsmodells auf der Grundlage evolutionärer Algorithmen kann man solche Bedingungen prinzipiell analysieren. Jedes Entwicklungs-stadium kann ja als Ausgangspunkt einer neuen Optimalitätssuche mit neuen Zielen angesehen werden, sodass auch historische Entwicklungen in den Innovationsprozess eingebracht werden können, zum Beispiel als Randbedingungen oder als Bonus- und Strafterme. Die praktische Erprobung steht noch aus.

Schließlich muss ein weiteres Merkmal von Innovationsprozessen, das zwar beson-dere Schwierigkeiten, aber dafür einen großen Schritt in die Realitätsnähe macht, be-trachtet werden. Wir nennen es die begrenzte Rationalität, ein in den Sozialwissen-schaften etablierter Begriff. Dahinter verbirgt sich die Erkenntnis, dass wir viel weniger wissen, als wir oft glauben und das berücksichtigen sollten. Alle unsere Projekte ste-cken voller Unsicherheiten und damit Risiken, auch jeder Innovationsprozess. Nehmen wir wieder das einfache Kraftwerk als Beispiel zur Erläuterung dieser Problematik. Wir können zwar hierfür ein gleichungsbasiertes Modell für den Zusammenhang zwischen Gestaltungsparametern und Anforderungsprofil aufstellen, aber stimmt das wirklich so genau? Das Beispiel Kraftwerk wurde bewusst gewählt, weil man hier wirklich recht genau modellieren kann. Und doch gibt es auch hierbei Unsicherheiten. Ein reales Kraftwerk verhält sich eben nicht so wie ein virtuelles Kraftwerk auf dem Computer. Es gibt Fragen der Verfügbarkeit, Toleranz gegenüber Bedienungsfehlern, Sensitivität gegenüber Standortproblemen und Umwelteinwirkungen, Unsicherheit in den Kostenfunktionen und vieles andere mehr. Risiken in den Innovationsprozessen, die bis zum völligen Fehlschlag führen können, sind allgemein bekannt. Wie können wir einen realistischen Innovationsprozess unter diesen Bedingungen analysieren und optimieren? Im Falle des Kraftwerks kann man sich vorstellen, Sensitivitätsstudien auf der Grundlage des Gleichungssystems durchzuführen, also zu simulieren, wie sich potenzielle Unsicherheiten auswirken. Dies ist aber hier nicht gemeint und auch nicht allgemein möglich. Vielmehr geht es darum, Heuristiken, also Expertenwissen oder auch „Bauchwissen" in die Analyse und Optimierung des Innovationsprozesses einzuführen. Es gibt eine Vielzahl von weichen Regeln, die nicht in strengen formalen Beziehungen abgebildet werden können, in allen technischen Bereichen, wie auch im Kraftwerksbereich. Zum Beispiel: welche Komponenten eignen sich bei welchen Standort-Bedingungen, welche Risiken werden durch welche Struktur- und Betriebsparameter in Kauf genommen, welche unkalkulierbaren, zum Beispiel politische Faktoren sind in Abhängigkeit der unterschiedlichen Gestaltungsvarianten noch im Spiel? Diese Fragestellungen beeinflussen den Innovationsprozess ganz wesentlich. Ihre Behandlung ist bisher nicht gelöst. Hier verlassen wir die Grenzen des im Grunde etablierten und durch plausible Forschung erweiterbaren disziplinären Wissens und gelangen zu wirklich neuen Ansätzen, wie sie dem Gegenstand, nämlich dem Entwurf von Analyse- und Optimierungsmodellen für Innovationsprozesse, angemessen sind. Sie sind grundsätzlich transdisziplinär. Klare Lösungen, wie sie dem gleichungsorientierten Ingenieur vorschweben, kann es nicht geben. Aber durch die Methoden, die durch naturanaloge evolutionäre Algorithmen in Kombination mit Modellen für Wirkungszusammenhänge und Ansätzen zur Berücksichtigung begrenzter Rationalität gekennzeichnet sind, lässt sich systematisch der Fortschritt des Innovationsprozesses unterstützen.

> MIKROELEKTRONIK UND MIKROSYSTEMTECHNIK

ANTON HEUBERGER

Beginnen möchte ich mit drei Feststellungen, die an und für sich Rivalitäten sind. Erstens bin ich der Meinung, dass eine Volkswirtschaft von der Größe Deutschlands die produzierende Industrie braucht und die Fiktion von einer Dienstleistungsgesellschaft schlichtweg falsch ist. Im Konkurrenzkampf mit den Niedriglohnländern kann man die Produktion nur über permanente Innovationen und Neuentwicklungen erhalten. Es steht außer Frage, dass jeder Unternehmer bestrebt ist, seine Kosten zu optimieren, und folglich gezwungen ist, mit älteren Produktionen in Niedriglohnländer auszuweichen. Das ist ein ökonomischer Zwang; Produktion kann man nur über Innovationen im Land halten.

Zweitens kommt Innovationen im Bereich der Produktionstechnik, Automatisierung und Rationalisierung eine besondere Bedeutung zu, was den Erhalt von Arbeitsplätzen betrifft. Das klingt zwar etwas gegensätzlich, aber nur durch diese Innovationen kann man die Produktion in Europa und in Deutschland überhaupt noch halten. Ein positives Beispiel ist die Fertigung in der Mikroelektronik. Dort haben wir eine Kostenstruktur erreicht, in der die Personalkosten so gut wie keine Rolle mehr spielen. An erster Stelle stehen Abschreibungen auf Equipment, an zweiter Stelle Materialkosten, dann Medien, Ver- und Entsorgung, und erst an vierter Stelle kommen die Lohnkosten. Deshalb steht die Qualität der Arbeitnehmer im Vordergrund: Zum Beispiel hat die neue AMD-Fabrik in Dresden die beste Ausbeute und die geringsten Kosten, verglichen mit amerikanischen Konkurrenzunternehmen. Auch wir haben in unserem eigenen Fertigungsbetrieben höhere Ausbeuten und geringere Kosten als unser Schwesterwerk in Kalifornien. Die Qualität der Arbeitnehmer in Deutschland ist nicht schlecht, aber das Lohnkostenniveau kann man nicht reduzieren.

Das hat auch dazu geführt, dass unter den ersten zehn der Mikroelektronikhersteller, den Top Ten der Welt, drei europäische Firmen sind. An dritter Stelle STM, also der französisch-italienische Hersteller von Mikroelektronik, an sechster Stelle Infineon und an neunter Stelle Philips. Wir liegen im Ranking besser als die japanische Industrie, und das ist eigentlich nur durch Rationalisierung und bessere Beherrschung der Produktion möglich gewesen.

Es gibt aber auch das Negativ-Beispiel, die Aufbau- und Verbindungstechnik in der Mikroelektronik, also die Technik, die man braucht, um Mikroelektronik so aufzubauen, dass sie im System verarbeitbar ist. Die Chips werden auf Kontaktspinnen aufgebaut, die dann zum Beispiel mit Plastik umspritzt werden. In diesem Bereich haben wir in der Vergangenheit Fehler gemacht, hier in Europa und auch in den USA. Die hierfür benötigten Drahtverbindungen waren anfangs mit einem sehr hohen Anteil an manueller Arbeit verbunden. Es gab zwar Ansätze, die Abläufe zu automatisieren und zu rationalisieren, wobei SEL in Freiburg ein Vorreiter war. Dies hat sich aber nicht durchgesetzt, sondern stattdessen wurde der einfachere Weg eingeschlagen, diese Arbeit nach Fernost zu transferieren. Das Ergebnis ist, das daraus in der Aufbau- und Verbindungstechnik in Fernost eine wirklich dominierende Industrie geworden ist. Die sechs Top Players in der Aufbau- und Verbindungstechnik sind alle dort zu finden. Wenn für zwei dieser Firmen die USA als Heimatland angegeben werden, ist das irreführend, weil deren Fertigungseinrichtungen sich ebenfalls im Fernen Osten befinden. Diese Industrie hat mittlerweile einen Stand erreicht, dass sie auch modernste Technologien, bei denen es um Rationalisierung und Automatisierung geht, anbieten kann. Heute ist es soweit, dass die industrielle Produktion, die Aufbautechnik, in Fernost erfolgt, weil wir nicht rechtzeitig in Automatisierung und Rationalisierung investiert haben. Dass das wirklich keine akzeptable Situation ist, kann man daran erkennen, dass sich mittlerweile bei einem typischen elektronischen Bauelement schon sechzig Prozent der Wertschöpfung auf Gehäuse und Aufbautechnik beziehen. Da sich die Integration vielleicht verlangsamen wird, werden wir immer mehr Systemintegrationen über die Aufbautechnik lösen müssen, also eine Technologie, die wir dringend für die Systemindustrie in Deutschland und Europa bräuchten. Man kann das Rad nicht so einfach zurückdrehen, aber es gibt vielleicht eine Innovation, die Chancen eröffnet, diese Technologie wieder nach Europa zurückzuholen.

Es gibt verschiedene Stufen der Entwicklung in der Aufbau- und Verbindungstechnik. Zum einen ist die klassische Aufbautechnik zu nennen, frei von den Kontaktspinnen. Diese Form der Aufbautechnik wird mittlerweile fast nur noch bei alten Bauteilen angewendet. Dann gibt es Zwischenstufen, bei der die Verdrahtung in einem Zwischensubstrat erfolgt und dann nach außen geführt wird, sodass man die ganze Fläche nutzen kann, während hier nur die Seiten für Kontakte nutzbar sind. Diese Neuerung macht es möglich, den Aufbau auch in den existierenden Firmen in Europa und Deutschland durchzuführen. In Zusammenarbeit mit Philips haben wir bereits die erste Pilotlinie für das so genannte Waverbonding mit einer Kapazität von 50.000 Scheiben in Itzehoe aufbauen können. Sobald diese Kapazität ausgelastet ist, plant Philips, die Produktion auf 300.000 Waver pro Jahr zu steigern. Das wäre eine Chance, um diese wichtige Aufbau- und Verbindungstechnik wieder nach Europa zu holen, und zwar basierend auf einer Innovation, die glücklicherweise in Deutschland entwickelt wurde.

Ein kurzer Rückblick reicht aus, um zu zeigen, dass uns schon vor Jahren das Innovationsmanagement gefehlt hat. Die Mikroelektronik hat ungefähr ein Alter von fünfzig Jahren erreicht, je nachdem, wie man den Anfang definiert. Deutschland war dafür der Ausgangspunkt, auch wenn das heute häufig vergessen wird. Das erste einkristalline Silizium wurde in Deutschland im Hause Siemens gezogen. Die Patente wurden entwickelt und anschließend Wacker-Chemie überlassen, welche noch heute einer der größten Anbieter für Silizium-Startmaterial ist. Aber leider haben wir es versäumt, zu bemerken, dass es für das Silizium bedeutend mehr Anwendungsmöglichkeiten gibt, als man ursprünglich vermutete. Die Forschergruppe war genialisch veranlagt, kam aber leider aus dem Kraftwerksbereich. Es ging darum, hohe Ströme und Spannungen zu schalten, um auf mechanische Schalter verzichten zu können, die sehr aufwändig und sehr unzuverlässig waren. Spenke, ein grandioser Festkörperphysiker, kam auf den Gedanken, dass sich Silizium wegen seiner Bandstruktur am besten dazu eignen würde, einen Festkörperschalter herzustellen. Zu diesem Zweck benötigte man einkristallines Silizium. Daraufhin wurden die Patente von Welker entwickelt, um die diversen Bauelemente zu produzieren. Die erwähnte Forschergruppe konnte natürlich nicht ahnen, dass Silizium in der Schwachstromtechnik von noch viel größerem Nutzen sein kann.

Des Weiteren existierte damals als Innovationshemmnis die Perfektion der Mechanik im Hause Siemens. Die besten Hebdrehwähler, die man für die Telefonvermittlung brauchte, wurden damals von Siemens hergestellt. Man arbeitete weiterhin an der Verbesserung der Mechanik, während amerikanische Firmen bereits begannen, über elektronische Koppelpunkte nachzudenken. Das führte bei uns zu einem ungeheuren Nachlauf in der Integrationstechnik, gefolgt vom großen Branchensterben. Die erste Branche, die ausstarb, war die Uhrenindustrie, anschließend die Kameraindustrie, und schließlich war auch der Bereich Entertainment-Elektronik betroffen, um nur die wichtigsten zu nennen. Der Grund dafür war, dass wir nicht rechtzeitig mit der integrierten Schaltkreistechnik angefangen haben und die mechanischen Lösungen in Deutschland zu lange dominierten.

Als nächstes folgte ein ungeheurer Aufholwettkampf. Die erste Branche, der es gelang, den hohen Stand in der Mechanik mit einer elektronischen Systemtechnik zu verbinden, war die Automobilindustrie. Mittlerweile beruht die Wertschöpfung in der Automobilindustrie zu rund dreißig Prozent auf Elektronik und Mikrosystemtechnik. Die Innovationen, sowohl in der Mechanik als auch in der automobilspezifischen Elektronik und Mikrosystemtechnik, stammen zu einem erheblichen Teil aus Deutschland. Es ist das Mutterland der Automobiltechnik geblieben, aber nur, weil man sich allmählich dessen gewahr wurde, dass man für das System Kraftfahrzeug die Mikroelektronik genauso benötigt wie die Materialtechnik für alle möglichen Teilkomponenten.

Die Mikroelektronik nimmt einen dominanten Stellenwert ein, weil sie das einzige Mittel ist, um intelligente Systeme herzustellen. Jedes intelligente Gerät benötigt Mikroelektronik und Mikrosystemtechnik. Meines Erachtens ist sie immer noch die innovativste Industrie mit dem größten und schnellsten Wachstumsanteil, die wir haben.

Mikroprozessoren sind technologisch kompliziert. Das heißt, sie entwickeln sich nicht so rasant weiter wie Speicher, die reguläre Bausteine bilden, welche leichter zu realisieren sind. Inzwischen gibt es verschiedene Generationen. Wir bewegen uns heute zum Beispiel im Bereich des 256-Mbit-Speichers. Es gibt mutige Prognosen, die besagen, dass sich diese Kurve bis 2015 linear fortsetzen wird, wie jene der SIA, der Semicontact Industrial Association, der fast alle Halbleiterhersteller weltweit angehören. Die SIA hat eine Roadmap aufgestellt, wonach dieses Wachstum unverändert weitergeht. Wir hätten dann um 2010 den 64-Gbit-Speicher.

Es stellt sich jedoch die Frage, ob das immer so weitergehen wird, und welche Antriebskraft dahintersteckt. Festzuhalten ist vor allem, dass sich mit der Integrationstechnik der Preis der Funktion verbilligt. Wenn man in Bezug auf die Komplexität von 1-Mbit-Speichern die Preisentwicklung der letzten dreißig Jahre betrachtet, stellt man fest, dass man erst 1973 den 1-Mbit-Speicher aus 4-Kbit-Speichern zusammenbauen konnte. Der Wert eines solchen Speichers lag bei 150.000 DM, zur damaligen Zeit ungefähr der Preis eines Reihenhauses. Seither sind die Kosten kontinuierlich gesunken, und zwischen 1984 und 1987 gelang es zum ersten Mal, die Komplexität eines 1-Mbit-Speichers auf einen Chip zu packen, zu einem Preis von ungefähr 60,- DM. Anschließend ist die Summe, bei höherer Komplexität, weiter gesunken. Heute kostet ein 1-Mbit-Speicher noch so viel wie ein Streifen Kaugummi, und die Extrapolationen gehen dahin, dass ein 1-Mbit-Speicher in zehn Jahren vielleicht weniger als einem Cent wert sein wird. Die dramatische Kostenentwicklung ist die eigentliche Antriebskraft, immer neue Fabriken für höhere Komplexitäten zu bauen.

Ich wage zu behaupten, dass ohne diesen Preisabfall niemand solche hohen Investitionskosten für eine Halbleiterfertigung aufbringen würde. Natürlich ist vieles auch anwendungsgetrieben, aber die Haupttriebkraft in dieser Entwicklung der Komplexität ist die Verringerung der Kosten pro Funktionseinheit.

Dabei erhebt sich die Frage, ob es überhaupt einen Marktbedarf gibt, um die hohen Integrationsdichten von einem 64-Gbit-Speicher verkaufen zu können.

Die Mikroelektronik überwindet derzeit gewaltige Anwendungsbarrieren. Danach wird die Mikroelektronik wahrscheinlich ein ganz anderes Potenzial haben, und dann wird praktisch der gesamte Alltag der Bevölkerung mit Mikroelektronik durchdrungen sein. Im Augenblick sind die Anwender der Mikroelektronik hauptsächlich im professionellen Markt und unter den Freaks zu finden. Der Normalverbraucher, der nicht technikfeindlich ist, sondern nur nicht ein Bedienungshandbuch von vorne bis hinten lesen möchte, hat die Systeme, die heute möglich sind, bisher nicht gebraucht. Ihn als Kunden zu gewinnen setzt meines Erachtens drei wichtige Innovationen voraus.

Erstens: Die Mikroelektronik ist in Bezug auf die Produktionstechnik erwachsen geworden. Bis zum Beginn der 90er Jahre war die Mikroelektronikfertigung im Grunde genommen eine vergrößerte Laborfertigung. Bauelemente wurden mit Ausbeuten von zum Teil unter fünfzig Prozent hergestellt. Das ist keine stabile Industriefertigung, und darum wurde auch das Wort Ausbeute nach Goldgräberstimmung gewählt. Heute ist es so, dass die Bauelemente, die auf den Markt kommen, sicherlich mit Ausbeuten von über siebzig Prozent gefertigt werden, zum großen Teil schon über neunzig Prozent. Bei den einfachen Bauelementen, wie zum Beispiel bei Leistungsbauelementen in unserem

Werk in Itzehoe, schwanken die Ausbeuten zwischen 98 Prozent und 99 Prozent. Es wäre durchaus angebracht, das Wort Ausbeute durch den Begriff Ausschuss zu ersetzen, wie es in der Industriefertigung eigentlich üblich ist.

Diese Fortentwicklung der Produktionstechnik hat auch zur Folge, dass sich Qualität und Zuverlässigkeit völlig verändert haben, was sich beispielsweise anhand des Automobils zeigen lässt. In der Anfangsphase betraf die Mikroelektronik nur Geräte, die zumindest verzichtbar sind, wie Autoradios oder Telefone. Den Ausfall kann man verschmerzen und ihn beim nächsten Besuch in der Werkstatt beheben lassen. In den 80er Jahren wurde die Elektronik bei der Motorsteuerung eingeführt und nahm somit schon eine wichtigere Funktion ein. Inzwischen ist es so, dass lebenserhaltende Systeme im Automobil ganz von der Elektronik abhängen. Man könnte es als eine Revolution im Denken der Automobilhersteller bezeichnen.

Begonnen hat es mit den Airbagsensoren, die mikrosystemtechnisch und mikroelektronisch ausgelegt wurden. Aber das Misstrauen der Automobilhersteller gegen alles, was nicht mechanisch gebaut war, war damals noch so groß, dass es immer noch den so genannten Sicherheitsschalter gab. Dabei handelte es sich um einen einfachen Schalter, bei dem durch massive Beschleunigung oder durch einen Unfall eine Kugel auf Kontakte gedrückt wurde, was letztlich darüber entschied, ob der Airbag ausgelöst wurde oder nicht. Nicht die Elektronik, sondern der mechanische Sicherheitsschalter war die letzte Kontrolle für das Auslösen des Airbags. Viel Sinn ergab das nicht, denn die Mikroelektronik bietet den täglichen Selbsttest. Jedesmal, wenn man den Zündschlüssel dreht, wird das System getestet und zeigt an, wenn es nicht funktioniert. Die Auslösung der mechanischen Kugel in diesem Sicherheitsschalter erfolgte höchstens einmal im Leben des Autos. Ob die Kugel eingerostet war oder nicht, konnte man überhaupt nicht prüfen. Gegen den Widerstand der Mechaniker hat sich allmählich die Überzeugung herausgebildet, dass man das Problem elektronisch lösen musste.

Heute werden die Bauelemente in Mikroelektronik und Mikrosystemtechnik entwickelt, die man für die aktive Fahrwerksregelung benötigt. Das ist beispielsweise ein in Silizium aufgebauter Drehratensensor, der aus einer beweglichen Platte besteht, die in Schwingungen gesetzt und durch die Corioliskraft bei der Drehung aus der Ebene gekippt wird. Die veränderte Kapazität zwischen der beweglichen und der festen Struktur ist das Maß für die Drehung. Die Strukturen werden auf der Siliziumoberfläche erzeugt und durch Opferschichten freigeätzt, sodass sie beweglich werden. Darunter sitzt die Elektronik, die man braucht, um dieses System auszuwerten. Auf diese Weise kann aktive Fahrwerksregelung betrieben werden, die sogar über den Einfluss des Fahrers hinausgeht. Das System ist also letztlich das Entscheidende. In einigen Jahren wird voraussichtlich Drive-by-Wire eingeführt, wobei die direkte mechanische Verbindung zwischen Lenkrad und Rädern aufgebrochen wird. Dann wird das Automobil einzig und allein von Elektronik und Mikrosystemtechnik beherrscht werden, und meines Erachtens wird die Mikroelektronik die Mittel hervorbringen, die notwendig sind, um diese Abläufe fortwährend zu kontrollieren, und damit sogar sicherer als die Mechanik sein.

Der zweite wichtige Punkt betrifft die Mikrosysteme – insbesondere, wenn es um tragbare, kleine Systeme geht, die höchste Integrationsdichten voraussetzen, genügt es nicht mehr, nur die Logik zu integrieren, das heißt die Datenverarbeitung und Datenspeicherung, sondern die gesamte Kette der Sensorik und Aktuatorik muss ebenfalls minaturisiert werden. Das heißt, das Silizium erfüllt zusätzliche Funktionen, an die man früher gar nicht gedacht hat. Ich möchte nur ein einziges Beispiel herausgreifen, weil es die gesamte Bandbreite zeigt. Dabei handelt es sich um den elektrischen Biochip, der wahrscheinlich eine der wichtigsten Bauelemente der Zukunft in hohen Stückzahlen sein wird. Das sind Chips, die beispielsweise in der Lage sind, die DNA-Struktur oder RNA-Struktur zu messen bzw. auch andere Dinge wie Proteine oder Haptene nachzuweisen. Es gibt enorme Anwendungsbreite von Biologie über Medizin, Lebensmitteltechnik, Umwelttechnik bis hin zur Sicherheitstechnik und Kryptologie. Das Prinzip besteht darin, dass man gelernt hat, die biologischen Reaktionen auf der Oberfläche eines Chips ablaufen zu lassen und die dabei entstehenden Ladungen oder Ströme in dem direkt darunter liegenden integrierten Schaltkreis zu messen. Das wird wahrscheinlich der Schaltkreis mit der höchsten Stückzahl werden, weil man das unter anderem bei jedem Arztbesuch benötigen wird, um beispielsweise festzustellen, ob man dem Patienten ein gewisses Medikament verordnen kann oder nicht. Zum Beispiel scheitert ein Anti-Blut-Gerinnungs-mittel, bzw. ein Blutverdünnungsmittel, das sehr wirksam ist, daran, dass bei 0,8 Prozent der Bevölkerung Abbau des Knochenmarks erfolgt. An solchen Effekten sind unglaublich viele Wirkstoffe gescheitert, die mit Milliardenkosten entwickelt wurden. Zum Beispiel Lipobay ist das mit Abstand beste Mittel mit den geringsten Nebenwirkungen. Nur einzelne Patientengruppen vertragen es nicht. Lipobay wäre sehr viel besser als das Alternativmedikament, welches heute in den USA verkauft wird. Aber man müsste mit Sicherheit wissen, ob man es dem Patienten verordnen darf oder nicht. Das heißt, wir werden solche Mess-Systeme noch in diesem Jahrzehnt in der Praxis des Arztes haben.

Der dritte Punkt betrifft den Übergang zu sprachgesteuerten Geräten und Systemen, der meines Erachtens den absoluten Durchbruch der Mikroelektronik darstellt und eine Befreiung von der Dateneingabe über Tastaturen bedeutet. Damit ist eine ganze Reihe von neuen Anwendungen denkbar, die heute in Vorbereitung sind. Meiner Überzeugung nach wird es noch in diesem Jahrzehnt die ersten sprachgesteuerten Systeme geben. Nicht Systeme, die einzelne Worte oder Satzfetzen verstehen, wie es heute schon der Fall ist, sondern Systeme, die tatsächlich den logischen Inhalt eines Satzes verstehen und mit denen man in Dialog treten kann. Der Mensch der Zukunft, der komplett vernetzt ist, wird wieder aussehen wie ein Mensch der Vergangenheit. Er wird nicht mehr schwere Laptops mit sich herumtragen und unglaublich viel Elektronik bewegen müssen. Er wird auch keine ausgebeulten Taschen wegen großer Handys haben. All diese Funktionen können integriert werden, da es möglich ist, den Dialog über die gesprochene Sprache zu führen. Wenn man über Sprache Daten eingeben kann, dann sind allerlei neue Systeme denkbar, zum Beispiel ein in die Armbanduhr integriertes Handy, oder sogar in einem Schmuckstück, um es praktisch im Ohr zu tragen. Das heutige Laptop wird so etwas wie eine Smart Foil sein und ähnliche Eigenschaften wie Papier haben. Man wird durch gesprochene Befehle ganz verschiedene Effekte auf dieser Smart Foil erzeugen können, oder sie auch zum Arbeiten benutzen. Text kann mittels Diktat generiert werden, was sehr viel einfacher ist, als ihn über eine Tastatur einzugeben. Folglich werden Systeme möglich sein, die heute überhaupt noch nicht vorstellbar sind.

Damit würden wir auch das Zeitalter verlassen, in dem viele elektronische Systeme eine größere und schwerere Bedienungsanleitung als das eigentliche Gerät besitzen. Diese Systeme werden dann nur noch einen Knopf zur Bedienung haben, zum Ein- oder Ausschalten, und ansonsten über Sprache gesteuert werden. Bedienungsschwierigkeiten sind das größte Hindernis für die breite Durchdringung der Bevölkerung mit Mikroelektronik. Sprachgesteuerte Systeme werden auch Eingang finden in die Haushaltstechnik, der den Freak-Märkten diametral gegenübersteht. Aus diesen Gründen bin ich der Überzeugung, dass wir die immensen Integrationsdichten auch aus marktwirtschaftlichen Gründen brauchen.

Laut der bereits erwähnten SIA-Roadmap wird es im Jahr 2010 den 64-Gbit-Speicher geben, der eine Feinstruktur von 70 nm haben wird, und eine Justiergenauigkeit von Lage zu Lage im 6-Sigma-Wert von 7 nm. Noch ist nicht erwiesen, ob das technisch beherrschbar sein wird; die erwähnte SIA-Gruppe, die dies gefordert hat, kann diese Frage auch noch nicht beantworten. Die benötigte Technologie muss erst noch entwickelt werden.

In Bezug auf die SIA-Roadmap kann eindeutig festgestellt werden, dass keine harten physikalischen Grenzen existieren, die einer wirtschaftlichen Nutzung von Bauelementen kleinster physikalischer Strukturen von 100 nm oder 50 nm widersprächen. Das Hauptproblem ist jedoch die Finanzierung. Von Generation zu Generation der Schaltkreistechnik steigt die Produktionstechnik exponentiell im Preis an. Die Kosten für eine mittlere Waver-map mit einem wöchentlichen Start von 5000 Wavern sind enorm gestiegen: Eine solche Fabrikation hat bei einem Mikrometer noch deutlich unter 500 Millionen Dollar gekostet, doch bei 0,18 Mikrometern handelt es sich bereits um eine Größenordnung von drei Milliarden Dollar. Wenn das bei den nächsten Generationen in den 100 nm-Bereich fortgesetzt wird, wird man für eine Fabrikation bald das Bruttosozialprodukt kleinerer Länder erreichen. Die Frage ist, ob das noch wirtschaftlich machbar ist.

Die Erlöse aller weltweit hergestellten Bauelemente bis zum Jahr 2010 sind von einem französischen Kollegen in einem halblogarithmischen Maßstab dargestellt und den Herstellungskosten dieser Bauelemente gegenüber gestellt worden. So eine Darstellung zeigt deutlich, dass die beiden Kurven sich aufeinander bewegen, und dass der Unterschied, der die Triebkraft für die neuen Fabs darstellt, immer kleiner wird. Deshalb bin ich der Meinung, die Innovationen, die wir brauchen, liegen nicht so sehr im Bereich der grundsätzlichen Bauelementetechnologien, sondern in einer rationelleren und besseren Fertigungstechnologie. Aus diesem Grund müssen die nächsten Innovationen erfolgen, um sich von der Vorstellung einer optischen Lithographie zu entfernen, zugunsten eines leistungsfähigeren aber noch bezahlbaren Lithographieverfahrens, zum Beispiel auf Elektronen- oder Ionenbasis. Es wird daran gearbeitet, aber ein neues Lithographieverfahren braucht von der Idee bis zur Anwendung etwa zwanzig Jahre. Meiner Überzeugung nach wird sich die SIA-Roadmap deshalb verlangsamen. Die Entwicklungen werden in der Zukunft nicht so weit in den Nanometerbereich gehen, wie manche Prognosen suggerieren.

Aber es gibt Alternativen:

Auf einer Siliziumscheibe sind die Bauelemente lateral flächig angeordnet, und nur die ersten zwei Mikrometer in der Tiefe sind überhaupt in Funktion. Der Rest ist nur teurer Träger; es wäre wichtig, die dritte Dimension zu erschließen. Das würde auch ermöglichen, komplexe Systeme mit relativ groben Strukturen herzustellen. Allerdings ist das Erschließen der dritten Dimension mit Schwierigkeiten verbunden, wenn nicht unmöglich, weil sich die Fehler von Ebene zu Ebene summieren und die Ausbeute dementsprechend reduziert wird. Intelligente, aufbauende Verbindungstechnik könnte es ermöglichen, die verschiedensten Lagen, die vorgetestet sind, miteinander zu kombinieren. Deshalb kommt der Aufbau- und Verbindungstechnik auch so viel Bedeutung zu.

Zusammenfassend möchte ich sagen, dass der Raum für Innovationen in Mikroelektronik und Mikrosystemen meiner Ansicht nach unbegrenzt ist. Gute Beispiele hierfür sind rationelle Technologien für Strukturdimensionen bis in den 50 nm-Bereich, die kubische Schichtung und die Integrationstechnik komplexer Gesamtsysteme.

Ich bin auch der Meinung, dass der Marktbedarf für diese Integrationsdichten gesichert ist, weshalb ich glaube, dass im weltweiten Maßstab – und Elektronik muss man weltweit betrachten – diese Innovationen stattfinden werden. Die entscheidende Frage lautet, ob Deutschland dabei ist. Wir müssen dringend etwas tun, um den Standort Deutschland besser im Wettbewerb zu positionieren.

Meiner Meinung nach müssen wir die angewandte F&E stärken, also die Brücke zwischen Forschung und industrieller Anwendung. Das Wesentliche dabei ist das frühzeitige Erkennen von Anwendungschancen. Ob ein Innovationsmanagement das leisten könnte, weiß ich nicht, aber ich glaube, unsere wichtigste Aufgabe ist, die Entwicklungen immer wieder zu überdenken und zu überlegen, wo man sie noch anwenden und bestmöglich nutzen kann.

Noch zu erwähnen sind die klassischen Innovationshemmnisse: Die Technologiefeindlichkeit, die wir ohne Zweifel in Schulen und Ausbildung haben, muss abgebaut werden, insbesondere bei der weiblichen Bevölkerung. Des Weiteren müssen wir endlich erreichen, dass die Studenten von technischen Berufen nicht bei der geringsten Rezession sofort abgehalten werden.

Deutschland kann keine Insel der Seligen bilden, schon gar nicht angesichts der Führungsmacht USA, die sich so gebärdet, wie sie es gegenwärtig tut. Deutschland ist zu klein, um im Sozialbereich den Takt anzugeben, aber vielleicht kann sich in Europa eine Sozial-Charta herausbilden, die vernünftig ist.

Der wichtigste Standortfaktor aus Sicht der Mikroelektronik und Mikrosystemtechnik ist, dass wir eine starke lokale Anwenderindustrie haben. Überall dort, wo die lokale Anwenderindustrie stark ist, ist auch die Technologie sehr gut vertreten. Ein Negativbeispiel ist die Computerindustrie. Nachdem wir es nicht geschafft haben, bei Computern wirklich Fuß zu fassen, ist auch die Herstellung der elektronischen Schaltkreise für Computer nicht so sehr die Domäne der Deutschen. Der Bereich, in dem es wirklich sehr gut läuft, ist die Automobilindustrie.

Laut der neuesten Trendanalyse des ZVEI, hat die Automobilelektronik in Europa, insbesondere in Deutschland, eine absolute Spitzenstellung. Das jährliche Wachstum in Europa beträgt 11,6 Prozent, während es in der übrigen Welt nur bei 5,1 Prozent bzw. 1,0 Prozent liegt. Deutschland ist mit Abstand der größte Verbraucher dieser neuen Systeme, mit 43 Prozent Weltmarktanteil. Die betreffenden Autos werden zum großen Teil auch in Deutschland hergestellt. Es gibt führende Einrichtungen, die in Deutschland ihren Sitz haben, und eine starke Anwenderindustrie bedingt eigentlich auch eine starke Elektronikindustrie.

Meines Erachtens müsste die Idee oder der strategische Inhalt von Großforschungseinrichtungen wieder reaktiviert werden. Die Großforschungseinrichtungen wurden gegründet, als man die Kernenergie noch für richtig erachtet hat, und sie haben damals dazu beigetragen, dass Deutschland das führende Land in der Kernenergie wurde. Heute sind die Großforschungseinrichtungen zu Kleinforschungseinrichtungen verkommen, wo alles untersucht wird – von der Grundlagenforschung bis hin zu Dienstleistungen oder Technologiefolgenabschätzung. Der Gedanke der Großforschung müsste gezielt dort eingesetzt werden, wo neue Märkte in Deutschland entstehen sollen. Dafür gibt es unglaubliche viele Themengebiete wie die Offshore-Technik: Wir haben dafür keine Industrie und damit erfolgt auch keine Förderung dieses Bereiches. Der müsste aufgebaut werden. Ein weiteres gutes Beispiel ist die Display-Technik. Der Mensch ist ein Augentier und wir sind erst am Anfang dieser Technik. Hier müssten Großforschungseinrichtungen ansetzen, um marktstimulierend zu wirken, bis hin zu dem Auftrag, Firmenausgründungen durchzuführen und tatsächlich frühzeitig eine Anwenderindustrie zu initiieren.

Natürlich kann man die Geschichte nicht zurückdrehen und Industrien zurückholen, die sich längst in anderen Ländern angesiedelt haben, zum Beispiel die Kameraindustrie oder die Entertainment-Elektronik. Aber in neuen Gebieten könnten die genannten Einrichtungen beginnen, unterstützend auf die Entwicklung einzuwirken.

> TECHNOLOGISCHE INNOVATIONEN IM BEREICH DES MASCHINENBAUS

MICHAEL F. ZÄH

EINFÜHRENDES ZUM THEMA

Trends in der Produktionstechnik, bzw. im Maschinenbau, lassen sich verfolgen, beobachten und clustern. Innovationen, wenn sie per se entstehen, können neue Trends begründen. In der Produktionstechnik verfolgen Trends das Ziel der kostengünstigen Produktion. Ein Trend kann sich verstärken oder abschwächen; es können sogar Quantensprünge entstehen (Bild 1).

Bild 1: Was ist ein Trend?

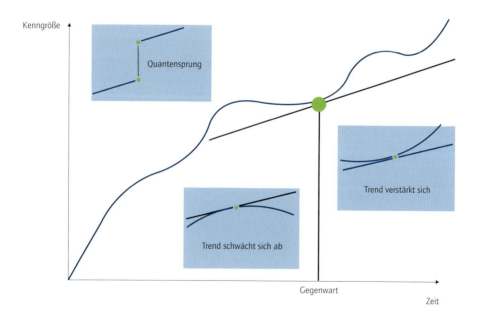

Beispiele aus der Produktionstechnik machen diesen Trend deutlich, so hat sich die Maßgenauigkeit von Fertigungssystemen in hundert Jahren aus dem mm-Bereich in den µm-Bereich entwickelt. Das gleiche gilt auch für die Messgenauigkeit. Ein weiteres Beispiel behandelt die Entwicklungstendenzen bei der spanenden Fertigungstechnik. So ist die Schnittgeschwindigkeit bei den Schneidstoffen in den letzten hundert Jahren zum einen durch die Verbesserung vorhandener Schneidstoffe (zum Beispiel klassischer Schnellarbeitstahl) und zum anderen durch die Einführung neuer Schneidstoffe (zum Beispiel Oxidkeramik, polykristalliner Diamant, CBN) enorm gestiegen (Bild 2).

Bild 2: Trendbeispiele aus der Produktionstechnik

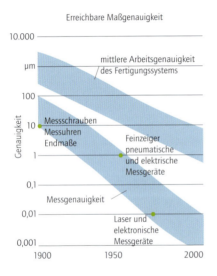

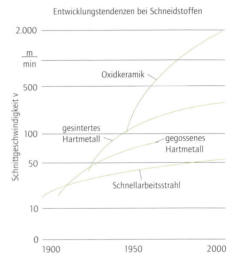

TRENDS IN DER GESELLSCHAFT

Treibende Faktoren für die Trends in der Gesellschaft sind die Globalisierung, die Miniaturisierung sowie das Verlangen nach individualisierten Produkten. Heute spielen die Einmaligkeit sowie Innovations- und Lernfähigkeit eines Produkts neben dem Preis bzw. der Produktivität, der Qualität, der Produktflexibilität und dem Zeitfaktor eine große Rolle, sodass sich die Produktion an den individuellen Bedürfnissen des Kunden anpassen und orientieren muss.

Greifen wir uns die Autoindustrie als Beispiel heraus. Es genügt nicht mehr, einfach Autos zu produzieren und anzubieten, das heißt ein Grundbedürfnis zu befriedigen. Menschen, deren Grundbedürfnisse gesättigt sind, haben das Verlangen, sich aus der breiten Masse abzuheben, also eine persönliche Note auszuprägen. Und dieses Ausprägen einer persönlichen Note findet beim Auto zum Beispiel dort statt, wo man Wert darauf legt, eine spezielle Farbe auszuwählen, den Stoff und das Muster der Sitzpolsterung und vieles mehr. Als weiterer Aspekt kommt hinzu, was Individualisierung zur Folge hat. Wir müssen das Paradigma der rein zeitorientierten Produktion aufgeben und zur individuellen Produktion kommen. Vorbei ist die Ära der schnellen Produktion, die in Deutschland in der Nachkriegszeit relevant war, als es darum ging, den Wiederaufbau zu leisten und die Haushalte mit dem Notwendigsten an Equipment auszustatten. Jetzt haben wir es mit einer Produktion zu tun, die an die Kundenbedürfnisse angepasst sein muss oder sich an den Kundenbedürfnissen orientiert. Eine solche Produktion trägt der Individualisierung Rechnung.

Hierbei wird oftmals der Gedanke vernachlässigt, dass sich die Alterspyramide umgekehrt hat und ein deutlicher Trend zur Überalterung unserer Gesellschaft zu verzeichnen ist. Daher müssen sich zukünftige Produkte stärker an den Bedürfnissen älterer Menschen orientieren. Dies betrifft beispielsweise neben der Bedienbarkeit der mobilen Kommunikation und einer guten Zugänglichkeit zu den Transportmitteln auch die Entwicklung von Service-Robotern im Haushalt (Bild 3).

Bild 3: Trends in der Gesellschaft – Produkte für Senioren

Mobile Kommunikation
- Display ohne Brille lesbar
- Einfachbelegung großer Tasten
- Natürlich-sprachliche Interaktion
- Verzicht auf Spielereien

Transportmittel
- Leichtgängige Hebel bzw. Türen
- Hoher Einstieg
- Übersichtliches Informationsangebot

In seinem Buch *Die deformierte Gesellschaft* beleuchtet Meinhard Miegel diesen Trend. Er tritt den Beweis an, dass diese Entwicklung nicht rückgängig zu machen ist. Auch die Zuwanderung, die teilweise als Heilmittel gepredigt wird, kann kaum Abhilfe schaffen, denn sie wird in den Ländern, aus denen Abwanderung erfolgt, sehr große Probleme bewirken, die wir nicht fördern dürfen. Andernfalls würden wir das soziale Gefälle zementieren. Das kann nicht in unserem Interesse liegen.

Zukünftige Produkte werden sich also stärker an den Bedürfnissen älterer Menschen orientieren müssen. Zum Beispiel Handys: Ein Display, das ohne Brille lesbar ist, oder größere Tasten, die den spezifischen taktilen Fähigkeiten älterer Menschen Rechnung tragen sowie die sprachliche Interaktion und der Verzicht auf Spielereien. Das Handy heute ist ja letztendlich nur mit einer Bedienungsanleitung vollständig zu erfassen, die größer ist als das Gerät selber. Ein Handy bietet weit mehr Funktionen, als wir sie nutzen und uns einprägen können. Bei Transportmitteln wiederum sind es beispielsweise die Leichtgängigkeit von Hebeln und Türen oder der einfache Ein- und Ausstieg, gute Sicht und ein übersichtliches Informationsangebot, die die Zugänglichkeit für ältere Menschen erschweren.

Und schließlich das Thema Service-Roboter für den Hausbereich: Im Grunde geht es hier darum, dass wir einen sehr viel höheren Anteil pflegebedürftiger Menschen haben werden. Pflegeheime und auch die Familie, die Angehörigen werden sehr bald überlastet sein. Für eine pflegebedürftige Person ist es durchaus unangenehm, 24 Stunden am Tag auf die Hilfe eines Menschen angewiesen zu sein, dass man jemanden rufen muss, der einem bei den einfachsten Handgriffen behilflich ist. Die Nachfrage nach Geräten, die ein würdiges Leben in einer häuslichen Umgebung trotz Pflegebedürftigkeit erleichtern, wird daher sehr stark zunehmen.

TRENDS IN DER PRODUKTIONSTECHNIK

Trends in der Produktionstechnik sollen den Anforderungen gerecht werden, die sich zum Teil durch andere Aspekte ergeben haben. Die Trends, die in diesem Beitrag vorgestellt werden, sind in sechs größere Gruppen gegliedert. Das sind übergeordnete Trends, die auf Einzelentwicklungen beruhen. Unsere produktionstechnische Sichtweise beinhaltet, dass die Entwicklungen jeweils auf Fabrik, Anlage oder Prozess abzielen. Aus der Sicht des Produktionstechnikers gliedert sich das gesamte Thema in Fabrik, als oberste Ebene, in Anlage und darunter in die Detailsicht, in die Prozesse, wie zum Beispiel Fertigungsprozesse, Montageprozesse oder technische Prozesse (Bild 4).

Bild 4: Trends in der Produktionstechnik – Übersicht

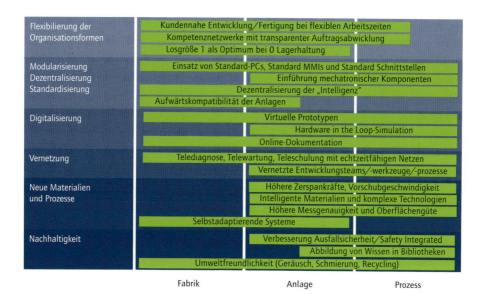

Flexibilisierung der Organisationsformen

Unternehmen verbünden sich in zunehmendem Maße für eine befristete bzw. unbestimmte Zeit zur Ergänzung ihrer komplementären Kompetenzen, um so dem Kunden ein umfangreicheres Angebot bieten zu können. Die Betriebe treten als virtuelles Unternehmen auf. Dies erfordert eine Identifizierung aller an einem gesamten Produktionsprozess beteiligten Teilprozesse sowie die Modularisierung und Zuordnung dieser Teilprozesse. Hieraus ergibt sich, welches Unternehmen des Netzwerks am besten geeignet ist, diesen Prozess durchzuführen.

Modularisierung, Dezentralisierung, Standardisierung

Am Beispiel des Werkzeugmaschinenbaus lässt sich der Trend der Modularisierung und Standardisierung ablesen. Viele Werkzeugmaschinenhersteller sind dazu übergegangen, ihre Maschinen nach dem modularen Baukastenprinzip herzustellen. Es gibt keine vordefinierten Typen bzw. Modelle einer Werkzeugmaschine, sondern ein Sortiment von Einzelkomponenten. Aus diesem Sortiment werden, auf dem jeweiligen Kundenwunsch abgestimmt, die entsprechenden Komponenten ausgesucht und eine maßgeschneiderte Werkzeugmaschine zusammengebaut. Dies erfordert auch eine Standardisierung der Komponenten.

Digitalisierung

Bei der Digitalisierung ist ein sehr ausgeprägter Trend erkennbar, der es beispielsweise erlaubt, Werkzeugmaschinen und deren Steuerung digital zu erfassen und zu erproben, damit die Entwicklungs- und Durchlaufzeiten verkürzt werden können. Darüber hinaus ist es möglich, an einem virtuellen Maschinenmodell eine vollwertige Bedienerschulung, eine Fehlersimulation sowie eine Störungsanalyse durchzuführen. Ein weiterer Trend zeichnet sich ab zur Entwicklung und Produktionsplanung am virtuellen Objekt. Über die drei Ebenen Fabrik, Anlage und Prozess soll eine Virtualisierung und Simulation der Produktion am digitalen Abbild möglich sein. Letztendliches Ziel einer solchen Virtualisierung sollte es sein, in der Simulation durchgehend alle Vorgänge von den vorgelagerten Prozessen wie der Produktentwicklung bis hin zu den nachgelagerten wie Entsorgung und Recycling erfassen und analysieren zu können.

Vernetzung

Als Internet der nächsten Generation ist vor allem in den Produktionsbetrieben eine stärkere Vernetzung anzustreben. Diese basiert zum einen auf der drahtlosen Kommunikation, die eine immer größere Verbreitung findet. Mit einer drahtlosen Kommunikation ergibt sich eine große Flexibilität im Produktionsumfeld, da einzelne Anlagen leicht versetzbar oder austauschbar werden; selbst ganze Fabrikhallen lassen sich mit einem wesentlich geringeren Aufwand umkonfigurieren.

Zum anderen ergeben sich auch in der drahtgebundenen Kommunikation neue Einsatzfelder wie die Telewartung, die Telewertung und der Teleservice. Unternehmen in Deutschland setzen nach einer Studie des VDMA große Wachstumserwartungen in diese Branche.

Neue Prozesse

Es sind verschiedene innovative Verfahren und Ansätze im Entstehen, die sich in der Produktion möglicherweise durchsetzen werden:

- Mit *generativen Fertigungsverfahren* wie beispielsweise dem Präzisionslaserstrahlsintern, einer Kombination aus High Speed Cutting und Laserstrahlsintern, lassen sich mit verhältnismäßig geringem Aufwand komplexe Geometrien herstellen. Diese Technologie stützt sehr stark das Thema Individualisierung, da eine sonst aufwändigere Herstellung unter zu Hilfenahme von Werkzeugen entfällt.
- *Integration verschiedener Verfahren bei der spanenden Fertigung auf einer Maschine*
  Es lassen sich beispielsweise die Prozesse Drehen, Fräsen und Bohren in der Weichbearbeitung auf einer Maschine durchführen. Dies vermeidet die beim Umspannen möglichen Nachteile, wie zum Beispiel Genauigkeitseinbußen und Liegezeiten.

- *Fertigungsintegriertes Randschichthärten durch Schleifen*
  Durch Nutzung der im Schleifprozess generierten Wärme für den Umwandlungsprozess im Gefüge, der zum Härten des Bauteils führt, lassen sich die Fertigungskosten senken.
- *Verfahren zur Substitution herkömmlicher Schweißprozesse (Reib-Rühr-Schweißen)*
  Beim Reib-Rühr-Schweißen werden zwei Bleche im Stumpfstoß aneinander gebracht. Mit einem Werkzeug (Pin) wird eine „Reib-Rühr-Bewegung" vollzogen. Dadurch wird soviel an Energie eingebracht, dass sich die beiden Bleche wie eine teigige Masse verrühren lassen. Es entstehen so Schweißnähte hoher Qualität, der Prozess ist gut automatisierbar und bewegt sich unterhalb der Schmelztemperatur der Fügepartner. Es treten kaum Emissionen auf. Es besteht ein hohes Anwendungspotenzial in der Luft- und Raumfahrttechnik.

Neue Materialien

Die Entwicklung neuer Materialien, so genannte aktive piezokeramische Faserverbundwerkstoffe, erlaubt uns, über relativ weit ausgedehnte, flächige Bauteile Kräfte aufzubringen. Darüber hinaus gibt es Hydraulikfluide, die auf Befehl ihre Viskosität ändern. Auf Befehl heißt, bei Anlegen einer Spannung ändert sie ihr Verhalten, und damit sind bestimmte Effekte realisierbar. Ein sehr interessanter Ansatz sind Schläuche, die sich wie Muskeln kontrahieren können. Es ist gewissermaßen Bionik, das heißt Effekte, die aus der Biologie übernommen sind und in der Technik ein entsprechendes Analogon finden: Schläuche, die sich unter Druck zusammenziehen, und mit denen man Kräfte aufbringen kann. Hier sieht man großes Potenzial beispielsweise in explosionsgeschützten Räumen, wo Auf Grund der Umgebungsbedingungen klassische elektrische Antriebe zu vermeiden sind. Bezogen auf die piezokeramischen Folien ist die Anwendung an Werkzeugmaschinenstrukturen in der Weise vorstellbar, dass die auf Zug und Druck belasteten Fasern der Gestellkomponenten unterstützt werden durch Kräfte, die über aufgebrachte Folien wirken. So ist es eines Tages möglich, dass Maschinen im klassischen Aufbau eigenständig auf Schwingungen reagieren und diese kompensieren, indem sie ihr dynamisches Steifigkeits- und Dämpfungsverhalten ändern und an den Bearbeitungszustand anpassen.

Nachhaltigkeit

Die Nachhaltigkeit wird eine immer stärkere Rolle einnehmen. So führt beispielsweise eine Verbesserung der Ausfallzeiten verschiedenster Produkte (zum Beispiel Kolbenmotor) zu einer Verlängerung der Lebensdauer. Eine integrierte Sicherheitstechnik schützt den Bediener von Maschinen.

Das Wissen wird immer umfangreicher und komplexer, daher ist die Strukturierung und das Management von Wissen unabdingbar.

Der Umweltschutz spielt auch im Werkzeugmaschinenbau eine immer größere Rolle. So besteht beispielsweise bei der spanabhebenden Fertigung und Umformung ein hohes Einsparpotenzial bei den Kühlschmierstoffen.

> INNOVATIONSMANAGEMENT IN DER PRAXIS

JÜRGEN GAUSEMEIER

HERAUSFORDERUNG PRODUKTINNOVATION

Wir erleben seit einigen Jahren den Wandel von der nationalen Industriegesellschaft zur globalen Informationsgesellschaft. Informations- und Kommunikationstechnik durchdringen alle Lebensbereiche; die Grenzen von gestern verlieren ihre Bedeutung. Dieser Wandel wird so tief greifend sein, wie der Übergang von der Agrar- zur Industriegesellschaft im 19. Jahrhundert. Der Unterschied ist, dass uns wesentlich weniger Zeit gelassen wird, den Wandel zu vollziehen. Dementsprechend spüren wir selbst im engeren Bekanntenkreis, dass immer mehr Menschen in klassischen Industriebereichen ihre Arbeit verlieren, obwohl vielerorts das Produktionsvolumen steigt.

Eine Hauptursache ist die Rationalisierung, die seit etwa zwei Jahrzehnten stark durch die Computertechnik getrieben wird und inzwischen auch den Bürobereich erfasst hat. So gesehen rottet die Informationstechnik die Arbeit aus, wie ja auch die Mechanisierung die Arbeitsplätze in der Landwirtschaft auf einen Bruchteil reduziert hat. Verständlicherweise beklagen wir den Verlust von Arbeitsplätzen – vor allem dann besonders lautstark, wenn es Bekannte oder Familienangehörige trifft. Doch wenn wir ehrlich sind, müssen wir einräumen, dass wir froh sind, dem Schweißroboter bei der Arbeit zusehen zu können, statt selbst zu schweißen. Wir freuen uns auch darüber, dass unsere Autos im Vergleich zu den Autos unserer Eltern nahezu wartungsfrei sind, obwohl wir wissen, dass es dadurch in den Werkstätten immer weniger zu tun gibt. Offensichtlich führt unser Erfindergeist dazu, dass wir mit weniger Arbeit mehr erreichen und das Leben angenehmer wird. Im Großen und Ganzen akzeptieren wir diese Entwicklung.

Trotz aller Einsicht bleibt die Frage: Wo kommen die neuen Arbeitsplätze her, die die alten ersetzen? Der Rückgang der Beschäftigung im Industriesektor wird nicht, wie viele hoffen, durch neue Arbeitsplätze im Dienstleistungsbereich kompensiert werden können. Beschäftigungsrückgang in der Industrie heißt auch nicht, wie viele naiv meinen, dass dieser Wirtschaftszweig bedeutungslos wird. Auch in Zukunft wird sich der Lebensstandard einer hoch entwickelten Nation auf der Fähigkeit begründen, innovative Industrieerzeugnisse hervorzubringen und auf dem Weltmarkt mit Gewinn zu verkaufen. In der Informationsgesellschaft hat die industrielle Produktion also nach wie vor eine Schlüsselstellung; es finden nur weniger Menschen Arbeit in diesem Bereich. Zukunft gestalten heißt daher auch, neue innovative Erzeugnisse entwickeln und produzieren.

Ein hoher Lebensstandard erfordert adäquate Spitzenleistungen an Kreativität und industrieller Wertschöpfung.

Produktinnovation ist eine konzertierte Aktion, an der viele mitwirken. Die zentrale Figur in diesem Konzert ist der Unternehmer, also jemand, der etwas unternimmt und nicht darüber redet, dass etwas unternommen werden müsste. Durch unternehmerische Kraft entstehen neue Produkte für neue Märkte. Dies führt zu neuen Arbeitsplätzen, die wir benötigen, weil sich die bestehenden auf Dauer nicht sichern lassen.

Doch wo liegen nun die Chancen? Um diese zu erkennen, müssen wir heute wahrnehmbare Entwicklungen aufgreifen, diese phantasievoll antizipieren und zu schlüssigen Zukunftsbildern verknüpfen.

ZUKUNFTSFELD MASCHINENBAU

Forschung und Innovation müssen den Menschen dienen. Aus diesem Postulat ergeben sich auch Innovationsfelder. Die wichtigsten technisch-wissenschaftlich zu lösenden Probleme sind:

1. die nachhaltige Energieversorgung,
2. der Erhalt der natürlichen Lebensgrundlagen,
3. ressourcenschonende Verfahren und
4. der Umgang mit dem Übermaß an Informationen[1].

Die ersten drei Punkte orientieren sich an dem Leitbild „Faktor Vier" des Club of Rome[2].

Wenn wir diese grundsätzliche Ebene verlassen und konkrete Industrieerzeugnisse betrachten, fällt auf, dass der Maschinenbau und mit ihm verwandte Branchen, wie zum Beispiel die Automobilindustrie, die Medizintechnik und der Flugzeugbau, nach wie vor ein Erfolg versprechendes Zukunftsfeld darstellen.

Maschinen sind allgegenwärtig. Sie produzieren, sie transportieren. Maschinen erleichtern die Arbeit und helfen. Jeder fünfte Arbeitsplatz resultiert aus dem Maschinenbau und verwandten Branchen. Aus der zunehmenden Durchdringung des Maschinenbaus mit Informationstechnik eröffnen sich erhebliche Nutzenpotenziale. Der Begriff Mechatronik bringt dies zum Ausdruck. Gemeint ist hier das enge symbiotische Zusammenwirken von Mechanik, Elektronik, Regelungstechnik und Softwaretechnik, um das Verhalten eines technischen Systems zu verbessern. Dafür werden mit Hilfe von Sensoren Informationen über die Umgebung, aber auch über das System selbst erfasst und in Mikroprozessoren verarbeitet. Dies führt zur Ansteuerung von Aktoren und somit zur Beeinflussung des Systems. Künftige Systeme des Maschinenbaus werden aus Konfigurationen von Systemelementen mit einer inhärenten Intelligenz bestehen. Das Verhalten des Gesamtsystems wird durch die Kommunikation und Kooperation der intelligenten Systemelemente geprägt sein. Aus informationstechnischer Sicht handelt es sich nach

---

[1] Treusch (2004).

[2] Weizsäcker, Lovins, Lovins (1995).

unserem Verständnis um verteilte Systeme von miteinander kooperierenden Software-agenten. Daraus eröffnen sich faszinierende Möglichkeiten für die Gestaltung der maschinenbaulichen Erzeugnisse von morgen. Der Begriff Selbstoptimierung charakterisiert diese Perspektive: Unter Selbstoptimierung eines technischen Systems wird die endogene Änderung der Systemziele auf veränderte Umfeldbedingungen sowie die daraus resultierende zielkonforme autonome Anpassung der Parameter und gegebenenfalls der Struktur und somit des Verhaltens dieses Systems verstanden. Selbstoptimierung ermöglicht handlungsfähige Systeme mit inhärenter „Intelligenz", die in der Lage sind, selbstständig und flexibel auf veränderte Umgebungsbedingungen zu reagieren.

WORAUF ES IM WESENTLICHEN ANKOMMT

Das Beispiel Maschinenbau zeigt, dass es nicht an Chancen mangelt. Das Problem scheint in der zu wenig ausgeprägten Fähigkeit des Gemeinwesens zu liegen, diese Chancen im Sinne von Wachstum und Beschäftigung auch wahrzunehmen. Das reine Beschwören des Begriffs Innovation hilft da offensichtlich nicht weiter. Aber worauf kommt es nun an, beim Ausschöpfen der Erfolgspotenziale? Aus meiner Sicht sind drei Punkte besonders wichtig: Freude an Naturwissenschaft und Technik, visionäre Kraft und eine neue Kultur der Zusammenarbeit von Wirtschaft und Wissenschaft.

Das Interesse junger Menschen an Naturwissenschaft und Technik ist die Basis für den Erfolg von morgen. Mehr und mehr beschränkt sich das Interesse auf das Nutzen von Technik; verstehen will die Technik kaum noch jemand. Das äußert sich unter anderem in der zu geringen Anzahl von Studierenden in den Ingenieurwissenschaften. Dies ist eine Bedrohung, weil der daraus resultierende Ingenieurmangel den Trend zur Verlagerung von Produktentwicklungsaktivitäten ins Ausland verstärken wird. Produkte, die im Ausland entwickelt werden, werden auch dort hergestellt, was die galoppierende Erosion der Arbeitsplätze in der Produktion beschleunigen wird. Es muss uns gelingen, die jungen Menschen schon in den allgemeinbildenden Schulen für Naturwissenschaft und Technik zu begeistern. Hier muss mit höchster Priorität investiert werden. Das gilt im übertragenen Sinne auch für die Unternehmen, die sich heute sehr schwer tun, einem Schüler oder einer Schülerin einen Ferienjob zu geben, der ihnen auch gute Einblicke in die Technik verschafft.

Was die visionäre Kraft anbetrifft, sehe ich ebenfalls erhebliche Defizite. Vielleicht liegt es daran, dass der Begriff Vision bei uns in Deutschland eher negativ belegt ist, weil wir darunter ein Traumbild verstehen. Vision bedeutet nach dem Duden aber auch Zukunftsentwurf. Ich meine, dass wir das Entwerfen der Zukunft und das Gewinnen von Mitmenschen für Zukunftsentwürfe vernachlässigen. Wir konzentrieren uns auf das Managen des Mangels bzw. des vermeintlichen Mangels. Auch viele Unternehmen betonen ausschließlich das Operative und steigern die Effizienz des etablierten Geschäfts. Das ist sicher wichtig, aber zu wenig, um die Zukunft des Unternehmens zu sichern. In einer Zeit voller Chancen benötigen wir Vorwärtsstrategien – also Strategien, die die Produkte für die Märkte von morgen hervorbringen.

Nun zur dritten Triebkraft: die neue Kultur der Zusammenarbeit von Wirtschaft und Wissenschaft. Es gibt in der Welt eine Reihe von Regionen, die sich durch eine schon legendäre Innovationsdynamik auszeichnen, die offensichtlich auf dem Zusammenwirken von Wirtschaft und Wissenschaft beruht. Dazu zählen die Route 128 in Massachusetts, der Hsinahn Science Park in Taiwan, der Zhongguancun Science Park in Beijing, Silicon Fen im Umfeld der Cambridge University in England, Sophia-Antipolis in Südfrankreich und selbstredend Silicon Valley. Ein Erfolgsfaktor dieser Regionen ist durch die Ressourcen gegeben. Damit ist das Kapital gemeint, das in Forschungsprojekte investiert wird, aber auch die beeindruckende Anzahl von Spitzenkräften. Beides bedingt sich. Wir werden nicht daran vorbeikommen, unsere Universitäten besser auszustatten, um den Anschluss nicht völlig zu verlieren.

Zwei weitere Erfolgsfaktoren der genannten Vorbildregionen sind, nach Hans N. Weiler, Professor an der Stanford University, „Proximität" und „Affinität"[3]. Proximität bedeutet räumliche Nähe und physische Nachbarschaft von erstklassigen technologischen Forschungseinrichtungen und innovativen Firmen. Die örtliche Nähe von leistungsfähigen potenziellen Partnern ergibt noch keine konzertierte Aktion. Häufig erleben wir das Gegenteil; es geht uns teilweise wie dem viel zitierten Propheten im eigenen Land. Der entscheidende Erfolgsfaktor ist der Gemeinschaftsgeist – nach Weiler die „kulturelle" Affinität – von Unternehmen und Wissenschaftslandschaft einer Region. Die Anzahl von neuen Produkten, die unter maßgeblicher Beteiligung von Hochschulinstituten entstehen, kann noch erheblich gesteigert werden. Es geht mir dabei nicht um eine Intensivierung des einseitigen Wissenstransfers von der Universität zu den Unternehmen, sondern um eine neue Kultur und neue Formen der Zusammenarbeit von Wirtschaft und Wissenschaft, deren Zielsetzung Produktinnovationen sind, die am Ende zu attraktiven Arbeitsplätzen führen. Statt Transfer brauchen wir Interaktion. Beide Seiten müssen sich aufeinander zu bewegen und die erforderliche Kooperationskultur entwickeln.

STRATEGISCHE PRODUKT- UND PRODUKTIONSSYSTEMPLANUNG ALS WICHTIGES INSTRUMENT FÜR DEN INNOVATIONSERFOLG

Produkte und die damit verbundenen Produktionssysteme sind Ergebnisse eines komplexen Prozesses. Dieser Produktentstehungsprozess erstreckt sich von der Produkt- bzw. Geschäftsidee bis zum erfolgreichen Markteintritt; er umfasst nach Bild 1 die Aufgabenbereiche strategische Produktplanung, Produktentwicklung und Prozessentwicklung (synonym Produktionssystementwicklung). Die Prozessentwicklung beinhaltet im Prinzip die Fertigungsplanung bzw. Arbeitsplanung nach AWF/REFA[4]. Unserer Erfahrung nach kann der Produktentstehungsprozess nicht als stringente Folge von Prozessschritten gesehen werden. Vielmehr handelt es sich um ein Wechselspiel von Aufgaben, die sich in drei Zyklen gliedern lassen.

---

[3] Weiler (2003).
[4] REFA-Verband (1991).

Bild 1: Der Produktentstehungsprozess als Folge von Zyklen

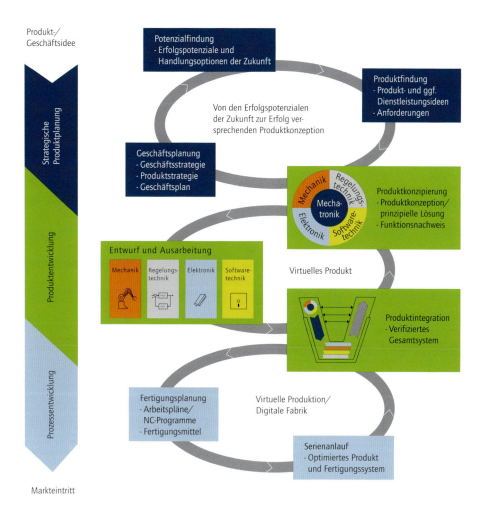

Erster Zyklus: Von den Erfolgspotenzialen der Zukunft zur Erfolg versprechenden Produktkonzeption

Dieser Zyklus charakterisiert das Vorgehen vom Finden der Erfolgspotenziale der Zukunft bis zur Spezifikation einer Erfolg versprechenden Produktkonzeption – der so genannten prinzipiellen Lösung. Er umfasst die Aufgabenbereiche Potenzialfindung, Produktfindung, Geschäftsplanung und Produktkonzipierung. Das Ziel der Potenzialfindung ist die Erkennung der Erfolgspotenziale der Zukunft sowie die Ermittlung entsprechender Handlungsoptionen. Es werden Methoden wie die Szenario-Technik, Delphi-Studien oder

Trendanalysen eingesetzt. In der Produktfindung geht es um Produktideen (gegebenenfalls auch um ergänzende Dienstleistungsideen) zur Ausschöpfung der erkannten Erfolgspotenziale. Wesentliche Hilfsmittel sind Kreativitätstechniken, wie das laterale Denken nach DE BONO oder TRIZ. Ferner eignen sich auch Verfahren zur Technologieplanung wie Technology Roadmaps für die systematische Generierung von Produktideen. In der Geschäftsplanung geht es zunächst um die Geschäftsstrategie, das heißt um die Beantwortung der Frage, welche Marktsegmente wann und wie bearbeitet werden sollen. Auf dieser Grundlage erfolgt die Erarbeitung der Produktstrategie. Diese enthält Aussagen beispielsweise zur Gestaltung des Produktprogramms, zur wirtschaftlichen Bewältigung der vom Markt geforderten Variantenvielfalt, zu eingesetzten Technologien oder zur Programmpflege über den Produktlebenszyklus. Die Produktstrategie mündet in einen Geschäftsplan, der den Nachweis erbringt, ob mit dem neuen Produkt bzw. mit einer neuen Produktoption ein attraktiver Return on Investment zu erzielen ist.

Zweiter Zyklus: Produktentwicklung/Virtuelles Produkt

Dieser Zyklus umfasst die Produktkonzipierung, den domänenspezifischen Entwurf und die entsprechende Ausarbeitung sowie die Integration der Ergebnisse der einzelnen Domänen zu einer Gesamtlösung. Da in diesem Zusammenhang die Bildung und Analyse von Computermodellen eine wichtige Rolle spielt, hat sich der Begriff Virtuelles Produkt bzw. Virtual Prototyping verbreitet[5].

Dritter Zyklus: Prozessentwicklung/Digitale Fabrik

Hier steht die Planung des Herstellprozesses im Vordergrund. Diese Phase erstreckt sich ausgehend vom entwickelten Produkt über die Fertigungsplanung und den Serienanlauf. Wir verstehen unter Fertigungsplanung (Synonym Arbeitsplanung) alle einmalig zu treffenden Maßnahmen bezüglich der Gestaltung eines Fertigungssystems und der darin stattfindenden Fertigungsprozesse[6]. Aufgabenbereiche der Fertigungsplanung/Arbeitsplanung sind die Arbeitsablauf-, Arbeitsstätten-, Arbeitsmittel-, Arbeitszeit-, Bedarfs-, Arbeitsfristen- und Arbeitskostenplanung. Im Rahmen des Produktentstehungsprozesses sind die drei erstgenannten Bereiche sowie die Gestaltung der innerbetrieblichen Logistik (Produktionslogistik) von besonderem Interesse. Im Serienanlauf erfolgt eine Optimierung des Produkts und des Fertigungssystems.

Der aufmerksame fachkundige Leser wird sich bei der Betrachtung des Zyklenmodells in Bild 1 daran stoßen, dass sich die Prozessentwicklung bzw. Produktionssystementwicklung an die Produktentwicklung anschließt. Zu Recht, weil Produkt und Produktionssystem im Wechselspiel zu entwickeln sind. Dies gilt insbesondere für komplexe Erzeugnisse, die wir hier betrachten. So wird beispielsweise bei mechatronischen Erzeugnissen, die sich häufig durch eine Integration von Mechanik und Elektronik auf engem Raum auszeichnen, bereits das Produktkonzept durch die in Betracht gezogenen Fertigungstechnologien determiniert. Dies hat uns veranlasst, die Produktionssystementwicklung

5 Spur, Krause (1997).
6 Dangelmaier (1999).

parallel zur Produktentwicklung anzuordnen und den entsprechenden dritten Zyklus zu präzisieren. Im weiteren Verlauf des dritten Zyklus der Produktionssystementwicklung sind die vier Hauptaspekte Arbeitsablaufplanung, Arbeitsstättenplanung, Arbeitsmittelplanung und Produktionslogistik zu konkretisieren.

Die strategische Produktplanung – sie schließt also die strategische Planung des Produktionssystems in der Regel mit ein – bildet den ersten Hauptabschnitt des Produktentstehungsprozesses. Bei der Betrachtung von Bild 1 fällt auf, dass wir die Aufgabe der Produktkonzipierung, die ja Sache der Ingenieure ist, diesem Zyklus zurechnen. Wir treffen in den Unternehmen häufig auf eine unsichtbare Mauer: auf der einen Seite die Marketing-Experten, die sich um die Potenzialfindung, die Produktfindung und insbesondere um die Geschäftsplanung kümmern; auf der anderen Seite die Ingenieure, die geduldig auf den Entwicklungsauftrag warten und sich dann als erstes mit der Produktkonzipierung befassen. Diese Mauer muss überwunden werden, weil es in der strategischen Produktplanung doch darum geht, eine Geschäfts- und Produktkonzeption vorzulegen, die aus technischer und unternehmerischer Sicht Erfolg versprechend ist. Um dies zu erreichen, müssen Fachleute aus den Bereichen Vertrieb, Produktmarketing, Entwicklung und Fertigungsplanung eng zusammenarbeiten.

An dieser Sichtweise orientierte sich auch das BMBF-Verbundprojekt „Strategische Produkt- und Prozessplanung" (SPP), in dessen Verlauf in sechs repräsentativen Mitgliedsfirmen des VDMA das Instrumentarium der strategischen Planung erfolgreich eingeführt wurde[7]. Die Methoden und Werkzeuge, die wir in dieses Instrumentarium eingebracht haben, sind in Bild 2 den Aufgaben der strategischen Produktplanung zugeordnet[8].

Bild 2: Zuordnung von Methoden zu den Aufgaben der strategischen Produktplanung

[7] Gausemeier, Lindemann, Schuh (2004).
[8] Gausemeier, Wenzelmann (2005).

Kern der Technologieplanung ist eine Datenbank, die sowohl den Technology Push – welche Anwendungen können erschlossen werden? – und den Market Pull – welche Technologien helfen, eine identifizierte Anwendung zu lösen? – unterstützt. Das Ideenmanagement zeigt auf, wie aus den vielen Ideen die richtigen ausgewählt werden und wie zunächst zurückgestellte Ideen automatisch in die Wiedervorlage gelangen können, wenn sich die Rahmenbedingungen verändert haben. Das Verfahren VITOSTRA beruht auf der Erkenntnis, dass eine erfolgreiche Strategie auf einer intelligenten Kombination von Ausprägungen vieler Variablen beruht. Wir zeigen, wie mit Hilfe der Konsistenzanalyse in sich schlüssige Strategiealternativen entwickelt werden können.

Das skizzierte Instrumentarium der strategischen Produktplanung wurde in vielen Unternehmen, insbesondere des mittelständisch geprägten Maschinenbaus eingeführt. Es hat sich gezeigt, dass es sich einfach in den Unternehmensführungsprozess integrieren lässt und die Strategiekompetenz erheblich steigert.

LITERATUR

Dangelmaier, W. (1999): *Fertigungsplanung*, Springer-Verlag, Berlin, Heidelberg, New York.

Gausemeier, J.; Lindemann, U.; Schuh, G. (2004): *Planung der Produkte und Fertigungssysteme für die Märkte von morgen – Ein praktischer Leitfaden für mittelständische Unternehmen des Maschinen- und Anlagenbaus*, VDMA Verlag, Frankfurt.

Gausemeier, J.; Wenzelmann, C. (2005): „Auf dem Weg zu den Produkten für die Märkte von morgen", in: Gausemeier, J.: *Vorausschau und Technologieplanung*, HNI-Verlagsschriftenreihe, Band 178, Paderborn.

REFA-Verband (Hrsg.) (1991): *Methodenlehre der Betriebsorganisation*, Carl Hanser Verlag, München, Wien.

Spur, G.; Krause, F.-L. (1997): *Das virtuelle Produkt*, Carl Hanser Verlag, München, Wien.

Treusch, J. (2004): „Zukunft der Forschung – Forschung für die Zukunft. Welche wissenschaftlich-technischen Probleme müssen im 21. Jahrhundert gelöst werden?" *Forschung & Lehre*, 5/2004.

Weiler, H. N. (2003): „Proximity and Affinity: Regional and Cultural Linkages between Higher Education and ICT in Silicon Valley and Elsewhere", in: Wende, M. van der; Ven, M. van de (Eds.): *The Use of ICT in Higher Education: A Mirror of Europe*, Lemma Publishers, Utrecht.

Weizsäcker, E. U.; Lovins, A. B.; Lovins, L. H. (1995): *Faktor vier. Doppelter Wohlstand - halbierter Naturverbrauch. Der neue Bericht an den Club of Rome*, Knaur.

> STAATLICHE VERANTWORTUNG FÜR HOCHTECHNOLOGISCHE INNOVATIONEN

> SCHLÜSSELTECHNOLOGIEN UND DIE VERANTWORTUNG DES STAATES*

PETER KRAUSE

Meine sehr geehrten Damen und Herren, ich möchte im Folgenden anhand von Beispielen ganz unterschiedlicher Art zeigen, wie sich Förderung von Technologien für den
Innovationsstandort Deutschland in den letzten Jahren ausgewirkt hat.

Es muss in den frühen 80er Jahren gewesen sein, als eine kleine Bonner Gruppe
von Biologen ins BMFT – damals hießen wir noch Bundesministerium für Forschung
und Technologie – kam und eine Antragsidee für den Lotosblatteffekt vorgetragen hat.
Wie das damals so üblich war, wurden solche Ideen in einem Sachverständigenkreis von
hochrangigen Professoren – Professorinnen hatten wir damals kaum – vorgelegt. Die entschieden kurz und bündig: „Spinnerei, wird nicht gefördert, macht keinen Sinn". Gott sei
Dank hatte das BMFT einen klugen Projektträger, der in Jülich ansässig war. Er schlug vor,
da zum damaligen Zeitpunkt viel Fördergeld für die Waldschadensforschung zur Verfügung stand, diese Projektidee aus der Waldschadensforschung als Grundlagenforschung
zur Schnittstelle Pflanze/Atmosphäre zu fordern. Die Bonner Forschungsgruppe hat die
Fördermittel – wie wir alle wissen – hervorragend genutzt. Aber dieses nur als Einstiegs-
beispiel aus der Biotechnologieförderung, die in unserem Lande, wie sie ja wissen,
viel Erfolg gebracht hat. Beispielsweise stieg die Zahl der in jungen Unternehmen der
Biotechnologiebranche tätigen Personen von 2000 bis 2001 um 66 Prozent.

Ein anderes Beispiel ist die Laserstrahlquellenforschung. In der Mitte der 80er Jahre
waren wir nur Entwicklungsland, ein paar Jahre später Importland. Heute sind wir
Exportweltmeister. Unser Weltmarktanteil bei Produkten der Lasertechnologie, produziert vornehmlich in kleinen und mittleren Unternehmen (KMU), beträgt zurzeit rund
vierzig Prozent. Lediglich 7.000 Menschen sind im Jahr 1987 in dieser Branche tätig
gewesen, 2001 waren es ca. 60.000.

Ein drittes Beispiel: Kürzlich wurde in Dresden ein Maskenhaus eingeweiht, das von
drei großen Firmen getragen wird. Der deutsche Partner ist Infineon; die beiden anderen
Unternehmen sind AMD und DuPont. Dieses Maskenhaus ist eines von mehreren auf
der Welt, aber von der Konzeption her gilt es als das beste und zukunftsfähigste. Und
der Kommentar des amerikanischen Partners war: „Das sollen die deutschen Jungs mal
machen. Dort ist das beste Know-how." In der Tat ist der Raum Dresden heute zum
Halbleiterstandort Nummer 1 in Europa geworden. 16.000 neue Arbeitsplätze wurden
geschaffen, 11.000 davon alleine in der Region Dresden. Das haben wir rechnen lassen,

---

* Wörtlicher Redebeitrag – gehalten am 14. Oktober 2003 auf dem Workshop der Stiftung *Brandenburger
Tor* der Bankgesellschaft Berlin.

weil hier ja mehrere „öffentliche Hände" an der Förderung beteiligt waren. Es war nicht nur das BMBF, das damals mit der 300-Millimeter-Wafer-Technologie sozusagen den technologischen Grundstein gelegt hat, sondern auch das Bundeswirtschaftsministerium, der Freistaat Sachsen und die Europäische Union, die in erheblichem Umfang Fördergelder in diesen Raum investiert haben. Kluge Zukunftsinvestitionen, wie wir heute wissen.

Wir haben, eine Studie erstellen lassen, in der eine Gegenüberstellung von Einnahmen- und Ausgabenströmen von 1994 bis zum Jahre 2010 abgeschätzt wird. Dabei stellt sich heraus, dass den staatlichen Förderausgaben in Höhe von 1,2 Milliarden Euro Einnahmen von fast sechs Milliarden Euro gegenüber stehen. Das heißt also, dass die öffentlichen Investitionen, was letztendlich die Bürger dieses Landes über Forschung in den Standort investiert haben, sich bereits heute amortisiert haben.

Zur Ausgangslage noch ein paar weitere Daten und Fakten: Die USA werden uns immer als leuchtendes Vorbild vorgehalten. Ich bin da im Übrigen nicht so hundert Prozent der gleichen Auffassung. Es kommt bei uns eigentlich darauf an, dass wir mit unseren eigenen Kulturen und Zivilisationen versuchen, die Zukunft zu meistern und nicht abkupfern, was die Amerikaner machen. Sicherlich haben wir nicht so etwas wie die milliardenschwere „Treiberforschung" durch den Verteidigungshaushalt der USA. In diesem Punkt sind wir in Deutschland aus guten Gründen sehr bescheiden. Wir müssen jedoch schauen, dass wir vielleicht auf anderen Wegen die Philosophie einer Treiberforschung ebenfalls anwenden können. Mit reinem Geld schaffen wir das nicht. Aber ich meine, dass wir auf einigen Gebieten hier sehr erfolgreich sind. Ich bringe noch einige Beispiele.

Interessant ist in diesem Zusammenhang auch der Hinweis, dass in den USA mehr als zwei Drittel des privaten Kapitalbesitzes nach 1970 geschaffen worden ist. Und die vom Marktwert her größten Unternehmen der Welt sind alle jünger als dreißig Jahre und zu großen Teilen Technologieunternehmen, die innovative Technologien produzieren und vermarkten.

Dass Deutschlands Wirtschaftskraft ganz entscheidend von Schlüsseltechnologien und Innovationen abhängt, ist uns allen bekannt. Denn es gibt ja sehr viele Branchen, in denen Deutschland auch heute noch zumindest in der Spitzengruppe mitspielt.

Mehr als die Hälfte der Industrieproduktion und über achtzig Prozent der Exporte Deutschlands hängen heute vom Einsatz moderner Informations- und Kommunikationstechnik und elektronischer Systeme ab, deren Wechselwirkung mit Produktionstechnologien - Material- und Werkstofftechnologien, Mikrosystemtechnik - unverkennbar sind. Das heißt also: Dort, wo die Treibertechnologie - IT - in andere klassische Bereiche hineingewandert ist, wie zum Beispiel in die Produktionstechnik oder Anlagentechnik, hat sie ihre positive Rolle erfüllt und dort zumindest den Abschwung geringer ausfallen lassen. In der Automobilindustrie ist das relativ deutlich belegbar. Auch dazu gibt es eine Studie, die belegt, dass der weltwirtschaftlich begründete Abschwung größer geworden wäre, wenn nicht in IT-Techniken und in Mikrosystemtechnik investiert worden wäre. Somit hat die Automobilindustrie, zumindest Komfort und Standardsetzung betreffend, noch die Weltmarktführung erhalten.

Sichtbar wird dies auch darin, dass beispielsweise in den Autos der oberen Mittel- und Oberklasse fast schon dreißig Prozent Elektronikanteil vorhanden ist. Die Schlüssel- technologien beeinflussen damit unmittelbar Wachstum und Beschäftigung in der größ- ten deutschen Industriebranche. Die Automobilindustrie ist die wirtschaftlich stärkste Branche. Ungefähr jeder siebte Arbeitsplatz in diesem Lande hängt davon ab. Jeder vierte Steuer-Euro kommt im weitesten Sinne aus der Automobilwirtschaft.

Auch die folgende Aussage ist interessant: In den Branchen Chemie, Informations- und Kommunikationstechnik, Maschinen- und Anlagenbau sowie Automobilindustrie werden ca. 36 Prozent des Brutto-inlandsprodukts erbracht. Auch die Exportquoten für die Produkte dieser innovativen Technologiefelder liegen teilweise über fünfzig Prozent, im Gegensatz zu den anderen, nicht wissensintensiven Branchen und Bereichen, wo sie ungefähr 25 Prozent ausmachen.

Diese genannten Branchen decken ca. 84 Prozent der Forschungs- und Entwicklungs- (F&E)-Aufwendungen und etwa 80 Prozent des privat finanzierten F&E-Personals in Deutschland ab. Es liegt auf der Hand: Diese innovativen Branchen, personalintensiv mit hohem F&E Anteil, sind Exportschlager und für die Zukunftssicherung des Standorts Deutschland auch unter Fördergesichtspunkten unsere Hauptzielgruppe. Hinzu kommt der Bereich wissensintensiver Dienstleistungen, das Handy ist hierfür ein interessantes Beispiel, wo eigentlich die große Wertschöpfung nicht im Hardware-Bereich oder in der Handyproduktion gemacht wird, sondern in den Verträgen, in den vielseitigen Ein- satzmöglichkeiten sowie in der Software-Entwicklung. Die Frage ist, ob der Staat hier die Aufgabe hat, diesen Prozess an der einen oder anderen Stelle auch zielgerichtet zu unterstützen.

DIE F&E-POLITIK

Die Bundesregierung hat in den letzten Jahren klare Prioritäten für Bildung, Forschung und Wissenschaft im weitesten Sinne gesetzt. Immerhin ist es uns gelungen, wenn es auch noch nicht befriedigend ist, gemessen an dem Ziel, das wir erreichen wollen, den Anteil von Forschung und Entwicklung am Bruttoinlandsprodukt wieder auf 2,5 Prozent zu steigern. Er war schon einmal bei 2,2 Prozent. *Die in Europa vereinbarte Zielmarke beträgt 3 Prozent.* Ich bin zuversichtlich, dass wir, wenn vor allem die Wirtschaft mitzieht, diese Marke auch bald wieder erreichen.

Der internationale Wettbewerb ist härter geworden. Die Zahl der Wettbewerbsteil- nehmer ist gestiegen. Wir sind dabei nicht schlechter geworden, sondern die anderen besser. Andere Länder haben gerade im Bereich von Ausbildungsstand und Innovati- onskraft deutlich aufgeholt. Wenn man sich das Ganze als volkswirtschaftliche Wert- schöpfungskette vorstellt, von der Schule, mit der Ausschöpfung der hier vorhandenen Potenziale an jungen Leuten – Ganztagsschule ist dafür auch ein Stichwort – über die ganzen Bildungsinstitutionen bis in die Wissenschaftslandschaft und in die Wirtschaft, dann sind wir zurzeit dabei, die Stellschrauben hierfür noch ein bisschen schärfer und standortgerechter zu stellen. Das Ziel ist, dass wir auch Bildung und Ausbildung daran messen, was für Gesellschaft und Wirtschaft erforderlich ist. Oftmals ist dieser Prozess sehr angebots- und nicht so sehr nachfrageorientiert. Wir können nicht, ich übertreibe nur wenig, in den Schulen mit Tafel und Kreide arbeiten (weil es manche Lehrer nur so können), wenn uns das praktische Leben den Computer verordnet.

Deutschland ist gut aufgestellt, zwar nicht ausreichend gut, um ganz sicher in die Zukunft zu kommen, da sind wir uns alle einig, aber wir haben eine sehr gute Ausgangsposition, um unsere internationale Wettbewerbsfähigkeit weiter auszubauen. Deutschland verfügt trotz PISA über ein anerkannt gutes Ausbildungssystem, das verbesserungsbedürftig ist. Aber welche Fachgruppe, nur um ein Beispiel zu nennen, stellt in den USA die größte Ausländerquote? Das sind die deutschen Ingenieure, weil sie eine hervorragende Ausbildung haben und weil sie dort gebraucht werden.

Wir haben eine exzellent gegliederte Forschungslandschaft, die ihresgleichen sucht, wie zum Beispiel die Fraunhofer-Gesellschaft bundesweit mit ihren hervorragenden Instituten. Sie hat das gleiche Problem wie wir. Die Fraunhofer-Gesellschaft muss bei ihren Kunden aus der Industrie Gelder akquirieren. Das geht nur, wenn die Institute gute Ideen anbieten und Bescheid wissen, was an der Front passiert. Wenn sie das nicht wissen, verdienen sie auch kein Geld und dann bekommen sie auch vom BMBF keine Projektförderung.

Einer von mehreren unserer Paradigmenwechsel ist also, dass wir, um im Beispiel zu bleiben, nicht die Fraunhofer-Gesellschaft, sondern die Wirtschaft fördern und diese nimmt die Fraunhofer-Gesellschaft als Projektpartner und wissenschaftlichen Ideengeber mit in die Förderung. Früher war es teilweise umgekehrt.

Auch um unsere weltweit hochgeschätzte Max-Planck-Gesellschaft werden wir beneidet. Außerdem stellen die Helmholtz-Gemeinschaft, die Institute der so genannten Blauen Liste und die Hochschulen ebenfalls ein großes Forschungspotenzial dar. Wichtig für unsere Zukunft ist es, diese Forschungslandschaft ohne staatliche Gängelung noch zielgerichteter als bisher zu vernetzen.

Der Forschungs- und Wissenschaftsstandort Deutschland wird auch von vielen ausländischen Firmen geschätzt. General Elektrik hat beispielsweise ihr neues Forschungszentrum nach Bayern gebracht und baut hier seine firmeninterne Forschung aus, weil dort die wissenschaftlichen und fachlichen Cluster vorhanden sind, die für das Forschungsinstitut von General Elektrik genau die richtigen Partner darstellen. Das ist übrigens das Modell, mit dem auch Dresden erfolgreich geworden ist.

Trotz aller Einbrüche, Rückschläge und Modernisierungsbedürfnisse haben wir immer noch eine *sehr gut aufgestellte Wirtschaft*, die besonders in den alten, klassischen Branchen in der letzten Zeit sehr gut überwintert hat.

Aber Innovationen sind nicht nur allein an den Technologiefeldern festzumachen. Wenn man Innovationen wirklich vorantreiben möchte, muss man die Innovationskraft von Politik, Wirtschaft und Gesellschaft insgesamt fördern. Wir brauchen nicht nur mehr

Techniker und Naturwissenschaftler, sondern wir brauchen auch Geistes- und Kulturwissenschaftler. Denn auch unsere Kultur- und Sozialsysteme gehören zu einem Innovationsklima, zu einer innovationsfähigen Landschaft und zu einem innovationsfähigen Standort. Und wenn wir das vernachlässigen, dann verzichten wir auf eine Stärke, die wir hier im alten Europa haben.

Wir dürfen auch die *gesellschaftliche Dimension von innovativen Technologien nicht außer Acht lassen*. Es muss beispielsweise die Nanotechnologie, anders als bei der Kernenergie früher und auch noch lange Jahre in der Gen- und Biotechnik, nicht in geschlossenen Zirkeln diskutiert werden. Wir müssen sie von vornherein offensiv, transparent und für die Menschen verständlich angehen und nicht nur mögliche Missbräuche solcher Technologiefelder zeigen, sondern auch in Abwägungsprozessen die Chancen hervorheben, die diese Technologien für uns und unseren Standort mit sich bringen.

DIE INNOVATIONSSTRATEGIE

Unter den vielen *Aufgaben der Bundesregierung* scheinen mir *zwei von besonderer Wichtigkeit* zu sein. Die eine, im Moment sehr sichtbar, ist die *Reform der Sozialsysteme* und die andere ist *die nachhaltige Sicherung des Standorts Deutschland*. Denn die Schaffung zukunftsfähiger Beschäftigung in Deutschland ist die innenpolitisch zentrale Frage einer jeden Regierung.

Wir sehen hierzu in der Förderung von Bildung, Forschung und Technologie einen ganz wichtigen Schlüssel und glauben, dass wir die *Forschungsförderung noch stärker als bisher auf Innovationen ausrichten* müssen. Ich bringe einen Vergleich: Früher haben wir mit Schrot geschossen und gehofft, dass wir mit positiver Energie im Schrot das eine oder andere Pflänzchen zum schnelleren und stärkeren Wachstum gebracht haben. Aber viele Schrotkörner gingen auch daneben. Heute wollen wir das gezielter machen. Das tun wir natürlich nicht vom grünen Schreibtisch oder nur mit ausgewählten Wissenschaftlern aus der Landschaft heraus, sondern in einem sehr intensiven Dialog mit verschiedensten gesellschaftlichen Gruppierungen, vor allen Dingen mit der Wirtschaft.

In diesem Zusammenhang kommt der *schnellen Verfügbarkeit des Wissens* ein ganz großer Stellenwert zu, ebenso eine stärkere Fokussierung der Forschungspolitik auf neue Technologien. Dabei orientieren wir uns natürlich unter anderem an den großen Trends, den so genannten Megatrends, wie zum Beispiel Miniaturisierung, Individualisierung und Vernetzung.

DREI PRIORITÄTEN ODER PRIMÄRE ZIELE

Das erste Ziel ist Unterstützung bei der Profilbildung der Wirtschaft – und dieses nicht in dem Sinne, dass der Staat etwa klüger ist als die Wirtschaft. Nein, die Wirtschaft, besser das Unternehmen denkt betriebswirtschaftlich, der Staat volkswirtschaftlich. Das ergibt oft eine andere Denk- und damit auch staatliche Förderphilosophie. Uns geht es nicht um den rein individuellen Benefit einer Firma, sondern um *Schaffung neuer Arbeitsplätze*.

Wir diskutieren langfristige *Strategien, die sich am Bedarf des Standorts Deutschland orientieren.*

Das nächste Ziel ist Erhaltung und Ausbau der wirtschaftlichen Stärken unserer Wirtschaft. Das heißt, dass wir uns davon verabschiedet haben, Mittelmaß zu fördern. Dass da ab und zu noch mal Mittelmaß dazwischen kommt, können wir nicht verhindern, weil wir keine Einzelförderung, sondern nur Verbundförderung betreiben, in der Industrie und Wissenschaft als Partner zusammen in Großprojekten verbunden sind.

Außerdem wollen wir zugleich die Felder herausfinden, die neue Entwicklungen aus der Wirtschaft, Wissenschaft und Technik aufzeigen.

Wir haben da ein Schlagwort geprägt: Wir wollen in diejenigen Branchen und an die Stellen herangehen, wo die *volkswirtschaftliche Hebelwirkung* am größten ist. Wir wollen uns nicht dort aufhalten, wo wir keine größeren Effekte erwarten, sondern dort, wo wir Arbeitsplatzabbau vermeiden können – bei größeren Unternehmen – und da, wo wir neue und innovative und damit zukunftsfähige Arbeitsplätze – bei kleineren und mittelständischen Unternehmen – schaffen können.

Darüber hinaus müssen wir uns darauf konzentrieren, wo wir *Alleinstellungsmerkmale* in Deutschland finden. Gerade im Zeitalter der Globalisierung ist es wichtig, zu wissen, wo unsere „deutschen Tugenden" beheimatet sind. Was können wir vielleicht besser als die anderen? Ein gutes Beispiel sind die Mikrosystemtechniken, die in vielen Anwendungsfeldern erfolgreich sind (Automobile, Anlagen) oder im Softwarebereich, wo wir ein ganz bestimmtes Know-how zu komplexen Systemen haben. Ein Entwurf eines hochkomplexen Chips beispielsweise kostet zurzeit ungefähr hundert Dipl.-Ing.-Mannjahre. In zehn Jahren, so sagen die Fachleute, kostet er so viel wie der Airbus A380.

Wir haben in Deutschland berechtigte Ansätze und Hoffnungen, dass wir genau auf diesen Gebieten sehr exzellenten und umsetzbaren Fachverstand in Wirtschaft und Wissenschaft entwickeln. Beispielsweise Toll Collect ist eine innovative Idee; interne und externe Autokommunikation die richtige Technologielinie, also eine Leitinnovation. Aber die Entwicklung und Umsetzung dieses Verfahrens machte marketingmäßig so negative Schlagzeilen, dass dadurch für den Technologiestandort Deutschland ein Schaden entstanden ist.

Wir müssen im Zusammenhang mit den deutschen Tugenden schauen, welches unsere ureigensten Arbeitsgebiete sind, in denen wir Leistung erbringen können, wie zum Beispiel bei System- und Prozess-Know-how. Das heißt, dass wir im Wissen um die ganzheitlichen Prozesse nicht am Ende der Wertschöpfungskette um die billigsten Löhne konkurrieren, da sind wir sowieso immer Verlierer, sondern wir müssen uns mit unserem Know-how an der Spitze positionieren. *Deutschland lebt von seinen Vorsprüngen, nicht von den niedrigsten Lohnkosten.*

Deutschland war mal der Ausrüster der Welt. Unternehmen aus dieser Branche berichten: „Unser bestgehütetes Geheimnis ist das Wissen um die Gesamtprozesse, die bei uns ablaufen. Und die geben wir nicht raus. Technologie kann man abkupfern, aber das Wissen nicht." Solche und ähnliche Beispiele zeigen uns, wo es hingeht.

Diese Art Forschung und Technologie hat für diese Bereiche schon lange den fachspezifischen Rahmen verloren. Wir werden uns den Themen der morgigen Welt in einer ganz veränderten Zusammensetzung widmen müssen. *Wir brauchen fach- und disziplinübergreifende F&E*. Auf einem Nanotechnologie-Symposium traten beispielsweise ein Halbleiteringenieur und ein Mediziner gemeinsam auf und berichteten, wie erfolgreich sie bei der Bekämpfung des Krebses zusammen arbeiten. Wir haben uns als Ministerium für Bildung und Forschung *den Bedürfnissen der Fachwelt anzupassen* und unsere Instrumente in dieser Richtung zu schärfen und nicht umgekehrt. Das heißt, wir machen nicht mehr nur die bewährten und auch erfolgreichen Förderprogramme, sondern fördern zunehmend so genannte *Leitinnovationen*. „Mobiles Internet" etwa, wo wir im Vorfeld der Entwicklung neuer Mobilfunksysteme eine extrem gut aufgestellte Fach- und Wissenschaftslandschaft haben, die auch das Ausland in Form von hiesigen Ansiedlungen erkannt hat und nutzt. Oder wir haben so etwas wie „Nano-Mobil" im Kopf, wo dann, geradezu revolutionär für ein Ministerium, mehrere Referate, sogar aus unterschiedlichen Abteilungen, mit ihren dahinterstehenden Fachbereichen zusammen arbeiten, um unseren Wissensvorsprung auf diesem Gebiet in praktische Anwendungen umzusetzen.

Es erscheint mir in diesem Zusammenhang auch sehr wichtig, unsere *Bildungs- und Forschungslandschaft insgesamt im Sinne einer besseren Vernetzung zu modernisieren*.

Es geht weiter darum, dass Wissenschaftler auf verschiedenen Gebieten darüber nachdenken, wie unsere Wissenschaftler und später auch mal unsere Wirtschaftsleute Zugriff auf das Wissen bekommen, das sie gerade auch für ihre gegenwärtige Arbeit brauchen. Das klingt so einfach und ist aber sehr kompliziert, weil dahinter eine gewachsene Informationslandschaft steht, die modernisiert werden muss. Unsere amerikanischen Freunde gehen auf dem Gebiet der Wissensprodukte ganz aggressiv auf den Markt. Wir müssen darauf angemessen reagieren, wenn wir nicht den *für unseren Standort wichtigen Faktor Wissensverfügbarkeit* vernachlässigen wollen.

FAZIT

Forschungsförderung muss sich an *ganzheitlichen Prozessen* orientieren, denn nur diese Betrachtungsweise führt zu den *richtigen Prioritätensetzungen*. Diese haben wir, auch im Hinblick auf die *Innovationsinitiative der Bundesregierung*, zumindest für die technologieorientierten Bereiche vorgenommen.

Das betrifft für meine Abteilung alle diejenigen Technologiefelder, die über eine belegbar zukunftsfähige Perspektive verfügen. Es sind hauptsächlich Bereiche, wie zum Beispiel Material- und Werkstoffforschung, Nanotechnologien, IT, Automobilindustrie, Maschinen- und Anlagenbau und Mikrosystemtechnik, auf denen wir an unserem Standort das hohe fachliche Wissen mit operationellen Produktionsprozessen zusammenbinden können.

Hierzu ist es notwendig, dass es gelingt, möglichst *alle in unserem Land vorhandenen fachlichen Ressourcen zielgerichtet zu vernetzen*. Hierbei kann sich der Staat auch helfend in die großen Forschungsorganisationen einbringen, denn er ist dort überall

Miteigentümer. Allerdings nur unter der Voraussetzung, diese nicht zu bevormunden. Der Staat diskutiert mit bei der Frage *was* am Standort Deutschland geforscht werden soll, *nicht* jedoch *wie*, das ist alleinige Verantwortung der Wissenschaft.

Langfristige Perspektiven sind gefragt, die als wichtigste Ressource die Menschen und mit ihnen die Arbeitsplätze in zukunftsfähige und damit zukunftssichere Entwicklungen einbinden.

Für diesen anspruchsvollen Prozess ist es von besonderer Wichtigkeit – wenn sie mir abschließend diese persönliche Bemerkung gestatten – dass diejenigen in unserem Land, die die Macht haben (und da meine ich nicht vorrangig die Politik) dafür sorgen, dass in den Vorständen vor allem unserer großen Unternehmen *wieder mehr Techniker und Naturwissenschaftler mit langfristigen Denkansätzen zu Wort kommen, als die heute dominierenden Quartalsdenker.*

> DIE ROLLE DES STAATES BEI ERFOLGREICHEN INNOVATIONEN – AUS DER SICHT DES FORSCHUNGSDIALOGS FUTUR

HENNING BANTHIEN

Zu Beginn mag ein Beispiel zur Illustration des Themas „Innovation" hilfreich sein: „Toll Collect" – das sich in der Einführung nun stark verzögernde Mautsystem – ist ein überaus komplexes Vorhaben mit einem sehr hohen Innovationsgrad. Nicht nur in technischer Sicht ist dies eine Herausforderung. Auch die Projektmanagementaufgabe bei der Einführung eines bundesweit flächendeckenden Mautsystems, das die gefahrenen Kilometer mehr oder weniger kilometergenau erfasst, ist immens. Damit nicht genug: Hinzu kommt noch die sehr enge Interaktion mit sozialen (Nutzer-)Prozessen; nehmen wir zum Beispiel einen russischen Fahrer, der mit diesem System zurechtkommen muss. Und zu guter Letzt: Die aufgeregte Debatte um Toll Collect zeigt, dass auch die Politik in nicht unerheblichem Maße Einfluss auf Innovationen nimmt.

Der skizzierte Fall „Toll Collect" ist keine ungewöhnliche Ausnahme im Innovationsgeschehen, sondern wird in Zukunft eher der Regelfall sein – hoffentlich nur hinsichtlich der Herausforderung, nicht im Grad des Scheiterns: Innovationen der Zukunft sind hochgradig transdisziplinär, sie vereinen technische, politische, wissenschaftliche und soziale Faktoren. Nur wer dieses Geflecht zu gestalten versteht, wird erfolgreiche Innovationen betreiben können.

Bild 1: LKW-Maut – Toll Collect

DEFIZITE DER DEUTSCHEN INNOVATIONSLANDSCHAFT

Die Praxis der Innovation zeigt einerseits ein Spannungsverhältnis zwischen den angebotsgetriebenen Technology-push-Prozessen und den bedarfsorientierten Demand-pull-Prozessen. Andererseits besteht ein Spannungsverhältnis zwischen einem stark disziplinär gebundenen Vorgehen und einem eher interdisziplinär orientierten Arbeiten. Bislang war die Denkweise sehr stark technologie- und angebotsgetrieben sowie disziplinär im Arbeiten. Die Innovationsforschung hingegen zeigt auf, dass erfolgreiche Innovationen an Schnittstellen zwischen Institutionen und Disziplinen und aus einer gemeinsamen Betrachtung von gesellschaftlichem Bedarf und technischen Entwicklungen entstehen. Hier ist also Entwicklungsbedarf.

Wie steht es um die Anreize, ein Verhalten zu fördern, die ein stärker interdisziplinäres, bedarfsorientiertes Vorgehen befördern würden? Sicherlich gibt es diese bereits. Allerdings sind konträre Anreizsysteme noch weit verbreitet. So evaluieren Forscherpanels regelmäßig disziplinäre Forschungsarbeiten besser als interdisziplinäre, was nicht gerade der wissenschaftlichen Karriere eines interdisziplinär orientierten Wissenschaftlers förderlich ist. Auch sprechen die finanziellen Interessen oft gegen allzu intensive Formen der Zusammenarbeit zwischen verschiedenen Fachinstitutionen. Eine Zusammenarbeit über die Grenzen des eigenen Bereichs hinweg birgt immer die Gefahr, dass zum einen der eigene Etat schwächer wächst, zum anderen mag auch das Profil des eigenen Bereichs verschwimmen und man könnte so im Buhlen um Aufmerksamkeit das Nachsehen haben. Sehr viele Finanztöpfe, die hinter Programmen oder Stellen (zum Beispiel Referaten, Lehrstühlen) stehen, sind disziplinär sortiert. Und solange die Situation so bleibt, ist es natürlich schwierig und wenig rational, so einen Topf zu verlassen, denn man weiß ja nicht, was danach kommt. Schließlich kann man auch an Kooperationen zwischen Wirtschaft und Wissenschaft häufig erkennen, dass die dahinter liegenden Interessen der Partner so unterschiedlich sind (Erkenntnisinteresse vs. Verwertungsinteresse), dass eine produktive Zusammenarbeit zwischen beiden Seiten problematisch ist. Kurzum und pauschaliert gesprochen: Die Kunst des inter- und transdisziplinären Arbeitens in Netzwerken ist wenig verbreitet, weil weder die Anreize unseres Innovationssystems dies fördern, noch die handelnden Personen über entsprechende Kompetenzen verfügen.

Dies liegt auch daran, dass wir noch sehr stark in den Kategorien einzelner Institutionen denken und deren fachlich-disziplinäre Qualität bewerten, statt des Geflechtes, in dem sich eine Institution bewegt und damit die Fähigkeit, aus einem gekonnten Gestalten der Schnittstellen zwischen Partnerinstitutionen Innovationen zu generieren.

Zu guter Letzt tragen administrative Strukturen in Ministerien und Behörden vielerorts nicht gerade zur Dynamik von Innovationsprozessen bei. Die Organisationsformen sind nicht mehr adäquat zu den heutigen Anforderungen: zu viele Hierarchien, schleppende Außenkommunikation, wenig Vernetzungs- und Kooperationsfähigkeit, Schwierigkeiten interdisziplinäre Ideen aufzunehmen und schließlich das Rekurrieren auf immer dieselben beratenden Personen („Old-Boys-Networks"). Dies führt dazu, dass – wieder überspitzt gesprochen – Administrationen die Tendenz haben, so lange ein Thema intern zu bearbeiten, bis es die Struktur der Administration angenommen hat, nicht aber mehr die Struktur der Wirklichkeit widerspiegelt, die das Potenzial für Innovationen birgt.

„FUTUR" ALS MODELL

Unter anderem vor diesem Hintergrund hat das Bundesministerium für Bildung und Forschung (BMBF) vor rund zwei Jahren die Initiative „Futur – der deutsche Forschungs- dialog" gestartet. Zwei Zitate geben einen evaluativen Blick auf die ersten zwei Jahre von Futur:

„Der Wissenschaftsrat begrüßt den Versuch des BMBF, im Rahmen des Futur-Prozesses langfristige, an gesellschaftlichen Problemen orientierte Leitvisionen zu entwickeln. Die Einbeziehung von Experten aus verschiedenen Tätigkeitsfeldern, auch außerhalb der Wissenschaft, eröffnet die Chance, disziplinäre oder branchenspezifische Konventionen aufzubrechen."[1]

Futur wurde 2003 auch international von einem hochrangigen Panel evaluiert:

„Futur is meeting its objectives and there is a clear case for continuation of this path-breaking experiment. This is the first attempt in any country to engage socially oriented foresight with national research policy-making. This input has the potential to improve the eventual success rate of innovations by improving the appreciation and embodiment of social factors in technological development."[2]

Mit „Futur – der deutsche Forschungsdialog"[3] – hat die damalige Bundesministerin des BMBF, Edelgard Bulmahn, im Sommer 2001 einen nationalen Foresight-Prozess initi- iert, dem folgende Kernfragen zugrunde liegen:

- Setzt die Forschungsförderung des BMBF auf die richtigen zukunftsorientierten Themen und Forschungsschwerpunkte?
- Wie trägt die Forschungsförderung zur Problemlösung in unserer Gesellschaft und auf dem Globus bei?
- Mit welchen Themen kann die Forschungsförderung die Innovationskraft Deutsch- lands im internationalen Wettbewerb stärken?
- Mit welchen strategischen Prozessen kann eine begründete, transparente und verständliche Prioritätensetzung erfolgen?

Futur ist als ein Beitrag zur Neuausrichtung der deutschen Forschungspolitik kon- zipiert. Anhand von Zukunftsszenarien werden „Leitvisionen" entwickelt, die auf einen Ausschnitt der zukünftigen Wirklichkeit zielen und einen ganz konkreten lebenswelt- lichen Bezug aufweisen. Sie sollen so präzise formuliert sein, dass sie als Ausgangspunkt für konkrete Forschungsprojekte dienen können.

Der grundlegende Gedanke von Futur und damit der Anspruch an jede Leitvision ist die Orientierung am gesellschaftlichen Bedarf. Die technologische Entwicklung soll in den

---

[1] Wissenschaftsrat (2003).
[2] BMBF (2003).
[3] www.futur.de

Dienst des Menschen gestellt, die Forschung am Bedarf der künftigen Gesellschaft orientiert werden. Daraus erwächst für Futur eine doppelte Aufgabe: Zum einen sind Bilder der möglichen bzw. wahrscheinlichen künftigen Gesellschaft zu zeichnen und im Diskurs abzuwägen, welche Chancen sich ihr bieten bzw. welche Herausforderungen sie zu meistern hat. Zum anderen sollen aus diesen Bildern Fragen an Wissenschaft und Forschung abgeleitet, Forschungsthemen identifiziert und in den Leitvisionen gebündelt werden.

Auf Grund der offenkundigen Komplexität gegenwärtiger und absehbarer gesellschaftlicher Fragestellungen wird bewusst ein interdisziplinärer und systemübergreifender Ansatz gewählt: Nicht nur sollen die Leitvisionen fachübergreifend sein und damit über den Rahmen der bestehenden Fachprogramme des BMBF hinausgehen. Auch versteht sich das BMBF als Moderator und Initiator eines Diskurses zwischen Wissenschaft, Wirtschaft und anderen Teilen der Gesellschaft im Allgemeinen.

Futur ist als partizipativer Dialogprozess konzipiert und entwickelt die Leitvisionen durch das Zusammenspiel relevanter Akteure der Gesellschaft. Indem der deutsche Forschungsdialog weite Kreise von Multiplikatoren und Fachleuten sowie die Öffentlichkeit einbezieht, kann er Transparenz in den Entscheidungen des BMBF herstellen und die Zukunftsaufgeschlossenheit der Menschen erhöhen. „Wir müssen mit den Menschen sprechen, die den gesellschaftlichen und technischen Wandel gestalten. Wir brauchen das Zusammenspiel von Politik, Wirtschaft, Wissenschaft und Gesellschaft", so Bundesministerin Bulmahn.[4]

Neben den grundlegenden Kennzeichen von Futur als partizipativem Dialog, gilt es, wesentliche Charakteristika zu nennen, die mit Blick auf die Zielsetzung des Forschungsdialogs von großer Bedeutung sind und daher auch in die Prozesskonzeption eingeflossen sind:

- Ziel- und Ergebnisorientierung: Für den Erfolg des Foresight-Prozesses ist die konsequente Ziel- und Ergebnisorientierung entscheidend. Dementsprechend ist der Diskurs konzeptionell und methodisch auf die zu erreichenden Ziele, also die am Bedarf orientierten Leitvisionen, ausgerichtet. Die Leitvisionen sollen so beschaffen sein, dass sie klare Prioritäten für die Forschungspolitik formulieren und auch in konkrete Förderprogramme umgesetzt werden können. Die Transparenz des Prozesses sowie die durchgängige Orientierung an zum Teil im Prozess entwickelten Kriterien tragen ebenfalls hierzu bei.
- Dimension: Futur konzentriert sich nicht allein auf Wissenschaft und Technologie, sondern erfasst auch Ethik, Werte und Religion sowie Aspekte gesellschaftlicher Systeme – Querthemen also, die sich durch die einzelnen Fragen zu Wissenschaft und Technologie ziehen und diese mit dem absehbaren bzw. erwünschten Bild der Gesellschaft von morgen verbinden.
- Zeithorizont: Futur nimmt bewusst eine Langfristperspektive ein und fokussiert Gesellschaftsbilder und Forschungsszenarien, die sich am Jahr 2020 und darüber hinaus orientieren.

---

4 Pressekonferenz am 17. Juli 2001 in Berlin. Anlass war der Abschluss der 1. Diskursrunde von Futur sowie die konstituierende Sitzung des Innovationsbeirates.

- Teilnehmernutzen: Die Teilnehmerinnen und Teilnehmer von Futur können durch ihre Beteiligung in mehrfacher Weise persönlich von Futur profitieren, was zugleich zu ihrer Motivation beiträgt. Sie wirken nicht nur an der Neuorientierung der Forschungspolitik mit, sondern erhalten im Laufe des Dialogs wertvolle Informationen für ihre eigene Tätigkeit. Darüber hinaus können sie Kontakte knüpfen und sich interdisziplinär vernetzen.

DER FUTUR-ARBEITSPROZESS

Wie sieht der Arbeitsprozess bei Futur aus? Am Anfang werden Workshops und Tagungen durchgeführt, in denen zunächst versucht wird, wichtige Fragestellungen zu sammeln und einzelne Schwerpunkte zu definieren. So wurden zu Beginn von Futur etwa 10.000 Einzelideen gesammelt, die dann zu 25 Themenclustern verdichtet wurden. Um aus der Fülle der im Laufe des Prozesses generierten Themen für das BMBF Prioritäten setzen zu können, werden die Themen im Prozess fortlaufend in Cluster zusammengeführt und in ihrer Bedeutung priorisiert. Bei diesen Priorisierungsschritten sind stets sowohl die Futur-Akteure als auch das BMBF beteiligt (Bild 2).

Bild 2: Priorisierungs-Design

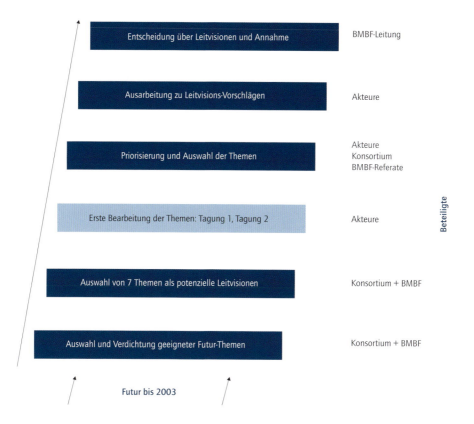

Entscheidung über Leitvisionen und Annahme	BMBF-Leitung
Ausarbeitung zu Leitvisions-Vorschlägen	Akteure
Priorisierung und Auswahl der Themen	Akteure Konsortium BMBF-Referate
Erste Bearbeitung der Themen: Tagung 1, Tagung 2	Akteure
Auswahl von 7 Themen als potenzielle Leitvisionen	Konsortium + BMBF
Auswahl und Verdichtung geeigneter Futur-Themen	Konsortium + BMBF

Beteiligte

Futur bis 2003

In diesem Frühstadium bleiben die Themen aber noch recht vage, es kommt noch zu keiner weiteren fachlichen Vertiefung. Auch wird ganz bewusst mit einem sehr heterogenen Teilnehmerkreis gearbeitet, um eine weitgehende Offenheit in der Themenformulierung zu haben. Erst in einer anschließenden Sequenz von drei Sitzungen wird die fachliche Vertiefung vorangetrieben.

Bild 3: Prozess-Design

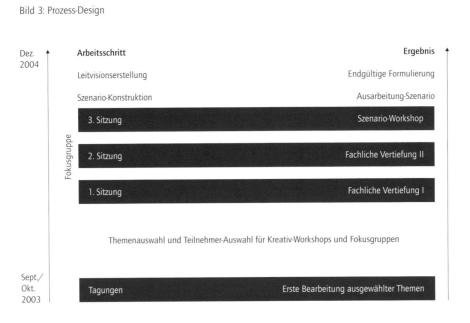

Nach den drei Fachworkshops findet ein Szenario-Workshop statt, der noch einmal die visionäre Qualität des Themas stärken und in der Form eines Szenarios die Leitvision anschaulich beschreiben soll (Bild 3). Das heißt, eine Leitvision besteht aus einem Fachtext, der sozusagen die Basis für Ausschreibungen darstellt, und einem Szenario, das plastische Zukunftsbilder beschreibt.

Einzelne Ergebnisse von Futur, die in die Forschungspolitik Eingang gefunden haben, waren unter anderem: die Leitvision „Das Denken verstehen", die sich auf die Hirnforschung und ihren Nutzen etwa für Informationstechnologie, Robotik und Medizin konzentriert, die Leitvision „Vernetzte Welt", die darauf zielt, moderne Kommunikationsnetze insbesondere im Zusammenwirken von sozialen und technischen Netzen zu erschließen oder die Leitvision „Gesund durch Prävention", die Möglichkeiten zur Schaffung und Sicherung einer anspruchsvollen Lebensqualität bis ins hohe Alter erforscht und entwickelt.

Die Basis von Futur bilden die Akteure. Sie sind sozusagen das Kapital, mit dem gearbeitet wird. Bild 4 versucht zu vermitteln, dass für jeden Schritt bei Futur eine spezifische Teilnehmer-Expertise eingesetzt wird.

Bild 4: Priorisierungs-Design

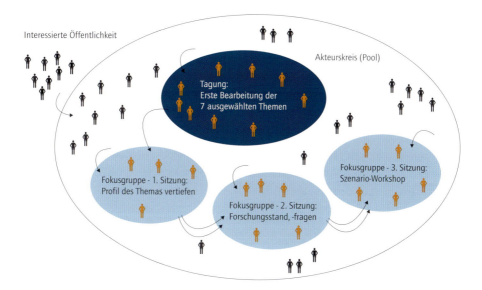

Futur hat einen großen Pool von ca. 1.000 Akteuren, die laufend nominiert werden. Es ist also kein geschlossener Kreis, sondern ein offenes System. Je nach Aufgaben im Prozess werden eher kreative Akteure oder fachlich versierte Experten in die Diskussionen eingebunden. Knapp die Hälfte der Akteure kommt aus der reinen Wissenschaft, bei denen alle Fachgebiete vertreten sind. Dazu kommt ein Drittel aus der Wirtschaft und den Rest bilden zivilgesellschaftliche Gruppen unterschiedlicher Art.

INNOVATIONSSYSTEME

Die Beschreibung zeigt, dass Futur eine – international anerkannte – politische Innovation ist. Futur greift die eingangs beschriebenen Defizite in der deutschen Innovationslandschaft auf und gibt Antworten: Die Erarbeitung von Forschungsinhalten orientiert sich stärker am gesellschaftlichen Bedarf („Demand-pull"), die Leitvisionen für die Forschungsförderpolitik tragen einen dezidiert interdisziplinären Charakter (Anreize für interdisziplinäre Themen), Futur führt Akteure aus sehr verschiedenen Bereichen zusammen und baut somit Netzwerke als Basis für Innovationen auf und Futur zeigt für das BMBF einen neuen Weg, Forschungspolitik zu betreiben (das heißt vor allem ein Veränderungsprozess innerhalb des BMBF hin zu mehr interdisziplinärer Zusammenarbeit und intensiverer Kommunikation mit den „Stakeholdern" des BMBF).

Ausgehend von der Defizitbeschreibung und der Skizzierung von Futur als politischer Innovation, lassen sich abschließend einige übergeordnete Aspekte benennen, die den Kontext, in dem sich Forschungs- und Innovationspolitik (und damit Futur) heute bewegt, beschreiben.

Eine wichtige Grundeinsicht, in Bezug auf die zukünftige Innovationslandschaft, ist die Tatsache, dass Wissen heute „verteilt" vorliegt. Heute ist es kaum noch sinnvoll zu behaupten, es gebe die eine Forschungseinrichtung, die über alles relevante Wissen verfügt und die daher ein Thema in allen relevanten Facetten bearbeiten könnte. Es gilt sich zu vergegenwärtigen, dass nur jene langfristig erfolgreich Innovationen umsetzen werden können, die in der Lage sind, relevantes Wissen an ganz unterschiedlichen Stellen einzuholen und für sich fruchtbar zu machen. Der Austausch mit anderen Disziplinen, mit der Gesellschaft, mit dem Nutzer, mit der Politik ist integraler Bestandteil einer Innovation. Hinzu kommt die Beobachtung, dass Schlüsselverbindungen, also das Zusammenwirken aus verschiedenen Disziplinen, entscheidend für die Entstehung von Innovationen sind. Demzufolge werden diese mindestens ebenso wichtig, wie isoliert betrachtete Schlüsseltechnologien. Ein optimales Zusammenwirken unterschiedlicher Wissensträger zur Generierung von Innovationen und das dabei geschaffene institutionelle Arrangement nennt man „Innovationssystem".[5]

Der Innovationsprozess wird heute in der Forschung anders analysiert. Er wird nicht mehr als linearer Prozess von der Forschung zur Anwendung gesehen, sondern eher als ein iterativer Prozess, der eine Interaktion aus verschiedenen Institutionen darstellt. Entsprechend entsteht eine Innovation erst aus diesem komplexen Zusammenwirken verschiedenster Organisationen, Personen und damit Wissensbeständen.

Es verwundert nicht, dass in der Konsequenz dieser Analysen, alle Institutionen des Innovationssystems unter einem hohen Lern- und Veränderungsdruck stehen. Der anstehende institutionelle Wandel ist bedeutend und wird anhalten. Die lernende, flexible Institution wird zum Standard, die sich immer wieder neu justiert, je nachdem, wie sie mit ihrem Umfeld interagiert. Innovationssysteme werden immer wichtiger werden und damit die Fähigkeit der einzelnen Organisationen und Personen sich optimal in diesen neuen Netzwerken und Kooperationen zu bewegen.

Schließlich ist Innovationsförderung sicherlich keine Sache, die nur das BMBF zu interessieren hat, sondern sie muss dringend auch in anderen Ressorts aufgegriffen werden. Deshalb bleibt zu hoffen, dass dies immer mehr in ressortübergreifende Arbeit münden wird.

Eine Innovationspolitik für Deutschland, die ein systematisches Bild des nationalen Innovationssystems zeichnet, ist eine überaus drängende Aufgabe. Umso deutlicher wird

---

5   Stellvertretend für eine inzwischen sehr breite Literatur zu diesem Thema – und Basis einer aufschlussreichen Studienreihe zu verschiedenen nationalen Innovationssystemen – sei genannt: OECD (2005): *Governance of Innovation Systems.*

vor dem Hintergrund der skizzierten Anforderungen, die durch moderne Innovations-systeme entstehen, wie interessant und treffend Futur als Vorhaben für die Innovations-politik ist, weil der Prozess Prioritäten setzt, nach dem gesellschaftlichen Bedarf fragt, einen transdisziplinären Diskurs führt, Akteure vernetzt und Grundlagen für konkrete Förderpolitik erarbeitet.

Zum erfolgreichen Aufbau eines deutschen Innovationssystems gehört die Koordi-nation und das Management von Innovationssystemen auf regionaler wie nationaler Ebene. Denn der Staat kann „Settings - Architekturen für Innovation" gestalten, die förderliche Rahmenbedingungen – und dazu gehört auch eine gezielte Qualifizierung der Akteure im Innovationssystem – und Anreize für Innovationen schaffen.

LITERATUR

Wissenschaftsrat (2003): *Strategische Forschungsförderung. Empfehlungen zu Kommuni-kation, Kooperation und Wettbewerb im Wissenschaftssystem*, Mai 2003 (Drs. 5654/03).

BMBF (2003): *Unveröffentlichter Evaluationsreport für das BMBF.*

OECD (2005): *Governance of Innovation Systems.*

> DIE ROLLE DES STAATES BEI ERFOLGREICHEN INNOVATIONEN – AUS WISSENSCHAFTLICHER SICHT

HENNING KLODT

Es ist geradezu eine Binsenweisheit geworden, dass ein Land mit wenig Rohstoffschätzen und hohen Einkommensansprüchen auf ein hohes technologisches Niveau seiner Produkte und Produktionsprozesse angewiesen ist. Insbesondere in jenen Wirtschaftsbereichen, die der Konkurrenz auf den Weltmärkten ausgesetzt sind, gibt es einen engen Zusammenhang zwischen technologischem Niveau der Produktion und Wettbewerbsfähigkeit der Arbeitsplätze. Die Steigerung der technologischen Leistungsfähigkeit der heimischen Wirtschaft ist deshalb ein naheliegendes und legitimes Ziel staatlicher Politik.

Angesichts der unübersehbaren Schwächen des Wirtschaftsstandorts Deutschland, der es selbst in konjunkturellen Aufschwungphasen nicht mehr schafft, aus seinen Strukturproblemen herauszukommen, ist mit dem Wiederaufleben einer technologiepolitischen Debatte zu rechnen, die in den vergangenen zehn bis fünfzehn Jahren weitgehend eingeschlafen war. Dabei hat die Technologiepolitik für den Politiker Verheißungen bereit, die etwa die Sozial- oder die Arbeitsmarktpolitik nicht zu bieten haben. In letzteren Politikbereichen sind Maßnahmen, mit denen die Beschäftigung gesteigert und die Arbeitslosigkeit reduziert werden können, in aller Regel mit schmerzhaften Einschnitten für die Betroffenen verknüpft. Eine Technologiepolitik dagegen, die Grundlagen für Produktivitätssteigerungen legt und damit mehr Arbeitsplätze rentabel macht, tut niemandem weh und verschreckt keine Wählergruppen.

Dies ist natürlich eine naive Sicht, denn die Technologiepolitik nimmt finanzielle Ressourcen in Anspruch, die anderswo aufgebracht werden müssen und dort die Rentabilität von Produktion und Beschäftigung belasten. Deshalb wird sie sich nicht nur daran messen lassen müssen, ob sie es schafft, technologisches Niveau und Produktivität in den geförderten Bereichen zu stärken, sondern auch daran, ob sie ihr Geld wert ist, das heißt ob Produktivität und Beschäftigung auch in der Wirtschaft insgesamt gefördert werden.

Aus der Reihe von Einzelfragen, die sich aus dieser Sichtweise ableiten lassen, wird in diesem Beitrag eine herausgegriffen, die von besonderer Bedeutung für die technologiepolitische Debatte in Deutschland erscheint: Es geht darum, wie die staatliche Förderung von Forschung und Innovation ausgestaltet sein sollte – ob sie eher selektiv und gezielt oder eher allgemein und nicht-diskriminierend sein sollte. In den abschließenden Bemerkungen dieses Beitrags wird eine weitere Frage kurz angerissen, bei der es um die Konsequenzen des strukturellen Wandels von der traditionellen Industriegesellschaft zur modernen Dienstleistungs- und Informationsgesellschaft geht, die in der bisherigen technologiepolitischen Debatte weitgehend vernachlässigt worden sind.

BÜCHSE ODER FLINTE?

Hat der Staat überhaupt eine Aufgabe bei der Förderung von Innovationen im Hochtechnologiebereich? Wer die Erfahrungen aus den siebziger und achtziger Jahren rekapituliert, kann den Eindruck erhalten, dass die Geschichte der staatlichen Forschungsförderung eher eine Geschichte der Misserfolge ist. In einer Studie aus dem Institut für Weltwirtschaft wurde damals eine schlichte Gegenüberstellung von ursprünglich geplanten und tatsächlich realisierten Kosten und Terminen für eine Reihe von Großprojekten vorgenommen. Im Durchschnitt ergab sich dabei, dass die vom damaligen BMFT geförderten Großprojekte Kostenüberschreitungen von 136 Prozent und Terminüberschreitungen von 82 Prozent aufwiesen.[1]

Und dies war nur ein Zwischenstand zur Mitte der achtziger Jahre. Tatsächlich hat bis heute kaum eines der damals massiv geförderten Großprojekte – darunter der Schnelle Brüter SNR 300, der Hochtemperaturreaktor THTR 300 und der Transrapid – die Marktreife erreicht.

Es gibt vielfältige Gründe, weshalb die Chronik öffentlich geförderter Großprojekte eine Aufreihung von Fehlschlägen ist:

- Rentabilitätsziele stehen meist im Schatten technischer Ziele. Stellt sich heraus, dass ein ursprünglich angestrebtes kommerzielles Ziel nicht erreicht werden kann, wird allzu oft nicht das Projekt revidiert, sondern die Zielvorgabe wird von der wirtschaftlichen auf die technische Ebene verlagert.
- Fehlentscheidungen, die sowohl bei privat als auch bei öffentlich finanzierten Vorstößen in technologisches Neuland unvermeidlich sind, werden zu spät oder gar nicht korrigiert.
- Geförderte Unternehmen und Forschungsbürokratie haben ein gemeinsames Interesse daran, ein geplantes Projekt gegenüber dem Parlament, gegenüber anderen Ressorts und gegenüber der Öffentlichkeit in einem möglichst günstigen Licht erscheinen zu lassen.
- Die Projektauswahl steht häufig unter dem Eindruck technologischer Erfolge, die im Ausland erzielt wurden. Eine derartige Politik des „picking the winners" orientiert sich, da die Gewinner von morgen nicht bekannt sind, zwangsläufig an den Gewinnern von gestern.
- Häufig spielt auch das nationale Prestige eine derart wichtige Rolle, dass wirtschaftliche und technologische Gesichtspunkte in den Hintergrund treten müssen.
- Schließlich ist die Gefahr nicht zu verkennen, dass bevorzugt bei jenen Projekten um staatliche Hilfe nachgesucht wird, deren Erfolgsaussichten besonders un–

---

[1] Klodt (1987).

sicher erscheinen (adverse selection). Ein Anreiz dazu ist vor allem dann gegeben, wenn die Unternehmen bei unvorhergesehenen Kostensteigerungen auf eine Nachsubventionierung vertrauen können.

Nicht zuletzt unter dem Eindruck der Misserfolge aus den siebziger und achtziger Jahren ist der Staat heute wesentlich zurückhaltender, wenn es um die Subventionierung von Großprojekten in der Industrieforschung geht. Und es wird deutlich mehr darauf geachtet, dass sich die geförderten Unternehmen mit substanziellen eigenen Beträgen an der Finanzierung betätigen.

Es wäre allerdings voreilig und für ein rohstoffarmes Land wie Deutschland kurzsichtig zu glauben, der Staat habe gar keine Aufgabe bei der Technologieförderung. Forschung und Innovation benötigen eine solide Basis qualifizierter Fachkräfte, wenn sie erfolgreich sein sollen. Und sie benötigen institutionelle Rahmenbedingungen, die Leistungsanreize bieten und Flexibilität ermöglichen. So gesehen sind es vor allem die Bildungs- und Ausbildungspolitik sowie die Ordnungspolitik, die für die Innovationskraft eines Wirtschaftsstandorts ausschlaggebend sind.

Der Versuch, die technologische Entwicklung mit massiv geförderten Einzelprojekten voranzutreiben zu wollen, ignoriert zudem die historischen Erfahrungen, die sich aus der Entstehung bahnbrechender Erfindungen früherer Jahrzehnte und Jahrhunderte ableiten lassen. Was im Nachhinein als isolierte Pioniertat von Einzelerfindern erscheint, ist in der Regel aus einem Ineinandergreifen vielfältiger komplementärer technologischer Entwicklungen entstanden. So war Heinrich Göbel (1818-1893) als Erfinder der Glühbirne weniger erfolgreich als Thomas Alva Edison, weil er als Stromquelle auf wenig leistungsfähige Akkumulatoren angewiesen war, während Edison bereits über den Dynamo verfügte. Noch weiter in seiner Zeit voraus war der englische Mathematiker Charles Babbage (1792-1871), der eine lochkartengesteuerte automatische Datenverarbeitungsmaschine erfand, die sich erst mehr als einhundert Jahre später technisch realisieren ließ. Möglicherweise wird sich später einmal, wenn komplementäre Technologien zur Beherrschung extrem hoher Temperaturen verfügbar sind, die Kernfusion in die Liste dieser Beispiele einreihen.

Die zentrale Bedeutung von Komponenten und Komplementen für die erfolgreiche Umsetzung von Innovationen ist auch von Wirtschaftshistorikern wie David Landes[2] oder Joel Mokyr[3] immer wieder betont worden. Die Schlussfolgerung daraus lautet, dass sich technologische Erfolge nicht mit der förderpolitischen Brechstange erzwingen lassen und dass die Förderung eines innovativen Umfelds wichtiger ist als die gezielte Förderung von Einzelprojekten.

Der Vorwurf, ein solcher technologiepolitischer Ansatz komme einem Schrotschuss gleich, kann nicht überzeugen. Erfahrene Jäger wissen, dass die Schrotgarbe Vorteile hat, wenn es darum geht, ein bewegliches Ziel zu treffen. Die Zukunftsentwicklung von Wissenschaft und Technik ist mindestens so schwer vorhersehbar wie der Lauf eines Hasen

---

[2] Landes (1969), Landes (1998).
[3] Mokyr (1990).

oder der Flug einer Ente. Wer hier sein Ziel nicht verfehlen will, sollte eher zur Schrotflinte einer breit angelegten allgemeinen Forschungsförderung als zur Kugelbüchse einer selektiven Projektförderung greifen.[4]

Bei aller Kritik an der selektiven Projektförderung sollte allerdings nicht übersehen werden, dass die ordnungspolitischen Verfehlungen in anderen Bereichen der Subventionspolitik weitaus gravierender sind. Eine Gesellschaft, der die Förderung von Landwirtschaft und Kohlenbergbau finanziell wichtiger ist als die Förderung zukunftsgerichteter Industrien, sollte sich nicht beklagen, wenn die Innovationskraft des eigenen Landes zu wünschen übrig lässt. Dies ist seit vielen Jahren das Ceterum censio jeder technologiepolitischen Grundsatzdebatte, aber das Karthago der konservierenden Subventionspolitik steht immer noch.

INDUSTRIELABORS ODER GESCHÄFTSMODELLE?

Doch auch der Technologiepolitik selbst ist es bislang nur unvollkommen gelungen, sich auf den Strukturwandel in der Wirtschaft angemessen einzustellen. Sie orientiert sich nach wie vor weitgehend am Leitbild der Industriegesellschaft, während der Wandel zur Dienstleistungs- und Informationsgesellschaft kräftig voranschreitet. Für die Schaffung neuer Arbeitsplätze in der deutschen Wirtschaft sind innovative Geschäftsmodelle von Dienstleistern mindestens so wichtig geworden wie die technologische Qualität der Industrieproduktion. Ein Beispiel dafür bietet die dritte Generation des Mobilfunks UMTS. Die Technologien stehen bereit, doch es mangelt an Ideen und Konzepten dafür, wie das erhöhte Potenzial mit kundengerechten Mehrwertdiensten genutzt werden kann. Hier sind Innovationen gefragt, die den herkömmlichen Ansätzen der Forschungs- und Technologiepolitik nicht zugänglich sind. Wenn sie es nicht schafft, sich diesem Wandel zu stellen, wird sie selbst im Strukturwandel an Bedeutung verlieren.

LITERATUR

Klodt, Henning (1987): *Wettlauf um die Zukunft. Technologiepolitik im internationalen Vergleich,* (Kieler Studien 206), Tübingen: Mohr Siebeck.

Klodt, Henning (1995): *Grundlagen der Forschungs- und Technologiepolitik* (WiSo-Kurz-lehrbücher), München: Vahlen.

Landes, David S. (1969): *The Unbound Prometheus*, Cambridge M.A.: Cambridge University Press.

Landes, David S. (1998): *The Wealth and Poverty of Nations*, New York: Norton.

Mokyr, Joel (1990): *The Lever of Riches. Technological Creativity and Economic Progress*, New York: Oxford University Press.

---

4 Zur Begründung und Konzeption einer allgemeinen Forschungsförderung siehe auch Klodt (1995).

> HOCHTECHNOLOGIE-FÖRDERUNG IM BEREICH DER LUFT- UND RAUMFAHRT

UNTER BESONDERER BERÜCKSICHTIGUNG DER DEUTSCHEN WISSENSCHAFT UND WIRTSCHAFT

MANFRED FRICKE

AUSGANGSSITUATION UND PERSPEKTIVEN DER LUFT- UND RAUMFAHRT

Der Titel dieses Beitrags „Hochtechnologieförderung in der Luft- und Raumfahrt" deutet schon an, dass in dieser Branche eine staatliche Förderung immer bestand. Die Luft- und Raumfahrt ist eine Schrittmachertechnologie, von der viele Innovationen für andere Industriebereiche ausgehen, wie zum Beispiel im Werkstoffbereich, im I&K-Bereich, in der Flugführung und heute auch in der Logistik (zum Beispiel Airbusprogramm). Man könnte viele weitere Felder benennen, in denen diese technologischen Erkenntnisse auf andere Bereiche übertragen wurden.

Es wird immer wieder diskutiert, ob die Luft- und Raumfahrt auch heute noch einer staatlichen Unterstützung bedarf. Sie ist in Europa erfolgreich: Airbus hat Boeing bei der Zahl der jährlich produzierten Flugzeuge erreicht. Allein bei der Einschätzung der prognostischen Entwicklung gibt es auf Grund unvorhersehbarer Ereignisse (11. September 2001, SARS) Unwägbarkeiten. Dabei gibt es Stimmen, die vorübergehende Einbrüche bei den Luftverkehrsleistungen zum Anlass nehmen, den Luftverkehr als einen stagnierenden Verkehrsträger zu sehen, dessen Infrastruktur keinen weiteren wesentlichen Ausbau erfordert (zum Beispiel Flughäfen). Das führt dazu, dass diejenigen, die generell gegen den Ausbau des Luftverkehrssystems sind, fordern: „Haltet inne, wir kommen mit dem, was wir heute haben auch in Zukunft aus."

Es stellt sich die Frage, was am Standort Deutschland geschieht, wenn wir die nationale Förderung einstellen. Die Antwort ist einfach. Bei Einstellung dieser Förderung wird es nicht möglich sein, die nationale Kompetenz zu erhalten und weiterzuentwickeln. Daraus folgt auf Dauer ein Standortnachteil für unsere Industrie und Hochschulen. Das Wissen wandert in andere Länder ab und wir werden dann, wie schon heute vielfach befürchtet wird, zur verlängerten Werkbank. Solche Entwicklungen wären für unsere Volkswirtschaft längerfristig verheerend.

Natürlich haben sich viele Gedanken darüber gemacht, wie die Entwicklung des Luftverkehrs trotz teils massiver Einbrüche aussehen könnte. Lufthansa hat beispielsweise Szenarien entwickelt, die künftige mögliche Entwicklungen des Luftverkehrs aufzeigen (Bild 1). Es ist erkennbar, dass unterschiedliche Szenarien ausgearbeitet wurden – Frost, Winter, Eiszeit. Ein bleibendes Absinken der Luftverkehrsleistungen würde Eiszeit bedeuten. Wenn die Zahl der verkauften Personenkilometer (PKT) dagegen auf den alten Wachstumspfad der Jahre 2003/2004 zurückkehrt, spricht Lufthansa von der Prognose Frost oder Winter. Entsprechende Erhebungen zeigen, dass bei der Zahl der Starts bereits der ursprüngliche Bereich der Prognose wieder erreicht ist. Die Einbrüche der Jahre 2001 und 2002 sind also bereits weitgehend kompensiert.

Es wird davon ausgegangen, dass sich der Luftverkehr weiter erholt und der alte prognostizierte Wachstumspfad sich fortsetzt. Eine bleibende verringerte Luftverkehrsleistung ist nicht zu erwarten.

Bild 1: Der Luftverkehr ist eine stark dynamisch wachsende Industrie.

-> Selbst pessimistische Szenarien gehen nach den Anschlägen vom 11. September 2001 lediglich von einem gedämpften Luftverkehrs-Wachstum aus.

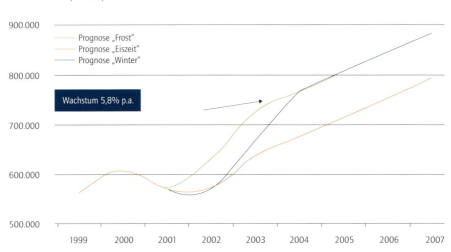

Quelle: Klingenberg, DLH

AIRBUS – EINE EUROPÄISCHE ERFOLGSGESCHICHTE

Eine entscheidende Frage lautet immer wieder, welche denn die großen Projekte sind, an denen deutlich wird, dass ohne staatliche Förderung die ehrgeizigen Ziele der Luftfahrtindustrie nicht erreichbar gewesen wären. In den siebziger Jahren gab es in Deutschland eine zersplitterte, kleinteilige Luftfahrtindustrie. Seinerzeit wurde – auch durch Franz-Josef Strauß maßgeblich unterstützt – das Airbus-Projekt sehr stark forciert. Die deutsche Luftfahrtindustrie musste einen Konzentrationsprozess durchlaufen, um auch als europäischer Partner bestehen zu können. Gleichzeitig war die Sorge jedoch sehr groß, dass das Airbus-Projekt einmal mehr ein Projekt werden könnte, von denen es in der Vergangenheit in der Bundesrepublik Deutschland schon viele gegeben hatte. Sie endeten meist, ohne je wirtschaftlichen Erfolg zu haben. Das europäische Airbus-Projekt wurde damals mit massiver Unterstützung der beteiligten Staaten aufgelegt und ist innerhalb von dreißig Jahren zu einem großen Erfolg geführt worden. Das Beispiel zeigt, dass man in der Hochtechnologie einen langen Atem benötigt, um Erfolg zu haben. Wir wissen, dass heute die Subventionen, die damals in das Airbus-Projekt geflossen sind, alle zurückgezahlt werden konnten, weil es dem Unternehmen – Airbus – gelungen ist, wirtschaftlich erfolgreich zu sein und den Weltmarktführer Boeing nahezu zu erreichen. Wenn man jetzt noch den A380-Airbus einbezieht und dieses Marktsegment mitbetrachtet, dann kann man sich vorstellen, dass Boeing auf diesem Feld in der Zukunft einige Probleme bekommen wird.

Natürlich ist anfangs viel staatliches Geld in das Projekt geflossen. Immerhin kann man heute feststellen, dass allein bei Airbus in Toulouse, Hamburg und Großbritannien insgesamt 45.500 Mitarbeiter tätig sind. In Deutschland selbst sind es 17.180 Beschäftigte.

Das ist eine immense Wirkung, die von einem solchen Programm ausgeht. Und wenn man jetzt noch den A380 hinzunimmt, der ja immerhin mit Entwicklungskosten von etwa zehn Milliarden Euro zu Buche schlägt, dann werden wir noch weitere 15.000 Arbeitsplätze in Deutschland neu schaffen können – Zulieferer natürlich eingeschlossen.

Der Bund hat eine Bürgschaft für zwei Milliarden Euro gegeben, was seinerzeit für den Start dieses Projekts sehr wichtig war. Wenn dieses Flugzeug die technischen und wirtschaftlichen Anforderungen wie vorhergesagt erfüllt, dann wird es im Großflugzeugbau den Markt gegenüber Boeing beherrschen. Denn die Boeing 747, der Jumbo, ist ja nun weit über dreißig Jahre alt und kann einfach nicht mehr konkurrieren.

Der Airbus hatte gegenüber Boeing von Anfang an in allen Bereichen eine neue und bessere Technologie. Er hatte eine weitaus bessere Aerodynamik mit dreidimensional gestalteten Flügeln und verfügte über eine neue Flugführungstechnologie durch Fly-by-Wire, also keine Gestänge und Seilzüge mehr zur Betätigung von Rudern und Klappen. Die Führungsbefehle können mit dieser Technik unmittelbar über elektrische Leitungen, die sozusagen als Signalwege genutzt werden, weitergeleitet werden, um das Flugzeug zu steuern. So gibt es eine Reihe von Vorteilen, wie zum Beispiel den geringeren Luftwiderstand auf Grund besserer Aerodynamik und ein geringeres Gewicht bei Einzelsystemen, die dann in eine größere Wirtschaftlichkeit des Flugzeugs münden. Dieses Programm ist technisch gesehen den Boeing-Flugzeugen weit voraus gewesen. Erst mit der Boeing 777 hat die Firma technisch zu Airbus aufgeschlossen.

GALILEO – EIN PROJEKT MIT ZUKUNFT

Ein zweites Projekt, das ohne staatliche Förderung nicht realisiert werden kann, ist Galileo. Dieses Raumfahrtprojekt eröffnet Europa in Ergänzung zum amerikanischen GPS und russischen GLONASS neue Möglichkeiten der Kommunikation, der Navigation und der Unterstützung der Logistik. Natürlich wird auch hier darüber diskutiert, ob ein solches Projekt notwendig ist, da wir doch GPS haben, mit dem bereits heute schon viele Tagesaufgaben weltweit erledigt werden können. Die Argumente für ein europäisches System sind bekannt und liegen nahe. Europa möchte unabhängig sein von dem russischen GLONASS und dem amerikanischen GPS, das letztlich ein militärisches System ist und auch bleiben wird. Man weiß natürlich auch, dass das Projekt Galileo, das sich in der Entwicklungs- und Aufbauphase etwa bis 2006 erstreckt, immerhin mit 3,2 bzw. 3,4 Milliarden Euro öffentlich gefördert werden muss. Davon trägt die Bundesregierung 21 Prozent der Kosten (Hauptanteil am Gesamtprojekt). Der Sitz des Unternehmens Galileo wird in der Bundesrepublik Deutschland sein und auch die Gesamtverantwortung des Systems wird maßgeblich durch deutsches Personal übernommen. Hier muss man klar erkennen, dass die Industrie allein nie in der Lage gewesen wäre, ein solches Projekt zu realisieren. Da bedarf es der Anschubfinanzierung. Man geht davon aus, dass dieses Projekt ab 2008 in Betrieb geht, ab dem Jahre 2010 über 100.000 Arbeitsplätze in Europa entstehen und bis zum Jahr 2020 ein volkswirtschaftlicher Nutzen von etwa 74 Milliarden Euro in Europa entsteht (Bild 2).

Bild 2: Galileo

-> Die Entwicklungsphase von Galileo wird mit jeweils 550 Millionen Euro von
   der EU und von der Europäischen Weltraumagentur ESA finanziert werden.
-> Die Gesamtkosten liegen nach Berechnungen der EU-Kommission im Bereich
   von 3,2 bis 3,4 Mrd. Euro.
-> Deutschland übernimmt mit 21 % den Hauptanteil am Gesamtprojekt. Die
   Gesamtverantwortung des Systems und der Hauptsitz des Industriekonsorti-
   ums Galileo Industries kommen nach Deutschland.
-> Galileo soll nach Schätzungen der EU-Kommission ab dem Jahr 2010 über
   100 000 hoch qualifizierte Arbeitsplätze in Europa schaffen und jährlich bis
   zu 10 Milliarden Euro Einnahmen einbringen.

BERLIN-BRANDENBURG – EINE LUFTFAHRTREGION HEBT AB

Das dritte Beispiel betrifft die Region Berlin-Brandenburg. Entscheidend ist, dass man neben Hamburg im Norden und München im Süden ein drittes Kompetenzzentrum zusammen mit den neuen Bundesländern schaffen möchte. Diesem ehrgeizigen Ziel stellen sich allerdings Hindernisse in den Weg. Berlin kann sich an diesem Zentrum finanziell nur im bescheidenen Umfang beteiligen. Brandenburg nutzt gezielt einen Teil seiner Mittel, die es auch vom Bund erhält, um die Region in der Luftfahrt zu stärken und zu erhalten.

Hierbei spielen die Triebwerksfirmen MTU und Rolls Royce als Hochtechnologie-firmen eine besondere Rolle. Berlin kann nur indirekt an einer solchen Entwicklung teilhaben, indem Firmen wie Air Berlin, Germania, Lufthansa und Bombardier den Standort Berlin vertreten. Später sollte auch der Großflughafen Berlin-Brandenburg, der nun schon viele Jahre auf seine Realisierung wartet, einen Beitrag hierzu leisten. Wir hoffen sehr darauf, dass Berlin und Brandenburg eine wichtige Rolle bei der Entwicklung eines dritten Kompetenzzentrums Luftfahrt spielen können (Bild 3). Auch hier geht es nicht ohne staatliche Förderung.

Bild 3: Berlin-Brandenburg – eine Luftfahrtregion hebt ab

-> Die Luftfahrtregion Berlin-Brandenburg besitzt durch qualifizierte Fachkräfte und eine leistungsfähige Forschungsinfrastruktur eine zentrale Erfolgsgrund-lage.
-> Der Großflughafen Berlin-Brandenburg International BBI ist das bedeutendste Infrastrukturprojekt des Luftverkehrs der nächsten Jahrzehnte in Deutsch-land.
-> Berlin ist ein Zentrum der erfolgreichen mittelständischen Luftverkehrswirt-schaft (Beispiele: Air Berlin, Germania, Lufthansa Bombardier Aircraft Services)
-> Telematik und Softwareentwicklung sind Erfolgsbereiche der Region
-> Berlin-Brandenburg ist das Zentrum der Triebwerksindustrie in Deutschland und nicht weit vom Zentrum des Flugzeugbaus in Hamburg entfernt.
-> Der Standort liegt in unmittelbarer Nähe zu den Entscheidungsträgern der Hauptstadt und besitzt eine strategisch günstige Lage zu den neuen Mit-gliedsländern der EU.

DIE ROLLE STAATLICHER FÖRDERPROGRAMME

Die Luft- und Raumfahrt ist in ihrer Rolle als Schrittmachertechnologie ebenso bedeutend wie als Wirtschaftsfaktor. Die europäische Luftfahrtindustrie hat insgesamt über 440.000 Arbeitsplätze geschaffen, macht jährlich einen Umsatz von über sechzig Milliarden Euro und erzielt damit eine jährliche positive Außenhandelsbilanz von 22 Milliarden Euro. In Deutschland sind im Sektor Luftfahrt etwa 120 Unternehmen mit 68.000 hochwertigen, industriellen Arbeitsplätzen, davon 16.000 in Forschung und Entwicklung, mit einem jährlichen Umsatz von 14 Milliarden Euro tätig. Insgesamt sind in Deutschland 630.000 Arbeitsplätze der Luft- und Luftverkehrsindustrie zuzurechnen. Mit diesen Zahlen ist belegt, dass die Luft- und Raumfahrtindustrie ein wichtiger volkswirtschaftlicher Faktor ist, der auch der staatlichen Zuwendung bedarf (Bild 4).

Bild 4: Die Luftfahrt als Wirtschaftsfaktor

-> Die europäische Luftfahrtindustrie erwirtschaftet mit ihren 440.000 direkten Arbeitsplätzen jährlich einen Umsatz von über 60 Mrd. Euro und erzielt damit eine jährliche positive Außenhandelsbilanz von über 22 Mrd. Euro.
-> In Deutschland bestehen bei etwa 120 Unternehmen 68.000 hochwertige, industrielle Arbeitsplätze, davon 16.000 in Forschung und Entwicklung, die einen jährlichen Umsatz von 14 Mrd. Euro generieren.
-> Insgesamt sind es in Deutschland mit den luftfahrttechnischen Betrieben, den Luftfahrtgesellschaften und den Dienstleistern zusammen sogar 630.000 Arbeitsplätze.
-> *Es gilt, diese Arbeitsplätze zu sichern und auszubauen.*

Nun zur Nachhaltigkeit des Systems Luft- und Raumfahrt. Wir sehen in Bild 5 die Anfänge von den Pionieren der Luftfahrt bis hin zum Airbus 380, der bald seinen Erstflug absolvieren soll. Der rote Kreis im Bild 5 markiert den gegenwärtigen Stand der Entwicklung und von da ab geht es in die weitere Zukunft. Dieser Zukunft wenden sich in unserem Bereich zwei Programme zu. Im nationalen Bereich ist es das Luftfahrtforschungsprogramm III und im europäischen Bereich das 6. Rahmenprogramm Luft- und Raumfahrt, das entsprechende Mittel bereitstellt. In beiden Programmen werden bestimmte Technologien, bestimmte Zielsetzungen der öffentlichen Geldgeber, die durch Programme festgeschrieben sind, gefördert (Bild 6). Die derzeitige Programmatik endet etwa bei 2020. Es muss dankbar anerkannt werden, dass alle Bundesregierungen Programme der Luftfahrtforschung gefördert haben (Bild 7). Das derzeitige Luftfahrtforschungsprogramm III ist über vier Jahre mit insgesamt 160 Millionen Euro des Bundes ausgestattet. Der Bund erwartet die gleiche Größenordnung von den Bundesländern und etwa 300 bis 350 Millionen Euro von der Industrie als Eigenbeteiligung, sodass das Programm eine solide finanzielle Basis hat.

Bild 5: Nachhaltigkeit als Zukunftschance

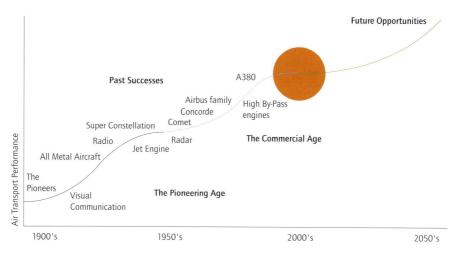

Strategic Research Agenda (SRA)
Advisory Council for Aeronautical Research in Europe (ACARE), in dem EU-Kommission, Wirtschaft und Wissenschaft zusammenwirken.

Bild 6: Leitziele der europäischen Forschungsstrategie

-> Erhöhung der Kapazität der Luftverkehrssysteme und Beitrag zur Realisierung
    des „Einheitlichen europäischen Luftraums" (Flugsicherungssystem),
-> Erhöhung des Passagierkomforts,
-> Erhöhung der Sicherheit des Luftverkehrs trotz zunehmenden Luftverkehrsauf-
    kommens,
-> Verminderung der Umweltbelastung (CO_2, NO_x, Lärm),
-> Stärkung der Wettbewerbsfähigkeit der europäischen Industrie in den Be-
    reichen Fluggeräte für den gewerblichen Luftverkehr, Antriebe und Ausrüs-
    tung,
-> Die EU-Kommission hat im 6. Forschungsrahmenprogramm für das Themen-
    feld „Aeronautics and Space" ein Finanzvolumen von 1,075 Mrd. € bereitge-
    stellt.

In diese Förderung sind auch die Hochschulen einbezogen (s. Bild 7). Sie werden mit etwa zehn Prozent am Programm beteiligt und erhalten eine hundertprozentige Förderung. Dieses Ergebnis ist wichtig, weil die Hochschulen im Luftfahrtforschungsprogramm II nicht mehr beteiligt waren.

Bild 7: Rolle des Staates

-> Der Staat hat die Aufgabe, die Entwicklung neuer Technologien zu fördern und
die Wirtschaft bei deren Umsetzung zu unterstützen.
-> Nur durch ein kooperatives Zusammenwirken von Staat und Wirtschaft ist eine
erfolgreiche Technologiepolitik realisierbar.
-> Konkret sind folgende staatliche Aktivitäten erforderlich:
  • Grundlagenforschung und Ausbildung müssen durch den Staat finanziert
    werden. Informationen über Basistechnologien müssen allen Marktteilneh-
    mern offen stehen.
  • Durch die Vorgabe verlässlicher Rahmenbedingungen durch den Staat
    müssen Risiken bei der Umsetzung neuer Technologien gemindert werden.
    Dabei kann durch geeignete Rahmenbedingungen der Markt für neue
    Technologien aktiviert werden (zum Beispiel lärm- und emissionsarmes
    Flugzeug).
  • Staatliche Basisleistungen sind bei der Realisierung komplexer Infrastruk-
    turen (zum Beispiel Galileo) erforderlich. Bei Marktversagen ist die Bereitstel
    lung von Infrastrukturen öffentliche Aufgabe zur Verhinderung schädlicher
    Monopole.
  • Technologische Schlüsselbereiche benötigen zur Standortsicherung staat-
    liche Anschubfinanzierungen (Erfolgsbeispiel Airbus).

Bei der Beteiligung der Bundesländer sind große Unterschiede festzustellen. Zu einem gibt es sehr aktive Luftfahrtländer. Dazu gehört im Norden Hamburg und partiell auch Bremen aus der alten Zeit von VFW-Fokker. Wir haben im Süden früher MBB, heute EADS, und müssen nun feststellen, dass sich einige Bundesländer am Programm nicht oder nur beschränkt beteiligen können oder wollen. Das verstärkt auf Dauer die Luftfahrtfor-schung an den Stellen, wo sie ohnehin stark ist. Und sie lässt sie nicht wachsen, wo es notwendig wäre. Dieser Prozess würde verstärkt, wenn die Bundesländer mit großen Finanzbeiträgen zur Luftfahrtforschung eines Tages darauf achten, dass ihre Mittel in ihren Ländern verbleiben und damit ein Finanzausgleich mit schwächeren Bundeslän-dern nicht mehr stattfinden könnte.

Die inhaltlichen Ziele gelten sowohl für das EU-Rahmenprogramm, das mit 1.075 Millionen Euro ausgestattet ist und davon 835 Millionen Euro für die Luftfahrt vorsieht, als auch für das nationale Vorhaben: Man möchte den Passagierkomfort erhöhen. Das gilt natürlich vor allem für das Großflugzeug A380, das völlig andere Anforderungen an das System stellt, als es die bisherigen Flugzeuge getan haben. Die Sicherheit des Luftverkehrs muss erhöht werden. Man unterstellt noch immer, dass bis zum Jahr 2020 eine Verdopplung des Luftverkehrsaufkommens eintreten kann. Was man natürlich infolge dieser Verdopplung nicht haben möchte, ist, dass sich die Unfallrate verdoppelt. Obwohl die Unfallrate jetzt schon sehr gering ist, muss diese auch bei einer Verdopplung des Luftverkehrsaufkommens weiter sinken. Natürlich soll auch die Umweltbelastung reduziert und die Wettbewerbsfähigkeit der europäischen Industrie gegenüber anderen gestärkt werden, vor allen Dingen gegenüber den USA (Boeing).

Ähnliche Zielsetzungen gelten auch für das Lufo III. Auch dieses Programm soll nicht nur Technologien fördern, sondern dabei auch die sozio-ökonomischen Aspekte des Systems Luftverkehr mit betrachten. Eine besondere Bedeutung hat das Air-Traffic-Managementsystem mit einem angestrebten einheitlichen europäischen Himmel, der heute noch flugsicherungstechnisch stark zergliedert ist und viel Aufwand an Koordination vor allem für die Flugsicherung erfordert.

Das Programm fördert auch die Hochschulen und legt Wert darauf, dass die Forschung in Zusammenarbeit mit der Industrie erfolgt. Weiterhin wird anerkannt, dass mit dieser Forschung auch der Ausbildungsauftrag der Hochschulen gestützt wird. Denn der Industrie muss daran gelegen sein, einen qualifizierten Nachwuchs von den Hochschulen zu erhalten. Man geht beim BDLI davon aus, dass pro Jahr 800 Luft- und Raumfahrtabsolventen benötigt werden, wir aber im Moment nur 400 Absolventen pro Jahr aus den Hochschulen entlassen. Und bis 2004 nimmt diese Zahl noch ab. Danach geht es wieder aufwärts. Wir haben heute wieder größere Bewerberzahlen, wobei die Attraktivität sowohl der nationalen als auch der EU-Programme eine wichtige Rolle spielt.

Dass man in speziellen Fällen auch mit teilweise staatlicher Unterstützung erfolgreich agieren kann, sieht man an einem Beispiel der TU Berlin (Bild 8). Wir haben an der TU Berlin ein Simulationszentrum mit einem Simulator Airbus A330/340 gegründet. Insgesamt erforderte dieses Zentrum (ZFB GmbH) eine Investition von damals – wir sind jetzt neun Jahre in Betrieb – etwa vierzig Millionen DM, die teilweise vom Staat, teilweise durch Kredite, teilweise auch von den Gesellschaftern der ZFB GmbH (Zentrum für Flugsimulation Berlin GmbH), Lufthansa, EADS, DLR und dem Simulatorhersteller CAE aufgebracht worden sind. Wir verfolgen mit dem Zentrum das Ziel, durch Verkauf von Trainingsstunden an Fluggesellschaften den Forschungsbetrieb zu finanzieren (Betriebskosten von 2,5 bis 2,8 Millionen DM pro Jahr). Der Simulator ist insofern eine Sonderheit, als er zwei Funktionen übernehmen kann. Zum einen ist er ein amtlich anerkanntes Trainingsgerät für Fluggesellschaften und zum anderen ist er ein Forschungsgerät, das es erlaubt, die Flugeigenschaften zu verändern, die Flugmechanik zu beeinflussen oder auch neue Fluginstrumente zu entwickeln und zu testen. Basis des Simulators sind zwei parallele Rechnerkanäle für Training und Forschung. Jeder Kanal kann wahlweise angewählt werden. Die ZFB GmbH, die an der TU beheimatet ist, schreibt schwarze Zahlen. Überschüsse werden in das Gerät investiert. Studenten werden am Simulator ausgebildet. Viele Diplom- und Studienarbeiten sind am Simulator bearbeitet worden. Ein ähnliches Vorgehen haben wir im Flugsicherungsbereich etabliert, wo wir mit der Flugsicherung sehr konkret zusammenarbeiten und auch hier große Unterstützung von der DFS (Deutsche Flugsicherung GmbH) erfahren. Beide Beispiele zeigen, wie attraktiv ein funktionierendes Netzwerk Hochschule, Industrie und Großforschung (DLR) ist.

Bild 8: TU Berlin – Institut für Luft- und Raumfahrt

FAZIT

Was erwarten wir von der Zukunft? Es wird weiterhin eine staatliche Förderung der Luftfahrtforschung geben müssen. Investitionen bei Großprojekten wie Airbus und Galileo setzen eine staatliche Unterstützung, wenn auch in unterschiedlicher Form, voraus. Eine ausgewogene Technologiepolitik darf nicht nur die Industrie fördern, sondern muss insbesondere Wissenschaft und Grundlagenforschung als Basis stärken. Im Hochschulbereich stellt die Deutsche Forschungsgemeinschaft pro Jahr 22 Millionen Euro für Grundlagenforschung in der Luftfahrt bereit. Das dritte Luftfahrtforschungsprogramm des Bundes (LuFo III) und das 6. Forschungsrahmenprogramm der EU bieten weitere wichtige Eckpunkte der Förderung.

Das Institut für Luft- und Raumfahrt der TU-Berlin ist beispielsweise derzeit in LuFo III mit etwa 2,5 bis 2,8 Millionen Euro beteiligt. Diese Mittel könnten niemals aus Haushaltsmitteln der Hochschule bereitgestellt werden.

Im Ergebnis bedeutet dies, dass ohne Förderung des Staates keine innovative Luftfahrtentwicklung möglich ist. Der Gewinn – innovativ und volkswirtschaftlich gesehen – rechtfertigt sicher diese Aufwendungen des Staates. Eine adäquate Förderung der Luftfahrtforschung ist auch in Zukunft unabdingbar.

> ROLLE UND INHALT STAATLICH GEFÖRDERTER INNOVATIONSFORSCHUNG – AUS DER UNTERNEHMERSICHT

DIETMAR THEIS

Etwa fünfzig Prozent der Mitarbeiter von Siemens, die in Forschung und Entwicklung (F&E) eingesetzt werden, arbeiten an Standorten in Deutschland, während nur 21 Prozent des Umsatzes von Siemens in Deutschland erreicht wird (Stand 2005). Dies zeigt, dass Siemens dem Innovationsstandort Deutschland eine ganz gewaltige Rolle einräumt.

In der Vergangenheit war der F&E-Anteil in Deutschland noch höher. Mit Blick auf die Globalisierung der Geschäfte wird dieser Anteil zukünftig weiter abnehmen, da der Aufbau weiterer F&E-Kapazitäten in den dynamisch wachsenden Märkten des Auslands schneller erfolgt als in Deutschland.

Die Aufwendungen für F&E von Siemens sind nicht gleichmäßig auf die verschiedenen Arbeitsgebiete verteilt. Die Aussage „5,2 Milliarden Euro oder 6,8 Prozent vom Umsatz für F&E" sagt an sich wenig über die F&E-Intensität in den einzelnen Arbeitsgebieten aus. In Information und Kommunikation werden 30 Prozent des gesamten F&E-Einsatzes investiert, in Energie nur neun Prozent. Vom Gesamtvolumen sind 60 bis 65 Prozent durch Software-Aufwendungen bestimmt, im Wesentlichen im Bereich Embedded Software Development.

In der Zentralabteilung Corporate Technology werden etwa fünf Prozent der F&E-Aufwendungen eingesetzt. Im Sinne von industrieller Forschung ist das der Teil, in dem von Forschung im eigentlichen Sinn gesprochen werden kann.

WARUM EIGENTLICH BETREIBT EIN UNTERNEHMEN F&E?

In den letzten dreißig Jahren haben wir einen Paradigmenwechsel erlebt. Von einem ursprünglich sehr stark technologieorientierten Fokus haben die Unternehmen über verschiedene Stufen gelernt, ihre F&E direkt auf den Kunden zu fokussieren und diesen in den Vordergrund zu stellen. Die Themen für industrielle Forschung von heute sind nicht nur der Technologiefokus, sondern auch neue Geschäfte, Wissensmanagement, Interdisziplinarität, Technologievermarktung und Kooperationen mit strategischen Partnern.

Warum eigentlich betreibt ein Unternehmen F&E? Darauf gibt es vier grundsätzliche Antworten, die im Folgenden kurz umrissen werden sollen.

Die erste Antwort lautet, F&E wird betrieben, um technologische Vorsorge zu betreiben und Innovationen zu sichern, indem Wissen für Produkt- und Verfahrensinnovationen generiert wird. Das ist der Geschäftsauftrag der Siemens Zentralabteilung Corporate Technology.

Die zweite Antwort heißt, ein Unternehmen benötigt stets eine kompetente Monitorfunktion. Externes Wissen muss ausgewertet, absorbiert und nach Innen übersetzt werden. Hier ist die Vernetzung der Forschungsabteilung mit der öffentlichen Wissenschaft von entscheidender Bedeutung.

Die dritte Antwort lautet, F&E wird betrieben, um technologische Unterstützung bei aktuellen Schwierigkeiten vorzuhalten. Corporate Technology, mit seinen rund 1.900 Wissenschaftlern, bietet auch hierfür im Bedarfsfall eine gute Basis.

Eine vierte Antwort betrifft die strategische Technologieberatung. Der Vorstand soll beraten werden in Bezug auf künftige Entwicklungen: Wo sind Diskontinuitäten? Gefordert sind Bewertungen, um das bestehende Geschäft gegen neue Entwicklungen abzuwägen, diese entsprechend aufzunehmen und zu integrieren.

WIE WIRD F&E IN DEUTSCHLAND FINANZIERT?

Zwei Drittel der F&E-Aufwendungen in Deutschland geschehen durch die Wirtschaft und etwa ein Drittel kommt vom Staat. Dieser fördert neben den Universitäten (vorwiegend Länder-Finanzierung) zahlreiche wissenschaftliche Institutionen wie die Max-Planck-Gesellschaft, die Helmholtz-Gemeinschaft, die Leibniz-Gemeinschaft, die Fraunhofer-Gesellschaft und eine Reihe von Bundes- oder Länder-Instituten mit unterschiedlichen Finanzierungsschlüsseln zwischen Bund und Ländern. Im Bereich der Industrieforschung spielt Siemens eine wichtige Rolle – auch als Partner der Universitäten und der öffentlichen Forschung.

Die Definition industrieller Innovationen muss klar sein. Innovation ist nicht nur Invention, das heißt F&E im engeren Sinne, sondern sie ist deutlich mehr. Zwei entscheidende Komponenten kommen hinzu. Zum einen muss das Unternehmen Geschäftspläne aufstellen und für die Finanzierung und Bereitstellung der Ressourcen sorgen, damit eine Umsetzung der innovativen Ideen erfolgen kann. Schließlich muss das Produkt auch am Markt verkauft werden. Marketing und Vertrieb müssen funktionieren, der Kunde muss das Produkt annehmen, erst dann handelt es sich um eine Innovation.

Der industrielle Innovationsprozess ist unlösbar mit dem Markt verknüpft. Wenn man die Ziele und Bedürfnisse der Kunden richtig und kompetent erkannt und daraus neue Ideen gewonnen hat, ergibt sich auf der Basis des technischen Wissens eine Realisierungsmöglichkeit, die Innovation. Der betriebswirtschaftliche Erfolg, der mit dieser Innovation erzielt werden kann, birgt in sich die Möglichkeit, die gewonnenen Mittel für die Entwicklung und Herstellung der nächsten Generation von Produkten einzusetzen. Kurz: Forschung verwandelt Geld in Wissen und Innovation verwandelt Wissen in Geld.

Analog hat die öffentlich geförderte Forschung in der Volkswirtschaft die Aufgabe, Lösungen für gesellschaftliche Herausforderungen zu finden. Wenn sie dies erfolgreich tut, trägt sie zur Schaffung von Arbeitsplätzen und neuen Unternehmungen bei. Über diesen Mechanismus verhilft sie dem Staat zu mehr Einnahmen, mit denen er wiederum die öffentliche Forschung finanzieren kann. Der gleiche Regelkreis, wie er für ein Unternehmen gilt, gilt also im Grunde genommen auch im volkswirtschaftlichen Kontext.

Bei diesem Prozess stellt der Staat natürlich die Rahmenbedingungen. Dabei kann man zwischen direkten und indirekten Instrumenten ebenso unterscheiden wie zwischen technologiespezifischen und -unspezifischen. Eine öffentliche F&E-Projektförderung zum Beispiel ist ein direktes und technologiespezifisches Instrument. Unspezifisch sind die Maßnahmen, die zum Beispiel den Aufbau von F&E-Personal bei den Firmen fördern oder steuerliche Anreize für F&E-Investitionen geben. Staatliche Regulierungen beispielsweise im Telekommunikations- und Verkehrsbereich wirken meist indirekt. Bildungspolitik ist ein extrem wichtiges, aber meist unspezifisch und indirekt wirkendes Instrument.

Das vom Staat getragene Drittel der gesamten F&E-Aufwendungen geht vorwiegend in die öffentliche Forschung und nur zu einem geringen Teil in die Wirtschaft. Der Anteil des Staates an den F&E-Aufwendungen der Wirtschaft betrug in Deutschland im Jahr 2000 nur noch 7,2 Prozent, während dieser Anteil in den USA und bei einer Reihe von EU-Ländern deutlich höher lag.

Die öffentliche Förderung ist über größere Zeiträume einem relativ starken thematischen Wandel unterworfen. Themen wie Mikroelektronik, Fertigungstechnik, Mikrosystemtechnik und physikalische Technologie erlebten von 1989 bis 1999 eine Zunahme der Fördermittel des BMBF, während andere Themen wie Energie- oder Weltraumforschung in diesem Zeitraum sinkende Förderbudgets verzeichneten.

Die staatliche und private F&E-Finanzierung in Deutschland hat seit den 60er Jahren vier Phasen unterschiedlichen Wachstums durchlaufen. Während in den sechziger Jahren Staat und Wirtschaft ihre F&E-Aufwendungen parallel stark gesteigert haben und die Wirtschaft diesen Aufbau bis in die neunziger Jahre fortsetzte, blieb der Anteil des Staates fast zwei Jahrzehnte konstant. Anfang bis Mitte der 90er Jahre fuhr der Staat seine Förderung geringfügig zurück, während die Wirtschaft ihre F&E-Aufwendungen in Deutschland deutlich reduzierte. Von 1995 bis 2005 ist es zuvorderst wieder die Wirtschaft, die die F&E-Aufwendungen vorantreibt, während der Staat fast auf das Niveau der sechziger Jahre zurückgefallen ist.

ARGUMENTE FÜR EINE ÖFFENTLICHE F&E-FÖRDERUNG

Eine entscheidende Fragestellung ist: Warum soll der Staat überhaupt industrielle F&E fördern? Ein Argument ist, dass die Erhöhung des Niveaus der staatlichen F&E-Anstrengungen an sich ein treibendes Moment für die Wirtschaft bedeutet. Es gibt den Effekt der Externalitäten: Wenn ein Unternehmen in F&E investiert, ist es gar nicht vermeidbar, dass es zu den so genannten Spill-over Effects kommt. Das heißt, die private Investition kommt anteilig automatisch der gesamten Wissensbasis der Volkswirtschaft, also der Allgemeinheit, zugute. Daher ist es berechtigt, dass Unternehmen dafür eine gewisse Kompensation zum Beispiel in Form von F&E-Förderung erhalten.

Kapitalgeber, wie beispielsweise Banken, sind zunächst zum Risiko wenig bereit und daher von vornherein nicht dafür aufgestellt, in riskante F&E-Projekte zu investieren. Um auch hier einigermaßen gegenzusteuern, macht es Sinn, F&E öffentlich zu fördern.

Ein weiteres Argument ergibt sich aus der internationalen Wettbewerbssituation unter dem Stichwort *Level Playing Field*. Gemeint ist hier, möglichst vergleichbare Ausgangspositionen bei der staatlichen Förderung industrieller F&E zu haben. Während im Jahr 2001 die Quote in den USA zwölf Prozent betrug, lag sie in der EU im Mittel bei nur 8,5 Prozent. Hier ist Handlungsbedarf vorhanden, weil man sehen muss, dass sich gerade die deutsche Volkswirtschaft in einer relativ schlechteren Ausgangsposition befindet. Die zwölf Prozent in den USA schließen allerdings auch die vom Pentagon geförderten Unternehmungen mit Militärforschung ein.

Darüber hinaus gibt es die Notwendigkeit für den Staat, die Forschung für Gemeinschaftsaufgaben, die sich aus den gesellschaftlichen Bedürfnissen ergeben, zu fördern. Die wichtigsten Themen sind hier Gesundheit, Verteidigung, Bildung, Energie, Umwelt und Verkehr. Diese Themen werden zum Teil auch direkt von der Wirtschaft bearbeitet, der Staat trägt aber die Gesamtverantwortung.

Auch das Thema Wissenstransfer im Innovationssystem – Netzwerke, Partnerschaften und auch Mobilität von Forschern – ist ein wichtiges innovationspolitisches Thema, bei dem eine staatliche Förderung sinnvoll und notwendig ist.

Das Wesentliche für die Unternehmen bei staatlich geförderten Gemeinschaftsprojekten sind die Partnerschaften mit anderen F&E-Akteuren, die zur Effizienzsteigerung und der Erlangung strategischer Vorteile führen.

Die Rechte und Pflichten der beteiligten Firmen in Konsortialstrukturen der Verbundforschung werden in einem staatlichen Rahmen festgelegt. Das schafft Vertrauen in die Regularien der Zusammenarbeit. Mit dem Fördergeber vereinbarte Regelungen zu Patentfragen und Mechanismen des Interessensausgleichs zwischen den Konsortialpartnern verringern die entsprechenden Transaktionskosten in der Kooperation. In der Zusammenarbeit mit zahlreichen internationalen Firmen und Wissenschaftseinrichtungen wächst auch der persönliche und berufliche Erfahrungsschatz der Mitarbeiter des eigenen Hauses. Das ist für sich genommen ein Wert, der sehr geschätzt wird.

Nicht unwichtig vor allem für die kleineren und mittleren Unternehmen ist neben diesen Argumenten auch die Entlastung des eigenen F&E-Budgets durch die staatliche F&E-Förderung.

Partnerschaften in F&E tragen zur Steigerung der Innovationskraft und der Effizienz bei. Es geht um die Aufteilung von F&E-Risiken und -Kosten und um die bessere Nutzung der Humanressourcen allgemein. Die Zahl der guten Leute in den einzelnen Firmen ist begrenzt. Wenn für ein gemeinsames Projekt ein Team mit Experten aus verschiedenen Firmen gebildet werden kann, profitieren alle davon.

Gemeinschaftsforschung ermöglicht die Erreichung der Economy of Scale mit kritischen Massen und ausreichender Komplementarität und Kompetenz. Mit einem gemeinsamen Ansatz kann die Markteinführung eines Produkts deutlich verkürzt werden. Eine konsortiale Struktur hilft, die eigene Strategie zu schärfen, weil die Abstimmungsprozesse alle Beteiligten zwingen, sich die Zusammenhänge wiederholt klarzumachen.

Strategische Vorteile sind auch darin zu sehen, dass durch die Fremdbetrachtung des gleichen Themas eine neue Sicht gewonnen werden kann. Eine konsortiale Struktur verschiedener Firmen fördert Standardisierungsbestrebungen, auch und gerade weil sie bewusst angegangen werden können. Netzwerke werden aufgebaut und eigene F&E-Positionen einem *benchmarking* ausgesetzt. Es kann durchaus sein, dass Unternehmen aus einem Förderprojekt heraus so viel Vertrauen untereinander aufbauen, dass sie in bestimmten Gebieten auch bilateral ungefördert weiter zusammenarbeiten.

Schließlich ist zu erwähnen, dass man sich im Verbund in Bezug auf innovationsfeindliche staatliche Regularien besser artikulieren und durchsetzen kann.

Die strategische Förderung im Bereich der Wissenschaft selber sollte neue Herausforderungen bei der Umsetzung der Ergebnisse in Innovationen berücksichtigen:

- Das lineare Innovationsmodell, bei dem Innovation über die erkenntnisorientierte Grundlagenforschung, die anwendungsorientierte und dann die angewandte Forschung und Entwicklung führt, ist obsolet.
- Der reine unidirektionale Innovationsfluss, der Science Push, hat in der Regel einem komplexen rückgekoppelten Prozess Platz gemacht.
- Das nationale Wissenschaftssystem muss sich zunehmend dem Wettbewerb in der globalen Forschungslandschaft stellen.

Die Frage nach dem gesellschaftlichen Nutzen der Wissenschaft und nach dem Beitrag zur Wettbewerbsfähigkeit in Deutschland wird sowohl von der Presse als auch von der Öffentlichkeit deutlich stärker gestellt, als es in der Vergangenheit der Fall war. Die Forschungsförderung im Wissenschaftsbereich beeinflusst zweifellos die Dynamik der Entwicklung in der Wissenschaft. Anzustreben wäre eine Kombination von Erkenntnisfortschritt in etablierten Bereichen und gleichzeitig eine Erschließung völlig neuer Themengebiete, sodass das Gesamtsystem optimiert wird.

WÜNSCHE AN DIE DEUTSCHE FORSCHUNGSPOLITIK

Die gesellschaftliche Nachfrage nach Problemlösungen und nachhaltiger Wissenschaftsentwicklung muss strategisch sinnvoll zusammengeführt und risikoreiche Wege in der Wissenschaft müssen gefördert werden. Das Ziel sollte die Schaffung von Wissensbasen für die Lösung künftiger Probleme sein.

Die Firmen der deutschen Elektroindustrie sind der Ansicht, dass die technologische Projektförderung des BMBF gestärkt werden muss. 2003 und 2004 war es so, dass in den Haushalten bei der Projektförderung Abstriche etwa in der Größenordnung von acht Prozent hinzunehmen waren. Die institutionelle Förderung zielgerichteter zu gestalten sollte eine Konsequenz aus den strategischen Notwendigkeiten sein.

Mehr Wettbewerb in der Forschungslandschaft bedeutet, mehr Ausschreibung von Themen. Erste erfreuliche Umsetzungen sind beispielsweise bei der Forschungsplanung, etwa der Helmholtz-Gemeinschaft zu erkennen. Dieser Weg sollte konsequent fortgesetzt werden.

Autonomie der Forschung bei Personal und Investitionen ist ein Thema, bei dem wesentlich mehr Möglichkeiten einer freien Entscheidung existieren müssten, beispielsweise bei der Einkommensgestaltung vor allem von hoch qualifizierten Wissenschaftlern.

Ein weiterer Vorschlag wäre, eine Kooperation von Wissenschaft und Wirtschaft durch eine Zulage zu fördern. Dahinter steht im Grunde genommen die Idee, dass wir uns incentives einfallen lassen müssen, um den schwierigen Prozess der Zusammenarbeit von Wissenschaft und Wirtschaft weiter zu fördern

Strategische Forschungsplanung sollte gemeinsam von staatlicher und privatwirtschaftlicher Seite angegangen werden. Mit Programmen wie IT-2006 hat das BMBF schon gute Beispiele gegeben, wie so etwas gemeinsam mit allen Beteiligten realisiert werden kann.

EUROPÄISCHE FORSCHUNGSFÖRDERUNG

In Bezug auf europäische Forschungsförderung sei auf das Subsidiaritätsprinzip hingewiesen, das die Aufgabenverteilung zwischen EU und Mitgliedsstaaten bestimmt. Es bedeutet, dass nur da, wo einzelne Staaten bestimmte Leistungen nicht mehr selbst aufbringen können, die EU einspringen sollte. Gemeinschaftsforschung in europäischem Kontext ist förderbar bei Forschungstätigkeiten in sehr großem Umfang, bei erkennbaren finanziellen Vorteilen für die Gemeinschaft oder bei Forschungstätigkeiten, die sich gegenseitig so ergänzen, dass sie zu einem europäischen Raum für Wissenschaft und Technik führen, zum Beispiel im Bereich einheitlicher Normen und Standards.

Schließlich sollte das Prinzip der Exzellenz die Auswahl der Projekte und Verteilung der Fördermittel regeln. Auch hier kann es nicht nur – formal mindestens – darum gehen, das man juste retour bekommt, ganz egal, wie die Qualität der Projekte ist. Wenn große Geberländer wie Deutschland mit dem Bewusstsein zahlen, ihr Geld wieder zurückhaben zu wollen, dann sollten sie eben entsprechend gute Projekte einreichen und juste retour über die Qualität seines wissenschaftlichen Angebots erzielen.

Im derzeit noch laufenden sechsten F&E-Rahmenprogramm der EU wurden neue Förderinstrumente eingeführt, zum Beispiel integrierte Projekte mit größerem Umfang und erheblich mehr Beteiligten als bei den kleineren Projekten der vorherigen Rahmenprogramme. Die Erfahrungen, die unser Haus im Wesentlichen im Bereich der Technologien für die Informationsgesellschaft, IST, und bei der Materialforschung gemacht hat, sind durch starke Überzeichnungen der Programme und erheblichen administrativen Aufwand gekennzeichnet. Das führt zu der Forderung nach stärkerer Fokussierung bei den Ausschreibungen, Anpassung des Umfangs der Ausschreibungen an die verfügbaren Budgets und Verringerung des administrativen Aufwands für die europäischen Förderprogramme.

Auch das europäische Zweistufenverfahren, das zur Verringerung des administrativen Aufwands beim Antragsteller eingeführt wurde, ist nicht ideal. Zweistufenverfahren bedeutet, dass erst einmal eine Skizze einzureichen ist. Erst im Anschluss wird mitgeteilt, ob die Skizze ausreichend Substanz und Chancen für eine Förderung enthält. Die Realität ist, dass angesichts der großen Konkurrenz bereits die Skizze so aufwändig gestaltet wird, dass sie praktisch einem normalen Antrag entspricht.

Gerade bei neu eingeführten Instrumenten kommt es zu unterschiedlichen Aussagen der Mitarbeiter der Kommission über die inhaltliche Vorgehensweise bei der Antragstellung. Dies sollte homogenisiert werden. Daneben sollte auch mehr Industriebeteiligung bei Planung und Begutachtung vorgesehen werden. Kompetente Begutachtung ist sehr wichtig, denn hier entscheidet sich, ob ein Projekt angenommen wird oder nicht. So haben Hochschullehrer als Gutachter zwar die wissenschaftliche Kompetenz, aber ihnen fehlt bisweilen der Blick für die geschäftlichen Notwendigkeiten – schließlich soll die Förderung ja die wirtschaftliche Wettbewerbsfähigkeit in Europa stärken!

DIE BESCHLÜSSE VON LISSABON

Nach den Beschlüssen von Lissabon soll Europa im Jahr 2010 drei Prozent seines Bruttosozialprodukts für F&E ausgeben, wobei zwei Prozent von der Industrie und ein Prozent von der öffentlichen Hand kommen soll. Die Industrie wird nur dann mehr F&E in Europa investieren, wenn sie die entsprechenden Returns on Investment erreichen kann. Dazu muss die Politik die erforderlichen Rahmenbedingungen schaffen. Es muss sehr konsequent gehandelt werden, um das vorgenommene Ziel zu erreichen. Alle Faktoren, die die Leistungsfähigkeit des Forschungs- und Innovationssystems beeinflussen, müssen angegangen werden: die Eingangsgrößen Forschung, Humanressourcen und Finanzierung und die den Durchsatz bestimmenden Größen wie Regulierungsfragen, Innovationshemmnisse. Dazu muss das Marktumfeld und die Infrastruktur systematisch geprüft und aufeinander abgestimmt werden, um schließlich ein optimiertes Ergebnis in Form von Innovationen, die die Unternehmen und die europäische Wirtschaft stärken, zu erzielen.

Für alle beteiligten Akteure ergibt sich hieraus eine Agenda von Handlungsfeldern, die im Folgenden zusammengefasst werden soll:

- Europa und seine Mitgliedsstaaten müssen die öffentliche Förderung von Forschung steigern.
- Das Humanpotenzial für F&E muss verbreitert und verbessert werden und die Universitäten müssen bei der Erfüllung ihrer Aufgaben gestärkt werden.
- Die öffentliche Forschung soll in Richtung auf weitere Exzellenz intensiviert werden.
- Weitere innovative Verbindungen zur Industrie sind zu schaffen, um „die PS auf die Strasse zu bringen".
- Die öffentlichen Finanzierungsinstrumente, die direkten Maßnahmen, die steuerlichen Maßnahmen sowie das Thema Wagniskapitel müssen erheblich aufgestockt und verbessert werden.
- Öffentliche Ausgaben sollten stärker für Forschung und Innovation eingesetzt werden, die öffentliche Beschaffung muss Innovation ermutigen.
- Die öffentliche Akzeptanz von Innovationen muss gesteigert und die Begeisterung für das Neue muss verstärkt gefördert werden, den Leuten muss die Angst genommen werden.

- Die Verantwortung der Medien für eine innovative Stimmungslandschaft muss gelebt und umgesetzt werden.
- Ein F&E-freundliches gesetzliches Umfeld ist notwendig. Ein Vorschlag der Wirtschaft ist, neue gesetzliche Regelungen auf ihre Innovationsfreundlichkeit hin zu prüfen, zum Beispiel bei Regelungen, Schutzrechten und Patenten sowie bei der Gestaltung der Regeln für staatliche Beihilfen.
- Die Kohärenz der nationalen Politiken in Bereichen F&E-Förderung, Forschungs-, Bildungs- und Hochschulpolitik muss gewährleistet werden, um Europas Rolle im globalen Konzert zu stärken.

ZUSAMMENFASSUNG

Der Einfluss des Staates ist entlang der gesamten Innovationskette signifikant. Er setzt die Rahmenbedingungen bei den Schulsystemen, den öffentliche Forschungseinrichtungen, der Forschungsförderung, dem Technologietransfer sowie bei der Verfügbarkeit von Risikokapital.

Erfolgsfaktoren im Innovationsprozess sind die Qualität des Bildungssystems und die Aufwendungen dafür, die Ausstattung und Qualität der öffentlichen Forschungseinrichtungen, die Schwerpunkte, Instrumente und Mittel der Forschungsförderung, die Effizienz des Technologietransfers und die Rahmenbedingungen für industrielle Forschung. Im Bereich der Produkteinführung sind die Erfolgsfaktoren die Art und Höhe der Investitionen, die Strukturen und Prozesse im Arbeitsablauf, das Patentrecht, das Arbeitnehmererfindungsgesetz und die steuerliche Behandlung von Innovationsinvestitionen. Erfolgsfaktoren im letzten Teil des Innovationsprozesses, der Marktumsetzung, sind die Technologieakzeptanz, das richtige Marketing, aber auch die Verfügbarkeit von Wagniskapital.

> HOCHTECHNOLOGIEN IN DER WEHRTECHNIK

UWE WIEMKEN

VORBEMERKUNG

Die Wehrtechnik bzw. Kriegstechnik gehört zu den frühesten technischen Erzeugnissen der Menschheit. Vermutlich dienten die ersten Waffen der Verteidigung etwa gegen Raubtiere oder zur Jagd, aber sehr bald dürften sie auch in der Auseinandersetzung mit den Artgenossen genutzt worden sein, und hatten naturgemäß als Machtinstrument für die jeweils Herrschenden einen hohen Stellenwert. Geld für Waffen und Waffenentwicklungen war in der Regel vorhanden und so waren technische Spitzenleistungen häufig entweder direkte wehrtechnische Entwicklungen oder entstanden in ihrem Umfeld. Diese Vorreiterrolle war lange ein Charakteristikum und hat dazu geführt, dass Wehrtechnik in unserer Zeit beinahe als Synonym für „High-Tech" wahrgenommen wird. Man ging auch gewöhnlich zu Recht davon aus, dass die zivile Technik von der Wehrtechnik in großem Umfang profitiert. Im Zusammenhang mit der US-Initiative SDI Anfang der achtziger Jahre war sogar davon die Rede, dass allein der „sekundäre" zivile Nutzen den finanziellen Aufwand rechtfertige bzw. lohne (diese Einschätzung wurde in Deutschland nicht geteilt). Die Begriffe „spin-off", „spill-over" (oder gar „fall-out") deuteten diese Wahrnehmung an.

Die Situation hat sich seitdem grundlegend gewandelt und ich persönlich glaube, dass dies eine direkte Folge aus den Entwicklungen der Informationstechnologien ist, namentlich der Entdeckung der Planartechnik 1959. Seit dieser Zeit erleben wir eine rasante Zunahme zunächst insbesondere der wehrtechnischen, sehr schnell aber auch der zivilen IT-Entwicklungen mit klaren zivilen Marktperspektiven. Das Potenzial der Informationstechnologien war so offensichtlich und dominant, dass auch zivil orientierte Investoren den Einsatz von sehr viel Geld als gerechtfertigt annehmen konnten. Eine Prognose von Karl Steinbuch[1] aus dem Jahr 1966 illustriert die Situation:

> Es wird in wenigen Jahrzehnten kaum mehr Industrieprodukte geben, in welche die Computer nicht hineingewoben sind, etwa so, wie das Nervensystem in Organismen hineingewoben ist. In wenigen Jahrzehnten wird es weder Werkzeugmaschinen noch Fahrzeuge, noch Belehrung, noch Bürotechnik, noch wissenschaftliche Forschung, noch technische Entwicklung, noch irgendeinen Bereich produktiver Tätigkeit geben, dessen Konkurrenzfähigkeit nicht von der originellen und virtuosen Beherrschung der Computertechnik abhängt.

---

[1] Steinbuch (1966).

Sehr schnell stellte sich heraus, dass die Verfügbarkeit von immer leistungsfähige-rer Informationstechnologie ein sehr effektiver Motor insbesondere für Forschung und Entwicklung auf allen Gebieten war und in immer stärkerem Maße verwendbare und „massenmarktfähige" Ergebnisse hervorbrachte, die ihrerseits wiederum die Entwicklung der Informationstechnologien vorantrieben. Gerade hier war auch Personal vorhanden, das nicht erst von dem Nutzen der Informationstechnologien überzeugt werden musste, sondern begierig die neuen Möglichkeiten aufgriff. Der Staat als Förderer und „Geber von Risikokapital" nahm zunehmend zur Kenntnis, dass die technologische Konkurrenz-fähigkeit ein wichtiger Parameter des (zivilen) wirtschaftlichen Erfolgs und in der Folge der internationalen und politischen Durchsetzungsfähigkeit war. Die Märkte wurden immer stärker von der Dynamik technologischer Forschung und Entwicklung dominiert und durchaus folgerichtig floss zunehmend Geld im Rahmen staatlicher Vorsorge und Förderung in allen Industrieländern in große Forschung und Technologie (F&T)-Förder-programme. Auch die Hochschulen konnten (und können) ihr kreatives Potenzial immer besser zur Geltung bringen. Man mag darüber streiten, ob diese Hinwendung zur An-wendung und technischen Umsetzung der naturwissenschaftlichen Forschung und zum Einloben von Drittmitteln an den Hochschulen langfristig richtig ist, eine Verstärkung der Marktorientierung und starke Dynamisierung stellt sie auf jeden Fall dar.

Auf diese Weise kamen zivile Technologieentwicklungen in den Genuss größerer Investitionsmittel als die Wehrtechnik selbst, womit große Profiterwartungen verbunden wurden.

Diese Entwicklung hatte zwei Konsequenzen: Auf der einen Seite ging die Entwick-lungsdynamik und die „Heimat" dessen, was man als „High-Tech" bezeichnet, in die zivile F&T-Landschaft über. Auf der anderen Seite war dies verbunden mit einer immer engeren Verflechtung der zivilen Forschung und Technologie mit wehrtechnischen Anwendungen. Ausgenommen waren (und sind) ganz wenige und aus Sicht der Wehrtechnik bzw. Sicher-heitspolitik nicht einmal besonders grundlegende Gebiete. Heute profitiert die Wehr-technik auf den meisten Gebieten von der zivilen Technologie, und es geht in erster Linie darum, die dortigen Ergebnisse (eventuell mit großem Aufwand!) auf die speziellen Bedürfnisse der wehrtechnischen oder allgemein sicherheitstechnischen Anwendungen anzupassen. Diese Situation wird etwa in den USA bereits als nationales strategisches Sicherheitsrisiko eingeschätzt, da es vorkommen kann, dass eine zivile Technologie, die für die Ausrüstung der Streitkräfte unverzichtbar ist, von einem fremden Land dominiert wird und so eine Abhängigkeit entsteht. Selbst in den USA geht man nicht davon aus, auf allen Technologiegebieten Marktführer und „Speerspitze der Forschung" sein zu kön-nen. Technologische Führerschaft kann de facto in vielen Fällen nur noch durch einen Hersteller gesichert werden, der gleichzeitig Massenmärkte bedient. Die Aufrechterhal-tung eines isolierten militärischen Marktes zur Deckung des militärischen Bedarfs wäre dagegen sehr ineffizient bis unmöglich.

Dies war zum Beispiel bei den Flachbildschirmen in den neunziger Jahren der Fall. Die hier besonders dynamische Weiterentwicklung und Fertigung wurden von japanischen

Herstellern dominiert, deren Lieferbereitschaft an die amerikanischen Streitkräfte nicht als sicher eingestuft werden konnte. Dies war Anlass für die so genannte National Flat Panel Display Initiative, mit der der Versuch gemacht wurde, aus strategischem Interesse durch Subventionen die nationale Industrie auch auf den zivilen Märkten an die japanische Konkurrenz heranzuführen. Die Lösung, den Bedarf durch eine rein militärisch ausgerichtete Produktionskapazität (auf Spitzenniveau) zu sichern, war als aussichtslos und nicht zu finanzieren eingestuft worden. Interessant ist, dass die Initiative durchaus den Versuch umfasste, die nationale Industrie so zu subventionieren, dass sie eine global konkurrenzfähige Produktionskapazität aufbauen konnte und damit wieder an die Sicherheitsinteressen angepasst war.

Heute spricht man nicht mehr von spin-off, sondern eher von „add-on" oder „dual-use". Dies bedeutet übrigens natürlich auch, dass es immer schwerer fällt, die Welt in „gute", weil zivile und „schlechte", weil wehrtechnisch oder militärisch orientierte Technologieentwicklungen aufzuteilen.

Unbenommen ist natürlich, dass Wehrtechnik weiterhin High-Tech ist in dem Sinne, dass die Verteidigungsfähigkeit in den Industrienationen hohe staatliche Priorität hat und die Ausrüstung der Streitkräfte die technologischen Möglichkeiten so weit ausschöpfen wird, wie man es aus den zivilen Entwicklungen herausziehen, an den spezifischen Bedarf anpassen und last not least bezahlen kann (bzw. will).

Die unterschiedlichen Ausprägungen dieser Entwicklung in Deutschland und den USA werden weiter unten wieder aufgegriffen.

DIE POLITISCHEN RAHMENBEDINGUNGEN AUS SICHT DER NATIONALEN SICHERHEIT

Die Ereignisse mit dem Zusammenbruch des Ostblocks, der Wiedervereinigung und des 11. September 2001 haben dazu geführt, dass das Problem der nationalen inneren und äußeren Sicherheit auch in Deutschland grundsätzlich neu zu bewerten ist. Die enge ressortspezifische Sicht mit der scharf begrenzten Aufgabe der Landesverteidigung muss abgelöst werden durch ein alle Ressorts umfassendes Sicherheitsverständnis. Man braucht nicht mehr damit zu rechnen, von einem quantitativ hoch überlegenen Gegner bei Vorwarnzeiten von Stunden angegriffen zu werden (wie realistisch diese Szenarien damals auch gewesen sein mögen). Dieses vielleicht teure, aber politisch relativ einfache Szenario ist heute abgelöst durch ein möglicherweise noch teureres breites Spektrum von Szenarien, in denen die Sicherheit des Gemeinwesens und ihrer Mitglieder von Außen und Innen bedroht ist. Es reicht von der weiterhin zu berücksichtigenden Landesverteidigung (bzw. dem Bündnisfall in der NATO) über die Teilnahme an UN gesteuerten Einsätzen irgendwo auf der Welt, Angriffen durch terroristisch operierende Staaten oder internationale Vereinigungen auf zivile Ziele in der Heimat bis hin zu „gewaltfreien" Angriffen auf die IT-orientierte Infrastruktur. Schließlich sollte man nicht außer Acht lassen, dass auch befreundete Nationen durchaus friedliche wirtschaftliche Überlegenheit nichtsdestoweniger als ein Instrument für Dominanz auffassen und sich dementsprechend verhalten.

WEHRTECHNISCHE F&T IN DEUTSCHLAND

Die Bundesrepublik Deutschland hat in der Folge des Krieges wehrtechnische Forschung nur sehr zögernd wieder als staatliche Notwendigkeit anerkannt. Es wurden einige Forschungseinrichtungen ins Leben gerufen oder ausgebaut, die sich mit wehrtechnischen Problemen auseinander setzten, aber unausgesprochen wurde die Voraussetzung gemacht, dass in Deutschland kein eigenes staatliches „Vorantreiben der Wehrtechnik" vorgenommen werden sollte. Allerdings musste die in der damaligen politischen Situation entwickelte Dynamik nachvollzogen werden, da man sich den politischen Rahmenbedingungen (Kalter Krieg, Mitgliedschaft und damit Kooperation in der NATO) nicht entziehen konnte. Das bedeutete, dass in zwar nicht sehr großem, aber auch nicht zu vernachlässigendem Umfang eigene Forschung durchgeführt werden musste. Die eigentliche Forschung und Entwicklung zu wehrtechnischen Systemen gehört jedoch nach deutschem Verständnis in die Domäne der Industrie und ist keine Aufgabe des Staates. Dieser beschränkt sich darauf, der Industrie einen Auftrag zu geben, einen als notwendig erachteten Ausrüstungsbedarf zu befriedigen. Allenfalls ist eigenständige „kreative" Forschung in Bezug auf explizite Schutzfragestellungen zulässig und selbstverständlich muss die Urteilsfähigkeit und internationale Kooperationsfähigkeit auf allen Gebieten sichergestellt werden. Ich will hier keine Wertung vornehmen, aber es ist wohl klar, dass die verschiedenen Domänen und Sichtweisen bei gleichzeitig nicht sehr konsistenten politischen Rahmenbedingungen nicht immer ganz einfach gegeneinander abzugrenzen waren. Dies insbesondere vor dem Hintergrund, dass in praktisch allen anderen Nationen der NATO ganz selbstverständlich davon ausgegangen wird, dass eigene staatliche Forschungseinrichtungen eine wichtige Rolle in der Weiterentwicklung der Wehrtechnik im wohlverstandenen nationalen Interesse spielen.

Darüber hinaus müssen wir festhalten, dass wehrtechnische Forschung und Technologie in Deutschland immer „Ressortforschung" für den unmittelbaren Bedarf des Ressorts „Verteidigung" war. Damit verbunden ist die Notwendigkeit, für alle Forschungsaktivitäten den unmittelbaren Nachweis zu führen, welches ressortspezifische Problem damit gelöst werden soll.

Vor diesem Hintergrund tritt in Deutschland das Problem auf, dass es für die deutsche wehrtechnische Industrie zunehmend attraktiv wird, sich stärker auf zivile Märkte zu konzentrieren oder die wehrtechnischen Anteile ins Ausland zu verlagern. Dies hat durchaus die Gefahr zur Folge, dass die Fähigkeit, die national für notwendig gehaltene Ausrüstung auch national sicher stellen zu können, immer stärker eingeschränkt wird (Problem der nationalen Mindestkapazitäten vor dem Hintergrund sinkender Beschaffungsvolumina für die Ausrüstung der Sicherheitskräfte). Es sollte durchaus eine gründliche politische Diskussion darüber geben, wie weit man eine solche Entwicklung zulassen will. Der F&T-Haushalt des BMVg spielt hierbei im Übrigen kaum eine Rolle, da das Volumen viel zu klein ist, um strategisch für die Industrie von Bedeutung zu sein.

Der „spin-off" Aspekt war in Deutschland nie besonders herausragend, wenn auch nicht ganz verschwindend. Wenn, dann fand diese Übernahme von Ergebnissen und Erfahrungen aus der Wehrtechnik innerhalb der Industrie im Rahmen konkreter Entwicklungsaufträge statt.

Derzeit sind in Deutschland Bemühungen darauf gerichtet, die Rolle der Verteidigungsforschung und der wehrtechnisch orientierten Forschungseinrichtungen neu zu bewerten und ihre Struktur und grundsätzliche Orientierung der neuen Lage anzupassen.

WEHRTECHNISCHE F&T IN DEN USA

Schon seit der Gründung der Vereinigten Staaten hat die Technik dort eine besondere Rolle gespielt. Sie ist geradezu Bestandteil der Staatsidee, da sie ein sehr gutes Instrument darstellt, auch Menschen ohne lange tradierten kulturellen Hintergrund durch den Einsatz von Fleiß, Kreativität und rationalem Verstand im Sinne der Aufklärung eine Möglichkeit für das Fortkommen zu verschaffen. Das „Land der unbegrenzten Möglichkeiten" wurde deshalb schon zu Beginn des neunzehnten Jahrhunderts in Deutschland misstrauisch beobachtet und der deutsche Idealismus sprach etwas „angewidert" von „Polytechnismus, „Materialismus" und „Amerikanismus", wenn es um die Befürchtung des kulturellen Niedergangs durch das „Maschinenwesen" ging.

In der amerikanischen Kultur gibt es eine starke Verankerung der Vorstellung, dass die Menschheit durch die Weiterentwicklung der Technik und dadurch, dass der Mensch „sich die Erde untertan macht", auf eine höhere Stufe gebracht werden kann und sollte. Praktisch alle wesentlichen Probleme sollten auf diese Weise vielleicht in kleinen Schritten und nicht von heute auf morgen, aber letzten Endes doch, gelöst werden können. Dies ist eine Grundprägung, die man (im Vergleich zum „alten Europa") als naiv (und materialistisch) einschätzen mag, die aber besonders bei denen, die sich nur durch ganz individuelle Fähigkeiten (oder Tugenden) auszeichnen können, ein mächtiger Motor ist, und die USA sind nicht zuletzt deshalb im zwanzigsten Jahrhundert zur führenden Wirtschaftsmacht aufgestiegen. Ob dies eine kulturelle und politische Führerschaft oder gar Vorherrschaft begründet, sei dahingestellt.

Folgerichtig spielt die Technik jedoch in den USA eine integrale Rolle in allen Aspekten des politischen Handelns und der staatlichen Planung und es wird praktisch keinerlei Trennung danach vorgenommen, ob sie Bedeutung aus Sicht der nationalen Sicherheit, der nationalen Wirtschaftsentwicklung oder der internationalen Konkurrenzfähigkeit hat. Insofern können F&T-Aktivitäten, die aus dem Verteidigungshaushalt finanziert werden, ununterscheidbar sein von solchen, die von der National Science Foundation (NSF) gefördert werden, beim Department of Energy (DOE) oder der NASA. Sogar Grundlagenforschung, die in Deutschland in zivilen, sehr anwendungsfernen Forschungseinrichtungen durchgeführt wird, kann in den USA durchaus vom Verteidigungshaushalt getragen werden.

In den USA haben wir deshalb eine grundsätzlich andere Situation als in Deutschland. Dort ist es eine selbstverständliche, vom ganzen Land getragene Voraussetzung, dass die Ausrüstung der Streitkräfte im gesamten Spektrum von niemandem überboten werden sollte, und erst danach fragt man sich, wie man dies national sicherstellen kann. In den Jahrzehnten nach dem Krieg konnte dies erreicht werden, indem man mit vielen Milliarden Dollar Großforschungseinrichtungen (die „National Labs") mit militärischer Zielsetzung betrieb. Der dort investierte Aufwand war zivil über Marktprozesse nicht im Entferntesten aufzubringen und so war Wehrtechnik einerseits am besten „ausgestattet" und stellte andererseits eine wichtige Domäne der staatlichen Vorsorge dar. Man kann anmerken, dass sie damit natürlich der vollständigen Kontrolle durch die Behörden unterworfen war.

Seitdem sich herausgestellt hat, dass insbesondere durch die Informationstechnologie zivile „Kapitalgeber" auftreten, die auch dem (amerikanischen) Staat die technologische Dominanz durchaus streitig machen können, hat sich die Situation merklich verändert. Schon in den frühen achtziger Jahren gab es Hinweise, dass die Nutzung der Informationstechnologie selbstverständlich auch ein Muss aus Sicht der Wehrtechnik ist, darüber hinaus aber auch ein Instrument allgemein wirtschaftlicher Dominanz in der globalen Politik. Im Rahmen der „Reinventing the Government"-Initiative wurde in den neunziger Jahren folgerichtig ein umfassendes Neustrukturierungsprogramm für die National Labs auf den Weg gebracht. Ziel ist letzten Endes insbesondere die Stärkung der amerikanischen technologischen globalen Konkurrenzfähigkeit durch die Verbesserung der Nutzung von Forschungsergebnissen durch die nationale Industrie.

Wie eng die Verbindung der Befriedigung der Sicherheitsinteressen mit dem Anspruch der globalen wirtschaftlichen Dominanz ist, zeigt sich auch im Bereich der Weiterentwicklung von Computernetzwerken (etwa dem Internet). Vor dem Hintergrund der Tatsache, dass die Informationstechnologien zwar einerseits zu signifikanten Effizienzsteigerungen bei allen informationellen Prozessen führen, andererseits aber auch neue schwerwiegende Bedrohungen mit sich bringen, wird der umfassenden globalen Führerschaft in allen Facetten der technologischen Entwicklungen auf den Gebiet der Informationstechnologien allererste Priorität für die nationalen Sicherheitsinteressen eingeräumt. Es werden Milliardenbeträge investiert, um in Bezug auf die Beherrschung und Kontrolle von Computernetzwerken auf keinen Fall von Gegnern überrascht werden zu können (zum Beispiel Information Warfare, Cyberwar). „Gegner" umfasst dabei durchaus das ganze Spektrum vom „Hacker" über den Terroristen oder „Rogue State" bis hin zu anderen Staaten, denen man etwa Wirtschaftsspionage unterstellt. Und auch befreundete Staaten sollten nicht damit rechnen, dass sich die USA bei einer etablierten Dominanz besonders rücksichtvoll und schonend verhalten und Eigeninteressen zugunsten der Interessen von Partnern zurückstellen. Es ist Teil des amerikanischen Selbstverständnisses, dass Konkurrenz und gegenseitige Dominanz zu einem funktionierenden Gesamtsystem gehören, und eine gewisse Rücksichtslosigkeit nicht als „unfair" eingestuft wird. Fairness bedeutet nach amerikanischem Verständnis allenfalls, dass man dem anderen die gleichen Verhaltensweisen ohne weiteres genauso zubilligt und sie respektiert.

Die eingesetzten Mittel werden aus dem Verteidigungshaushalt bereitgestellt, fließen aber selbstverständlich in die nationale IT-Industrie.

ZUSAMMENFASSUNG

Die Dynamik der technologischen Entwicklungen hat sich in den letzten Jahrzehnten immer stärker von den rein militärisch dominierten hin zu den zivil geforderten Anwendungen verschoben. Der durch militärische oder allgemein sicherheitspolitische Forderungen bestimmte Bedarf wird daher immer stärker durch die Anpassung und Nutzung ziviler Entwicklungen gedeckt (dual use, add-on). Ein Anwender mit militärischem oder sicherheitsrelevantem Bedarf ist heute ein „Nutznießer" der allgemeinen technologischen Entwicklung, wie viele andere auch. Allerdings hat er je nach nationaler Priorität zumeist ausreichende finanzielle Mittel, um sicherzustellen, dass die Ausrüstung der Sicherheitskräfte dem höchsten Stand der Technik entspricht und damit in die Kategorie „High-Tech" einzustufen ist.

Es gibt in Deutschland keine industriepolitisch begründete, nennenswerte „Förderungskonzeption" durch das BMVg. F&T aus dem Verteidigungshaushalt ist kein industriepolitisch relevantes Instrument. Schon die geringe finanzielle Ausstattung des F&T-Haushaltes (im Vergleich etwa zu den zivilen F&T-Aufwendungen der Industrie) macht einen solchen Ansatz von vornherein aussichtslos. Es ist zwar durchaus eine Sorge, dass in der deutschen wehrtechnischen Industrie die Grundfähigkeit zur Deckung des notwendigen Ausstattungsbedarfs für die nationale Sicherheit verloren geht, bzw. ins Ausland abwandert, das Problem kann aber sicher nicht in der Domäne F&T gelöst werden. Dies könnte bestenfalls über Steuerung großer nationaler Beschaffungsmaßnahmen versucht werden, mit dem Ziel, Einfluss auf die langfristige Strategie und Standortpolitik der wehrtechnischen Industrie zu nehmen.

LITERATUR

Steinbuch, Karl (1968): *Die informierte Gesellschaft – Geschichte und Zukunft der Nachrichtentechnik*, Reinbek bei Hamburg: rororo Taschenbuch.

> INNOVATIONSFÖRDERUNG DURCH DEN STAAT AUS SICHT DER FRAUNHOFER-GESELLSCHAFT

ANTON HEUBERGER

Die Fraunhofer-Gesellschaft hat sieben Verbünde, wovon einer der Verbund Mikroelektronik ist, der aus neun Instituten besteht. Unlängst ist das Berliner Heinrich-Hertz-Institut hinzugekommen, was sich selbstverständlich auch in den Finanzzahlen niederschlägt.

Wir haben satzungsgemäß den Auftrag, angewandte Forschung für die Industrie durchzuführen. Das Problem ist, dass wir zweifach von der staatlichen Förderung bei Innovationen abhängen: Die Grundfinanzierung kommt gemäß des Bund-Länder-Abkommens zu 90 Prozent aus dem BMBF und zu 10 Prozent aus den Ländern. Die jeweilige Einflussnahme würde jedoch oft vermuten lassen, dass das Verhältnis umgekehrt sei. Sowohl die Zielgröße, die Industrieaufträge so umfangreich wie möglich zu gestalten, als auch die öffentliche Projektförderung sind für uns von großer Bedeutung.

Der Zweck der Grundfinanzierung ist die angewandte Vorlaufforschung zur Vorbereitung von Industrieprojekten. In diesen Industrieaufträgen sind natürlich auch alle Zufinanzierungen der Industrie in der Projektförderung enthalten. Der grüne Bereich schließt auch einen erheblichen Anteil an Bundesmitteln mit ein, weil wir nicht unterscheiden, aus welchen Quellen eine Firma den Auftrag, den sie an uns vergibt, bezahlt. Das heißt, eigentlich sind alle drei Blöcke sehr stark von der öffentlichen Förderung aus dem BMBF abhängig.

Begonnen hat es Ende der 70er Jahre mit dem berühmten Finanzierungsmodell der Fraunhofer-Gesellschaft, als der damalige Präsident, Herr Dr. Keller, mit dem BMBF vereinbarte, dass die Sollfinanzierung eines Instituts jeweils zu einem Drittel aus einem der Töpfe kommen sollte. Das hat sich in der heutigen Realität sehr stark verändert. Zum einen war dafür das rasche Wachstum der Fraunhofer-Gesellschaft verantwortlich, welches aber nur zu einem Teil auf die Gesellschaft selbst zurückzuführen ist. Ein Großteil des Wachstums ist unter politischem Druck entstanden, wie zum Beispiel die Aufnahme der Institute der Gesellschaft für Mathematik und Datenverarbeitung mbH (GMD). Das hat dazu geführt, dass die Grundfinanzierung sehr stark gesunken ist. Sie beträgt im Durchschnitt bei den Instituten der Mikroelektronik zehn bis zwanzig Prozent. Das ist nicht mehr ausreichend für eine adäquate Zukunftsvorsorge, insbesondere weil diese Mittel teilweise zweckentfremdet werden müssen, zum Beispiel zur Zusatzfinanzierung bei falsch kalkulierten Festpreisprojekten für die Industrie oder für die Gegenfinanzierung von nicht zu hundert Prozent geförderten Projekten. Durch die EU werden diese ohnehin nur zu fünfzig Prozent gefördert. Während es früher beim BMBF möglich oder sogar die Regel war, dass unsere Projekte zu hundert Prozent gefördert wurden, ist das jetzt grundsätzlich nicht mehr möglich. Trotzdem ist diese Projektart außerordentlich wichtig für die Fraunhofer Institute und eine gegen Null gehende Bewilligung neuer Projekte hat für die Fraunhofer-Gesellschaft schwerwiegende Konsequenzen.

Unsere Zielperspektive besteht darin, dass die Grundfinanzierung für angewandte Vorlaufforschung auf fünf bis zehn Jahre angesetzt wird, in der Hoffnung, sie anschließend in Industrieprojekte umsetzen zu können. Früher beschränkte sich die Zielperspektive auf einen Zeitraum zwischen einem halben und einem Jahr. Das ist sehr viel kurzfristiger geworden. Mein Institut setzt im Augenblick mit Kleinstaufträgen in der Größenordnung von einigen tausend Euro eine Million Euro um. Die Firmen neigen auch dazu, Projekte in Scheiben aufzuteilen und Stück für Stück zu bewilligen, um dadurch immer wieder die Möglichkeit zu haben, ein Projekt wieder abzubrechen, wenn es sich nicht den Erwartungen gemäß entwickelt. Das bedeutet, dass die Kurzfristigkeit der Industrieprojekte sehr stark zugenommen hat.

Die Grundfinanzierung hängt auch zu einem gehörigen Maß von den Industrieerträgen ab, und wird nach einem bestimmten Schema zugeteilt. Es gibt außerdem einen Sockelbetrag, den jedes Institut erhält. Hinzu kommt ein Betrag von zehn Prozent des Betriebshaushaltes, entsprechend der Größe des jeweiligen Instituts. Der dritte und wichtigste Teil richtet sich nach dem Industrieertrag, wobei die größte Steigerung sich im Bereich zwischen 25 bis 50 Prozent bewegt. Das bedeutet, dass ein eingeworbenes Industrieprojekt im Wert von einem Euro genau vierzig Cent aus der Grundfinanzierung einbringt. Dabei sind 25 Prozent das Minimum, was nicht so gefördert wird wie die Größenordnung zwischen 25 und 50 Prozent. Neuerdings gibt es noch einen vierten Bestandteil, da wir zusätzliche Grundfinanzierung entsprechend des EU-Ertrags erhalten. Bis dato beschränkte sich das im Allgemeinen bei der Fraunhofer-Gesellschaft in der Mikroelektronik auf nur ein Prozent, aber in meinem Institut sind es mittlerweile 15 Prozent.

Wenn man die einzelnen Ertragsarten des Fraunhoferverbundes Mikroelektronik zwischen 1982 und 2003/2004 betrachtet, erkennt man zum einen, dass der Verbund sehr stark gewachsen ist. Zum anderen geht daraus hervor, wie schwierig es ist, einen adäquaten Industrieertragsanteil zu generieren. Nachdem das bereits erwähnte Fraunhofer Modell wirksam wurde, haben wir 1982 mit fünf Prozent begonnen und haben erst allmählich die Zielregion von 25, 30 Prozent erreicht. Wir liegen mittlerweile bei deutlich über fünfzig Prozent. Die Aufnahme des Heinrich-Hertz-Instituts, das relativ groß ist und nur wenig Industrieerträge hat, hat wiederum zu einem Abfall der Zahlen geführt.

Es ist außerordentlich schwierig, den Industrieertrag zu erhöhen, weil man zunächst erkennen muss, dass die Industrie andere Dinge benötigt, als Forscher sich vorstellen. Schon der Prozess des Herausfindens, was der Kunde wirklich möchte, ist schwierig. Ich persönlich habe erst im letzten Jahrzehnt richtig verstanden, wie man Industrieprojekte einwirbt, wie man auf die Industrie zugeht, und dass man sich nach dem Bedarf des Kunden richten muss, statt dem Kunden das einzureden, was er aus unserer Sicht haben müsste. Ich hätte auf diese Weise beinahe einmal einen Mittelständler ruiniert, der zu sehr auf meine Vorschläge eingegangen war. Es handelt sich also um einen Lernprozess. Wenn man die Großforschungseinrichtungen dazu bringen möchte, mehr Industrieerträge zu generieren, dann ist das ein langwieriger und schwieriger Prozess. Die Fraunhofer-Gesellschaft hat dazu auch ein erhebliches Maß an Zeit gebraucht.

Für diesen Prozess sind die Erträge aus der Projektförderung des Bundes unglaublich wichtig. Diese Mittel sind aber nicht kontinuierlich planbar. Die Hochrechnungen liegen zwischen acht und neun Millionen Euro, ein drastischer Abfall, dessen Bedeutung nicht zu unterschätzen ist. Wenn man diese Zahlen in eine Kurve umsetzt, sieht man, wie die Projektförderung des Bundes wechselt. Es ist schwierig, sich auf die ganzen Entwicklungen einzustellen, zumal es sich nicht um eine planbare Komponente handelt. Die Erträge aus den Ländern wachsen stetig, genauso wie die übrigen Erträge und die Erträge aus der EU.

Der Haushalt meines Instituts weist noch drastischere Zahlen auf. Wir haben ein Industrieniveau von 75 Prozent, eine Grundfinanzierung, die so gut wie nicht vorhanden ist. Der Darstellung ist sogar eine negative Zahl zu entnehmen, weil wir immer noch die Aufwendungen zurückzahlen müssen, die entstanden sind, als das Institut von Berlin nach Itzehoe gezogen ist. Der Sozialplan und die ganzen Aufbaukosten für die Inbetriebnahme des neuen Standorts wurden uns nur geliehen und müssen zurückerstattet werden. Das bedeutet, dass unser Budget zu 75 Prozent aus der Industrie, zu 14 Prozent aus der EU, zu drei bis vier Prozent vom Land Schleswig-Holstein und zu 6,9 Prozent vom Bund kommt. Der Rest sind sonstige Quellen, wie zum Beispiel AIF, DFG.

Es ist nur möglich, mit diesem Finanzierungskonzept zurechtzukommen, weil wir das Institut auch in Richtung Produktion erweitert haben. Wir produzieren Dinge, die wir selbst entwickelt haben, die aber nicht ohne weiteres an einen Industriepartner zu transferieren sind, sei es aufgrund nicht ausreichender Seriengröße oder nicht vorhandener Technologien. Zum Beispiel produzieren wir am Tag 2000 Chipkarten für die Laseroperation am Auge. Sowohl der Chip als auch die Präzisionsblende, die man braucht, um den Laserstrahl genau auf das Auge richten zu können, wird von uns eingebaut. Das passte wegen der benötigten Technologie zu keinem industriellen Anbieter und konnte deswegen nicht ausgelagert werden. Folglich hat man uns den Auftrag nur übertragen, weil wir sicherstellen konnten, dass wir diese Chipkarte auch im Anwendungsfall herstellen. Mangels Konkurrenz haben wir einen sehr guten Preis vereinbaren können, was uns neben anderen Einnahmequellen in die Lage versetzt, die fehlende Grundfinanzierung zu kompensieren. Doch es handelt sich dabei nicht um einen allgemeingültigen Weg. Wir haben zum Beispiel auch die Produktion von Chips für Philips aufgebaut und vermarkten sie mit Philips zusammen. Wir haben auch hier einen vernünftigen Preis vereinbaren können, sodass wir einige Projekte haben, die uns mit dem Industrieertrag zu Gewinnanteilen verhelfen. Gemäß Satzung dürfen wir in Einzelprojekten Gewinn erwirtschaften, wenn wir diesen Gewinn reinvestieren. Das geschieht in Form von Gegenfinanzierung anderer Projekte, bzw. der Vorlaufforschung. Zwar ist dieses Modell rein rechtlich gesehen möglich, aber es ist fraglich, ob andere Institute es so leicht umsetzen können. Wir haben beim Aufbau des Instituts in Schleswig-Holstein die Gunst der Stunde genutzt und eine industrietaugliche Technologie realisiert. Das zahlt sich jetzt aus, indem man die fehlende öffentliche Förderung teilweise kompensieren kann, aber es bleibt ein Sonderfall.

Ein gutes Beispiel für das Zusammenwirken von Vorlaufforschung, Grundlagenentwicklung und Industrieprojektförderung ist der Aufwand für den Aufbau des Arbeitsfeldes elektrische Biochiptechnologie. Das technische Konzept ist relativ einfach. Wir haben zum Beispiel gelernt, wie man biochemische Reaktionen direkt auf der Chipoberfläche ablaufen lassen kann, um mit dem darunter liegenden Schaltkreis die Reaktionsprodukte aus der biochemischen Reaktion nachzuweisen. Dabei handelt es sich im Wesentlichen um Ladungen oder Ströme und muss als eine wahrhaft interdisziplinäre Problematik betrachtet werden, die ein Zusammenwirken der Biochemie, der Mikroelektronik und der Mikrosystemtechnik voraussetzt. Wir haben in Kooperation mit der Grundlagenforschung gelernt, wie der biochemische Reaktionsablauf aussehen muss, um Ladungsträger zu erhalten, die der Schaltkreis nachweisen kann. Der Schaltkreis kann Ladungen lediglich registrieren, aber nicht selektiv biochemisch arbeiten. Die Ladungsträger führen zu Strömen, die im Fempo-Ampere-Bereich liegen. Das muss bei gleichzeitiger Messlösung gemessen werden, die einen galvanischen Kurzschluss darstellt.

Die elektrischen Biochips dienen dazu, Proteine, Nukleinsäuren oder so genannte Haptene, also niedermolekulare Verbindungen, zu identifizieren. Es ist möglich, so gut wie alles zu identifizieren, wozu es einen Antikörper gibt. Es gibt eine Vielzahl von Anwendungen, die zum Teil aufgelistet sind. Das Wichtigste ist die DNA-Analyse, für die der häufigste Chip benötigt wird, weil in Zukunft wahrscheinlich bei jedem Besuch in einer Arztpraxis bestimmte Eigenschaften der DNA-Struktur gemessen werden, um zum Beispiel das richtige Medikament verordnen zu können. Es muss eine Einfachtechnologie werden, damit sie vom Arzt am Point of Care, vielleicht sogar im Homecare-Bereich, angewendet werden kann. Deshalb handelt es sich dabei hinsichtlich der Stückzahl um einen äußerst interessanten Markt.

Das Prinzip ist einfach. Ein Biochip besteht aus einem Substrat, einem Trägerchip, auf dem es verschiedene Positionen gibt, die mit unterschiedlichen Fängermolekülen belegt sind. Ein Molekühl in der Messlösung spricht die Position an, die nach dem Schlüsselprinzip genau dazu passt. Die Auswertung der Bindungen liefert die Information, welche Komponenten vorgelegen haben. Im optischen Bereich – hier liegen die Patentrechte zu hundert Prozent in den USA – regeneriert dieser Verbindungsvorgang einen Farbumschlag. Folglich kann der Vorgang optisch über die Farbe ausgelöst werden. Wir nutzen fast dieselbe Reaktion, aber bei uns werden durch den Bindungsvorgang Ladungen erzeugt, die durch die darunter liegende Elektronik nachgewiesen werden.

Meines Erachtens begehen die Amerikaner einen Fehler, indem sie sich nur auf der Ebene der Optik bewegen. Ich bin der Meinung, dass man nur mit dem elektrischen Bildchip so billig werden kann, sodass die erwähnten Massenanwendungen auch zu realisieren sind.

Bei dem Chip, den wir zurzeit fertigen und auch schon in ersten Industrieprojekten an interessierte Kunden verkaufen, werden von den Messfeldern interdigitale Elektroden zur Signalerfassung nach außen geführt. Das bedeutet, dass eine solche Technologie nur bis zu einer Spot-Dichte von fünfzig Positionen angewendet werden kann. Deshalb haben wir in einem nächsten Schritt im Rahmen des Sibanat-Projekts die gesamte Elektronik unter jeder Messposition integriert. Der einzige mögliche Partner in Europa für dieses Vorhaben war Infineon.

Mittlerweile haben wir eine Patentfamilie von ungefähr zwanzig Patenten erworben, die von den industriellen Partnern mehrfach überprüft wurde. Inzwischen haben wir eine Abteilung mit 15 Mitarbeitern, und eine Elektronik- und Chipplattform für niedrigdichte Positionszellen zur Verfügung, mit etwa zwanzig Positionen in ersten Kundenanwendungen. Darüber hinaus haben wir eine Firmenausgründung zur Vermarktung dieser Chips durchgeführt.

Im Augenblick laufen zahlreiche Projekte, um anwendungsspezifische Varianten der industriellen Nutzung zu entwickeln, zum Beispiel ein Kontrollgerät für die Milchtanklastzüge eines Lebensmittelkonzerns, um die Milch auf Belastungen hin zu testen, bevor sie in den Tanklastzug gekippt wird. Weitere Beispiele sind Nachweissysteme für Legionellen in Schwimmbädern oder für Biokampfstoffe. Das System hat etwa die Größe eines Schuhkartons, bestehend aus der Elektronik und einer feinmechanischen Mikrofluidik. Der Chip hat eine Verbindung zur Elektronik und zur Mikrofluidik, um die verschiedenen biochemischen Reaktionen auf der Chipoberfläche ablaufen zu lassen.

Das Ganze wird im Rahmen des schon mehrfach erwähnten Sibanat-Projekts mit den Partnern Infineon, Siemens, Eppendorf und der November AG als Mittelständler realisiert. Dort ist in einem ersten Projektschritt ein konfigurierter mitteldichter Chip mit 128 Positionen entstanden. Unter jeder der Positionen ist die gesamte Elektronik, die wir in unserem Schuhkarton als eine Hälfte haben, integriert. Dabei handelt es sich um eine Technologie, die man auf signifikante Positionszahlen erweitern kann. Dieses Projekt hat einen ungefähren Umfang von zehn Millionen Euro. Wir haben im Institut mit dieser Konzeption im Jahr 1990 begonnen, indem wir eine Erfindung von Herrn Dr. Hintsche aus der Grundlagenforschung, der nach der Wiedervereinigung aus dem Forschungszentrum Buch bei Berlin zu uns wechselte, aufgriffen haben. Anschließend hat es zehn Jahre gedauert, um ein einigermaßen vernünftiges System zu entwickeln, ohne Projektertrag und ausschließlich aus den Reserven des Instituts finanziert. Die benötigte Summe belief sich auf ca. zwölf Millionen Mark. Das Institut war zeitgleich noch durch den Umzug von Berlin nach Itzehoe belastet und wäre beinahe an dieser Vorlaufforschung zugrunde gegangen.

Die heutige Grundfinanzierung eines Fraunhofer-Instituts, und das lässt sich meines Erachtens auf alle Verbünde übertragen, reicht nicht für eine qualifizierte Vorlaufforschung. In unserem Institut in Itzehoe befinden sich zum Beispiel im Augenblick drei bis fünf grundlegend neue Innovationen zum Aufbau neuer Arbeitsgebiete in verschiedenen Entwicklungsstadien. Das übersteigt bei weitem die normale Grundfinanzierung, in unserem Fall ohnehin, da wir noch Rückzahlungen zu leisten haben. Eine Erhöhung der Grundfinanzierung ist zurzeit sicherlich nicht möglich und nicht diskutierbar. Es wäre erstrebenswert, eine ähnliche Position zu haben wie das berühmte IMEC in Belgien, das größte Halbleiterforschungszentrum in Europa, welches sechzig Prozent Grundlagenförderung vom Land erhält.

Meiner Erfahrung nach können Projekte mit einer Zielperspektive von mehr als zwei oder drei Jahren ohne Förderung so gut wie nicht realisiert werden. Gleichzeitig werden wir bei diesen Vorhaben sofort von unseren Industriepartnern gedrängt, Förderung einzuwerben. Ohne eine solche Zusicherung von Seiten des Instituts kommen die Projekte meist nicht zustande. Insbesondere sehr risikoreiche interdisziplinäre Lösungsansätze werden nur schwer aufgegriffen, und das gilt meiner Ansicht nach sowohl für die Großindustrie als auch für den Mittelstand. Ich habe die Erfahrung gemacht, dass auch die meisten Gruppen in der Großindustrie mittelständisch geführt werden und über mittelständische Ressourcen verfügen. Förderung wird dringend benötigt, um zum Beispiel das Management, insbesondere das finanzielle Controlling zu überzeugen. Ein Institutsmitarbeiter mit einer Förderungszusage wird es mit einem Projekt leichter haben, was meiner Meinung nach bedeutet, dass die Schrittmacherdienste und die Initialkraft der Förderung unverzichtbar sind. Im internationalen Vergleich nehmen wir der Förderintensität hierzulande keine Spitzenposition ein. In anderen Ländern wird wesentlich mehr getan. Die nationale Förderung ist außerordentlich wichtig, denn die Zahlen belegen eindeutig, dass nur dort, wo wir eine vernünftige Förderung haben, auch die Rücklaufzahlen aus der EU-Förderung hoch sind.

Ohne die Projektförderung wäre die deutsche Industrie von der Teilnahme an wichtigen europäischen Programmen, wie zum Bespiel EUREKA, MEDEA, EURIMUS, ausgeschlossen. EUKLID könnte ähnlich funktionieren, aber es gibt ohnehin keine Mittel. Wir haben es aufgegeben im EUKLID-Bereich tätig zu werden, weil uns vom BMVg stets mitgeteilt wurde, dass eine Förderung nicht möglich sei.

Der zum Teil politisch konstruierte Gegensatz zwischen Mittelstand und Großindustrie ist alles andere als förderlich. Ein vernünftiges Verbundvorhaben braucht beides, die Großindustrie und den Mittelstand. Das zuvor beschriebene Sibanat-Projekt wäre ohne die Rolle von Infineon und Siemens nicht realisierbar gewesen. Es gibt Referate im BMBF, die sich zum Beispiel jahrelang geweigert haben, Großindustrie im Bereich der Mikrosystemtechnik zu fördern. Meiner Ansicht nach ist das kein pragmatischer Ansatz, denn für ein vernünftiges Projekt wird beides benötigt. Der gewaltige Einfluss der EU ist nicht zu leugnen, aber in Bezug auf Projekte benötigen wir eine weniger komplizierte Antragstellung und kürzere Bearbeitungszeiten.

Die staatliche Förderung von Innovationen über die Industrieverbundforschung ist meines Erachtens das Wichtigste, was das BMBF leisten muss. Das darf nicht zur Disposition gestellt werden, wenn Finanzknappheiten eintreten. Wir können nicht von einer international üblichen Praxis abweichen. Die Förderung ist für den Mittelstand und die Großindustrie gleichermaßen wichtig. Wir haben einige Punkte, die verbessert werden müssen, zuallererst das finanzielle Volumen sowie die Kontinuität und Planbarkeit. Des Weiteren benötigen wir angepasste Strukturen. Meiner Überzeugung nach erfolgen echte Innovationen an den interdisziplinären Schnittstellen, die zwar administrative Probleme nach sich ziehen, die aber nicht wirklich von Bedeutung sind. Eine vereinfachte Antragstellung, fachliche Fokussierung und Flexibilität würden helfen, neue Projekte anzustoßen. Dass Fördermittel oder Projekte im Wettbewerb auszuschreiben sind, halte ich nicht für eine vernünftige Regelung. Natürlich sind Qualitätskriterien vonnöten, aber der Aufwand muss verantwortbar sein. Andernfalls handelt es sich meiner Ansicht nach um Verschwendung von Volksvermögen.

> ECKPFEILER FÜR INNOVATIONEN: VERANTWORTUNG, MUT, VERTRAUEN

> INNOVATIONEN IN DER GESCHICHTE

WOLFRAM FISCHER

Der Begriff Innovation stammt aus dem Lateinischen und kann ebenso mit Erfindung wie mit Erneuerung übersetzt werden, was ihn bis heute zwischen beiden changieren lässt. Im lateinischen Mittelalter wurde er in Konkurrenz mit „renovatio" vor allem in der theologischen und kirchenpolitischen Diskussion benutzt, um Erneuerungen im theologischen Denken, in der Liturgie oder in der Kirchen- und Klösterorganisation zu bezeichnen. Im Französischen wird der Begriff bereits seit dem 13. Jahrhundert, im Englischen seit dem 16. Jahrhundert verwendet – unter anderem von Shakespeare, vor allem aber von Francis Bacon, der 1625 einen Essay *On Innovations* geschrieben hat, in dem er politisch-soziale Neuerungen anspricht. Auch die große französische Enzyklopädie von Diderot und d'Alembert, die am Vorabend der Französischen Revolution erschien, kennt den Begriff der Innovation, wendet ihn aber vor allem auf politische Ideen an.[1] In Deutschland taucht er hingegen erst an der Wende vom 18. zum 19. Jahrhundert auf und wird sehr unterschiedlich verwendet, in der Wissenschaft zum Beispiel in der Botanik, wo Innovationsknospen oder Erneuerungsknospen diejenigen Knospen genannt werden, „die als Ersatz für das in den Wintermonaten abgeworfene Laub oder die abgestorbenen oberirdischen Sprosse der Gewächse dienen". Das ist noch 1970 der einzige Eintrag unter „Innovation" in der *Brockhaus Enzyklopädie*.[2] Interessanterweise wird er im 18. und 19. Jahrhundert auch von der deutschen und schweizerischen Rechtswissenschaft – und zwar im Prozess- und Schuldrecht – gebraucht, nicht jedoch in der Nationalökonomie, wo Schumpeter zwar die Sache in seiner *Theorie der wirtschaftlichen Entwicklung* von 1912 verhandelt, aber erst die deutsche Übersetzung seiner zweibändigen *Konjunkturtheorie und Geschichte* (*Business Cycles*, 2 Bde. 1939), die er während seiner Tätigkeit in Harvard in den dreißiger Jahren des 20. Jahrhunderts auf Englisch verfasst hat, bringt den Begriff in den sechziger Jahren auch in der deutschen Nationalökonomie in Umlauf, da der Übersetzer in der 1961 erschienen deutschen Übersetzung den englischen Begriff stehen ließ. Seitdem ist die Schumpetersche Definition als „Durchsetzung neuer Kombinationen" bei Produkten, Produktionsverfahren, Absatz- oder Beschaffungsstrukturen bzw. der Organisation von Unternehmen auch im Deutschen in aller Munde, sozusagen als Standarddefinition.[3]

Mir selbst ist der Begriff, wenn ich mich recht erinnere, zum ersten Mal bei meinen Arbeiten über die frühe Industrialisierung schon in den fünfziger Jahren begegnet und

---

[1] Diderot, d'Alembert (1781): S. 737.
[2] Brockhaus Enzyklopädie (1968), S. 683; (1970), S. 136.
[3] Während wirtschafts- und sozialwissenschaftliche Enzyklopädien noch in den 1960er Jahren den Begriff nicht verzeichnen, findet sich ein vorzüglich kurzer Überblick in dem Beitrag von A. Zingerle (1976) „Innovatio".

zwar bei einem schwedischen Geographen, der die Verbreitung länger bekannter Technologien wie der Elektrizität oder des Telefons über das Land und deren ökonomische Konsequenzen untersuchte. Auch bei ihm findet sich die inzwischen sehr gebräuchliche Unterscheidung von Erfindung und Innovation, in der er eine breite Anwendung einer Erfindung sieht. Den meisten Ökonomen wird die Verbreitung einer Erfindung nicht genügen, sondern sie werden mit Richard Nelson, dem Verfasser des Artikels „Innovation" in der *International Encyclopedia of the Social Sciences*, eher sagen: „Generally the term ‚innovation' is reserved to denote a change which requires a significant amount of imagination, represents a relatively sharp break with established ways of doing things, and thus essentially creates a new capability." Aber Nelson fügt sofort hinzu: „But these qualifiers are not precise. Innovation clearly is a matter of degree."[4] Um ein Beispiel aus Naturwissenschaft, Technik und Medizin der jüngeren Vergangenheit zu nennen: Der Laser ist eine Erfindung, seine Anwendung in der Optik, Augenheilkunde oder Metallforschung eine Innovation.

BEISPIELE VON INNOVATIONEN IN DER GESCHICHTE

In der Geschichte der Menschheit sind Innovationen allgegenwärtig, ja man kann sagen, der Mensch sei von Natur aus ein Innovator, sonst würde er auf dem primitivsten Stand stehengeblieben sein. Über Millionen von Jahren waren es offenbar kleine und kleinste Verbesserungen an Geräten, beim Landbau, im Fischfang, in der Züchtung von Pflanzen und Tieren, der Nutzung von Rohstoffen, beim Bau von Häusern und Wegen, der Schiffbarmachung von Flüssen, die ihn voranbrachten. Man denke nur an die Töpferei, die Gewinnung von Kupfer, dann Eisen und anderen Metallen und ihre Verarbeitung mit Hilfe des Feuers, die Herstellung von Schmuck nicht zu vergessen und schließlich, für das Überleben einer Gruppe oft entscheidend, die Waffentechnik.

Folgenreiche Innovationen erfolgten aber auch auf nicht-technischem Gebiet schon zu sehr früher Zeit: die Erfindung und Verbreitung der Schrift, des Geldes in seinen verschiedenen Formen, die Einführung von Buchhaltung, von Verträgen und Verwaltungsprozeduren, Herrschaftsformen und Zeremonien, ja religiöser Rituale. All das geschah vor bzw. während der ältesten Hochkulturen.

Die europäische Antike konnte darauf aufbauen, übernahm mathematische, astronomische und Kenntnisse der Segelschifffahrt aus dem Orient und schuf zahlreiche neue Innovationen, von denen ich nur eine nennen möchte, weil sie bis heute ihre Wirkung nicht verloren hat: das Römische Recht.

Aber auch die Menschen des europäischen Mittelalters fielen nicht in die Primitivität zurück, sondern verbesserten ihre materiellen Lebensbedingungen durch Innovationen, die oft übersehen worden sind. Auch hier nur einige wenige Beispiele: Die Einführung des Jochs für die Ochsen erhöhte die Produktivität des wichtigsten Zugtieres Europas erheblich, der Steigbügel die Verwendbarkeit des Pferdes, nicht nur im Kampf. Von großer Bedeutung über Europa hinaus war die Einführung und ständige Verbesserung von Was-

---

4   Nelson, R. (1968): S. 339. Einen kurzen Überblick über den Stand der Forschung bietet der Beitrag „Innovation" von Freeman, C. (1998), S. 858-860.

ser- und Windmühlen, die den natürlichen Gegebenheiten und ihrem jeweiligen Zweck – als Getreidemahlmühlen, Papiermühlen oder Holzsägemühlen – sowie den jeweiligen Wasser- oder Windverhältnissen angepasst wurden und die die europäischen Mühlenbauer auch im Orient einführten. Innovationen finden wir auch in der Bautechnik, im Bau von Kirchen und Festungen, bei der Befestigung von Wegen und im Städtebau. Wohlbekannt sind die Innovationen in der Waffentechnik, erst beim Bau von Rüstungen, dann von Kanonen und schließlich die Einführung des Buchdrucks, der keine einmalige Erfindung, sondern eher eine Kette von Innovationen gewesen ist. Nicht nur Betriebswirte betonen die große Bedeutung, die die Einführung der doppelten Buchhaltung in Italien für die Entwicklung moderner Unternehmen und Banken bedeutete; dazu gehörte die Erweiterung von Märkten zu Messen, in denen nicht nur Waren, sondern auch Währungen gehandelt wurden und das nicht nur zum Zeitwert, sondern auch als ‚Futures‘, und die Einführung des Wechsels als Zahlungsmittel und Kreditinstrument. Schließlich ist die allmähliche Ausbildung des modernen Staates zu nennen, wenn auch zunächst nur in Westeuropa, mit seinen Attributen: einer zentralen Verwaltung, einer hierarchischen Gliederung, einer eindeutigen Staatshoheit und einem durchsetzungsfähigen Rechtssystem sowie einer Militärmacht, die freilich erst im 17. und 18. Jahrhundert in stehenden Heeren ihren Ausdruck fand.

Die europäische Expansion nach Übersee seit dem 15. Jahrhundert brachte neue Herausforderungen, die ohne Innovationen nicht zu lösen gewesen wären, z. B. im Schiffbau, in der Navigationstechnik, der Schaffung astronomischer Instrumente, der Einführung der Schiffskanone. Die Begegnung mit fremden Kulturen und deren Pflanzen führte zu zahlreichen Innovationen in der europäischen Landwirtschaft, Mais und Tabak, der Kürbis und schließlich die Kartoffel wurden übernommen und weiter gezüchtet.

Eine lang dauernde Innovationskette in der Landwirtschaft möchte ich noch erwähnen, weil sie oft unterschätzt wird, aber bis in das 19. Jahrhundert, ja in die Gegenwart reicht und weil man an ihr den Übergang vom bloßen Experimentieren zur wissenschaftlichen Forschung als Voraussetzung für Innovationen studieren kann: Die Gewinnung von Zucker aus Zuckerrohr und Rüben. Die Europäer hatten das ursprünglich wohl in Indien, dann auch in den arabischen Ländern und am Mittelmeer vorkommende Zuckerrohr während ihrer frühen Expansion nach Übersee auf die Afrika vorgelagerten Inseln und in die Karibik verpflanzt. Sie bauten es auf großen Plantagen an, und zu seiner Verarbeitung nutzten sie nicht nur Sklaven, sondern auch die ihnen bekannte Mühlentechnik, die sie für diesen besonderen Zweck erheblich weiter entwickeln mussten. Die Raffinade des Rohzuckers betrieben sie vorwiegend in Europa, nicht nur in den großen Kolonialländern, sondern beispielsweise auch in Köln. Um vom importierten Rohzucker unabhängig zu werden, experimentierte der Chemiker Marggraf im Labor der Preußischen Akademie der Wissenschaften um die Mitte des 18. Jahrhunderts mit der Runkelrübe. Es ging ihm darum, deren Zuckergehalt herauszufinden. Marggrafs Nachfolger Achard, der zuvor im Auftrag Friedrichs des Großen an der Verbesserung der Tabakkultur gearbeitet hatte, führte diese Experimente fort, ruinierte dabei das einzige Laboratorium der Akademie, das seine Akademiekollegen verächtlich als „Königliche Rohzuckerfabik" bezeichneten, experimentierte mit dem Anbau von Rüben in der Nähe von Berlin, in der Magdeburger Börde und in Schlesien, wo er eine Fabrik zur Verarbeitung von Rüben errichtete, musste vom König mit Darlehen gerettet werden und starb verarmt 1821 auf seinem Gut in Cunern in Schlesien.[5]

Inzwischen hatte aber Napoleon nach dem Ausbleiben von Rohrzucker während der britischen Kontinentalsperre die Rübenzuckerproduktion in Frankreich großzügig subventioniert, deutsche Staaten schlossen sich dem an, und mit Hilfe von Subventionen und Zöllen, schließlich auch durch europaweite Kartellabsprachen und Verträge, gelang es der Rübenzuckerindustrie im Laufe des 19. Jahrhunderts die Rohrzuckerindustrie weltweit zu überflügeln.

Das Zusammenspiel von wissenschaftlicher Forschung und industrieller, aber auch landwirtschaftlicher, forstwirtschaftlicher und gärtnerischer Anwendung gelang seit dem späteren 18. und im 19. Jahrhundert auch auf anderen Gebieten. Ich erwähne nur die Pharmazie, wo zunächst Schweden die Führung innehatte, die Einrichtung botanischer Gärten mit ihrem Einfluss auf Blumenzucht und Pflanzenbau, die Eröffnung forstlicher Schulen und schließlich – weithin bekannt –, die chemische Industrie, die seit der Mitte des 19. Jahrhunderts erst in England und Frankreich, dann aber vor allem in Deutschland und der Schweiz in enger Verbindung mit universitärer Forschung das erste große Beispiel einer forschungsfundierten Großindustrie wurde, zu der Innovationen als tägliches Brot gehörten.

Wo aber bleiben der Maschinenbau und die eigentlich industrielle Revolution in der Produktion? Dieses Thema ist so komplex, dass ich es nur kurz an Hand zweier sehr unterschiedlicher Beispiele erwähnen will. Das wichtigste Symbol der Industriellen Revolution ist die Dampfmaschine. Erfunden wurde sie Ende des 17. Jahrhunderts von Papin, praktisch angewendet zuerst zu Beginn des 18. Jahrhunderts in britischen Bergwerken zum Abpumpen von Wasser. Ihre industrielle Anwendung gelang, nachdem James Watt 1765 bis 1784 verschiedene Arten von Niederdruckdampfmaschinen entwickelt hatte, und ihre Bedeutung für den Verkehr erlangte sie bei der Eisenbahn seit dem ersten Drittel des 19. und dann auch in der Seeschifffahrt seit dem letzten Drittel des 19. Jahrhunderts, schließlich bei der Erzeugung von elektrischem Strom.

Die Dampfmaschine allein hätte jedoch keine Industrielle Revolution bewirken können. Hinzu kamen zahlreiche andere Erfindungen im Maschinenbau, wofür zunächst vor allem die Textilindustrie als Abnehmer zur Verfügung stand, dann aber auch alle weiteren industriellen Produktionsgebiete.

Zur erfolgreichen Revolution der Produktionstechnik gehörten aber auch scheinbar winzige Innovationen, von denen ich eine herausgreifen möchte, weil sie in meinen Vorlesungen bei den Studenten immer wieder einen „Aha-Effekt" und Heiterkeit ausgelöst hat. Henry Maudslay, der um 1800 die erste selbsttätige Drehbank mit verbessertem

---

5   Zu Achard: Müller (2002); zu der Innovationskette siehe Fischer (1978): S. 71-113.

Support ganz aus Eisen gebaut hatte, hat auch andere Pionierleistungen vollbracht, von denen sein Schüler James Nasmyth, der Erfinder des Dampfhammers, in seiner Autobiographie berichtet:

> Vor seiner Zeit war keinerlei System über das Verhältnis der Zahl der Gänge zum Durchmesser einer Schraube befolgt worden. Jede Schraubenmutter und -spindel waren so eine Besonderheit für sich. Sie besaßen und gestatteten auch keinerlei Gemeinsamkeit mit ihren Nachbarn. So weit war diese Praktik geführt worden, dass alle Spindeln und die entsprechenden Muttern als zueinander gehörig besonders bezeichnet werden mussten. Irgendeine Verwechslung, die bei ihnen vorkam, führte zu endlosem Verdruss und Zeitaufwand sowie zu fruchtloser Verwirrung, besonders wenn Teile zusammengesetzter Maschinen als Reparaturstücke verwandt werden mussten. Nur jene, die in diesen verhältnismäßig frühen Tagen des Maschinenbaus lebten, können sich einen hinreichenden Begriff von dem Verdruss, der Verzögerung und den Kosten machen, den dieser vollkommene Mangel an System mit sich brachte. Nur jene können auch die umfassenden Dienste würdigen, die der mechanischen Technik von Herrn Maudslay erwiesen wurden, welcher als erster die praktischen Maßverhältnisse einführte, die sich als nötig erwiesen, um Abhilfe von den Schwierigkeiten zu schaffen. In seinem System der Schraubenschneidmaschinen und in seinen Gewindebohrern und Prägestöcken sowie Schraubengeräten im Allgemeinen gab er in der Tat ein Beispiel und die Grundlage für alles, was seitdem in diesem wesentlichen Zweig des Maschinenbaus geschaffen worden ist. Jene die das große Glück hatten, unter ihm zu arbeiten, und den Nutzen seiner Praktik erfahren haben, sind ihm mit Eifer und Geschick gefolgt. Und so ist sein bewundernswertes System in die mechanische Welt eingeführt worden.[6]

Interessanterweise fügt Nasmyth eine Bewertung hinzu, die uns zeigt, dass schon damals der Unterschied zwischen Innovation und grundlegender Erfindung bekannt war, wenn er meint: „Einige mögen dies als Verbesserung bezeichnen, aber es sollte das, was Herr Maudslay einführte, fast eine Revolution im Gebiete der mechanischen Technik genannt werden."

Innovationen dieser Art sind meist vergessen, wenn sie auch hunderttausendfach vorgekommen sein mögen. Im Gedächtnis bleibt, manchmal als zweite Industrielle Revolution bezeichnet, die Schaffung großer Kommunikationsnetze seit dem Ende des 19. Jahrhunderts, einmal durch Elektrizität sowohl in der Starkstrom- wie der Schwachstromtechnik, als Kommunikation über Funk, Telegrafie, Telefon wie als Versorgung erst einzelner Straßenzüge, dann ganzer Städte und schließlich großer Teile der Erde mit Licht und Energie zum Antrieb von Maschinen und Verkehrsmitteln,[7] zum anderen nach der Erfindung des Verbrennungsmotors die Entstehung eines raumgreifenden Kraftfahrzeug- und schließlich Luftverkehrs. Auch innerhalb dieser großen Systeminnovation gibt es zahlreiche fast vergessene, seinerzeit aber höchst wirksame Innovationen, die Wachstum und Struktur der Wirtschaft erheblich beeinflusst haben. So ist in den neunziger Jahren des 19. und zu Beginn des 20. Jahrhunderts auch statistisch abzulesen, wie kleine Elektromotoren nicht nur Dampfmaschinen ablösten, sondern den Maschinenantrieb in zehntausenden von kleinen Betrieben überhaupt erst ermöglichten und so die Struktur der Industrie beeinflussten: Handwerks- und Kleinbetriebe konnten sich weiter behaupten.

---

[6] Zitiert nach Klemm (1954): S. 289 f.
[7] Hughes (1991).

Manche Forscher sprechen auch von einer dritten Industriellen Revolution, die um die Mitte des 20. Jahrhunderts einsetzte und deren Symbol der Computer sei (im Maschinenbau die Automatisierung), wobei militärische und zivile Industrieforschung sich als Innovationszentren ergänzten, hinter denen oft mathematische und naturwissenschaftliche Grundlagenforschung stand. Nach Meinung von Umweltschützern haben manche dieser Innovationen in Sackgassen geführt, wie die Atomindustrie oder die grüne oder rote Gentechnologie. Ich möchte das hier nicht bewerten, sondern darauf hinweisen, dass auch soziale und politische Innovationen, die einst zu Recht als große Innovationen gefeiert wurden, sich als Sackgassen erweisen können bzw. immer wieder der Renovierung bedürfen, das heißt neue Innovationen herausfordern. Ich nenne nur die großen Systeme der Sozialversicherungen, für die in Deutschland der Name Bismarcks steht und in England des 20. Jahrhunderts Lord Beveridge. Solche gesamtgesellschaftlichen Innovationen, die Beschlüsse des Parlaments benötigen, auf die wiederum zahlreiche Interessengruppen einwirken, sind sehr viel schwieriger durchzusetzen als technische oder strukturelle Innovationen in einzelnen Unternehmen, weshalb auch die Innovationsfähigkeit zentral verwalteter Volkswirtschaften erkennbar hinter der von marktwirtschaftlichen Systemen zurückbleiben musste, was liberale Ökonomen wie Ludwig von Mises schon zu Beginn der zwanziger Jahre des 20. Jahrhunderts erkannt haben.[8]

WAS KÖNNEN WIR AUS DER GESCHICHTE DER INNOVATIONEN LERNEN?

1. Innovationen begleiten die Geschichte der Menschheit nicht nur; sie sind ein wesentlicher Bestandteil ihrer Geschichte.
2. Sie beschränken sich nicht auf die industrielle Welt. Ihre Schwerpunkte wechseln aber im Laufe der Geschichte.
3. Ihre Bedeutung ist schwer vorauszusehen. Hoch gepriesene Neuerungen können sich als Sackgassen erweisen, unscheinbare eine lang dauernde Wirkung entfalten.
4. Innovationen können einzelnen Köpfen entspringen; zu ihrer Durchführung und oft auch zu ihrer Konzeption bedarf es jedoch des Zusammenspiels vieler Kräfte.
5. Fast immer sind innovationshemmende Kräfte, ja Blockaden zu überwinden. Diese mögen in Traditionen, festgefahrenen Überzeugungen oder Gewohnheiten liegen, im Mangel an Phantasie, aber auch in Mangel an Kapital oder an politischen und gesetzlichen Beschränkungen.
6. Diese zu überwinden ist eine Daueraufgabe, eine der wichtigsten Voraussetzungen für einen Erfolg.

---

[8] von Mises (1922).

7. Innovationen voran zu bringen, ist nicht nur Aufgabe von Ingenieuren oder Managern, sondern auch von Juristen und Politikern, im Grunde der gesamten Gesellschaft. Initiatoren werden aber immer einzelne oder wenige sein, in Schumpeters Sprache: Pionierunternehmer.

8. Zur Durchsetzung von Innovationen gehört aber auch, wiederum in Schumpeters Terminologie, die „schöpferische Zerstörung" von Altem, Gewohnten, Vertrautem. Das tut weh, und darum wehren sich viele, zum Beispiel Gewerkschaften. Innovationen erfordern daher außer Ideen auch viel Kraft, Zuversicht und Ausdauer.

LITERATUR

Brockhaus Enzyklopädie, 17. Aufl., Bd. 5 (1968), S. 683; Bd. 9 (1970), S. 136.

Diderot, d'Alembert (1781): *Enzyklopädie*, Band 18/2, S. 737.

Fischer, Wolfram (1978): „The Role of Science and Technology in the Economic Development of Modern Germany", in: William Beranek Jr. / Gustav Ranis (eds.): *Science, Technology and Economic Development. A Historical and Comparative Study*, New York etc., S. 71-113.

Freeman, C. (1998): „Innovation", in: *The New Palgrave. A Dictionary of Economics*, Paperback ed. London, S. 858-860.

Hughes, Thomas (1991): *Die Erfindung Amerikas. Der technischer Aufstieg der USA seit 1870*, München.

Klemm, Friedrich (1954): *Technik – Eine Geschichte ihrer Produkte*, Freiburg/München, S. 289 f.

Müller, Hans-Heinrich (2002): *Franz Carl Achard 1753-1821*, Berlin.

Nelson, R. (1968): „Innovation", in: *International Encyclopedia of the Social Sciences*, ed. By Daniel L. Sills, vol. 7, S. 339.

von Mises, Ludwig (1922): *Die Gemeinwirtschaft – Untersuchungen über den Sozialismus*, Wien.

Zingerle, A. (1976): „Innovation", in: *Historisches Wörterbuch der Philosophie*, hrsg. von Joachim Ritter u. Karlfried Gründer, Bd. 4, S. 391-393.

> INNOVATIONS- UND TECHNOLOGIEMANAGEMENT AUS SICHT DER BETRIEBSWIRTSCHAFTSLEHRE

KLAUS BROCKHOFF

EINE JUNGE TEILDISZIPLIN

Die Eröffnung dieser Tagung legt es nahe, auch die Rolle der Betriebswirtschaftslehre für Technologie und Innovation, wie übrigens das zwischen 1990 und 1999 bestehende Graduiertenkolleg hieß, ebenfalls in historischer Weise zu skizzieren. Obwohl es seit 1715 Empfehlungen gab, die Betriebswirtschaftslehre als Universitätsfach zu etablieren, erfolgte dies im deutschen Sprachraum erstmals im Jahre 1923 an der Universität Zürich. Damit ist die Betriebswirtschaftslehre selbst eine junge Disziplin. Innerhalb des Faches gab es immer schon an den jeweiligen Untersuchungsobjekten orientierte Teildisziplinen. Dazu gehört das „Management of Technology", wie es im anglo-amerikanischen Sprachraum genannt wird, oder das Technologie- und Innovationsmanagement, wie es heute im deutschen Sprachraum heißt. In Deutschland wurde dieses Teilgebiet in der Forschung zwar relativ früh in einzelnen Studien beachtet, in systematischer Weise aber erst seit der Mitte der achtziger Jahre in Forschung und Lehre etabliert. Dabei erfolgte diese Etablierung zunächst und in erster Linie in wirtschaftswissenschaftlichen Fakultäten und hier zunächst mit der Konzentration auf das Management industrieller Forschung und Entwicklung. Die Innovationsaspekte sind auch Gegenstand der Erforschung des Neuproduktmanagements und der Diffusionsforschung neuer Produkte im Marketing. Damit ist zugleich das Signal verbunden, dass die vom Management zu berücksichtigenden wirtschaftlichen Aspekte dieser Problemfelder im Vordergrund stehen. In den USA und in Großbritannien waren schon etwa 15 Jahre früher als in Deutschland entsprechende Lehr- und Forschungseinrichtungen entstanden. Diese waren sowohl in wirtschaftswissenschaftlichen als auch in ingenieurwissenschaftlichen Departments anzutreffen.

Diese späte Beschäftigung der Betriebswirtschaftslehre mit dem Problemfeld ist aus wenigstens zwei Gründen erstaunlich. Erstens hatten Unternehmen, in Deutschland insbesondere solche der Chemieindustrie, schon zu Ende des 19. Jahrhunderts Laborbereiche eingerichtet, um systematisch Forschung und Entwicklung zu betreiben. Das Management dieser Aktivitäten hätte damit einen Untersuchungsgegenstand geboten, der aber lange übersehen wurde. Das mag daran liegen, dass andere Untersuchungsobjekte als beherrschbarer empfunden wurden. Natürlich hat es auch Argumente gegen die wirtschaftliche Betrachtung der in den Labors ablaufenden Prozesse gegeben, die vor allem auf Zweifeln an der Steuerbarkeit von Kreativität beruhten. Sie können aber auch darauf gründen, dass die Vermeidung wirtschaftlicher Betrachtungsweisen der Prozesse Freiräume schafft, so genannte X-Ineffizienz (Leibenstein) begründet, die ungern aufgegeben werden. Der wechselseitige Bezug von „Wirtschaft" und „Technik" war in der Theorie früh erkannt worden. So hatte von Gottl-Ottlilienfeld in seinem Werk *Wirtschaft und Technik* schon 1923 formuliert: „Technik ist um der Wirtschaft willen da, aber Wirtschaft nur durch Technik vollziehbar". Damit wäre ein guter Anknüpfungspunkt für eine frühe Beschäftigung mit dieser wechselseitigen Beziehung gegeben gewesen, der aber ebenfalls ungenutzt blieb. Der wesentliche Grund mag darin liegen, dass die als drängender einer Lösung bedürfenden Probleme der Betriebswirtschaftslehre zu der damaligen Zeit beispielsweise im Aufbau der Grundlagen für die Kostenrechnung sowie der in der Inflation notwendigen Elimination von Scheingewinnen aus der Bilanz gesehen wurden (Gutenberg).

Allgemein ist nämlich zu erkennen, dass sich die Betriebswirtschaftslehre, wie dies generell von Jacob Schmookler für Investitionen in technischen Fortschritt 1966 nachgewiesen wurde, mit denjenigen Teilproblemen schwerpunktmäßig beschäftigt, die jeweils die größten Engpässe für die weitere Entwicklung bieten und damit auch den höchsten Ertrag oder Gewinn bei der Beseitigung der Engpässe versprechen. Erträge sind, da auf die Zukunft gerichtet, erwartete Größen. Spätestens in den siebziger Jahren war allgemein erkennbar geworden, dass Technologie und Innovationen, vor allem als Produkt- und Prozessinnovationen, durch damit verbundene hohe Erträge wesentlich die Zukunft von Unternehmen und Volkswirtschaften bestimmen.

EINE SKIZZE DER WIRTSCHAFTLICHEN BETRACHTUNG

Wie erwähnt, wird Technologieentwicklung wesentlich durch Gewinnerwartungen stimuliert und gesteuert. Um die Erwartungswerte herum gibt es Streuungen, die Risiken und Chancen zum Ausdruck bringen. Die Risiken liegen in der Enttäuschung der Erwartungen und damit dem wirtschaftlichen Misserfolg von Technologieentwicklungen. Die Chancen liegen umgekehrt in zum Teil außergewöhnlichen Pioniererfolgen. Streuungen werden in allen unternehmerischen Entscheidungen relevant, die von Entscheidungsträgern getroffen werden, die nicht risikoneutral eingestellt sind. Tatsächlich sind viele Manager risikoscheu eingestellt. Sie ziehen bei gleichem Erwartungswert die Investitionen mit geringerer Streuung denen mit höherer Streuung vor. Je größer die Streuungen sind, umso geringer ist das Vertrauen in die Erwartungen. Erwartungswert und Streuung bestimmen gemeinsam die Vorteilhaftigkeit von Investitionen, auch der Investitionen in den technischen Fortschritt. Streuungsreduktion kann auf technischer Seite zum Beispiel durch Parallelprojekte auf dem Weg der Wissensgewinnung oder auf der Marktseite durch Produktportfolios herbeigeführt werden. Trotzdem können Streuungen zu einem großen Teil von Unternehmen nicht beherrscht werden und so eine lähmende Wirkung entfalten. Rasche Politikwechsel, zum Beispiel hinsichtlich der Zulassung von Produkten oder Forschungen, sind dafür ebenso Beispiele wie Nachfrageveränderungen, die durch

Kriege oder Naturkatastrophen ausgelöst werden. Politische Einflussnahme können Unternehmen auf mittlere und lange Sicht durch Standortwechsel kompensieren. In der Risikoeinstellung wird sichtbar, dass Mut und Verantwortung zur Wahl der gerade noch akzeptierten Streuungsniveaus bei gegebenen Erwartungen und Vertrauen in diese Erwartungen die unternehmerischen Entwicklungen beeinflussen.

Die mit der Initiierung von technologischen Entwicklungen verbundenen wirtschaftlichen Erwartungen können sich erst mit der wirtschaftlichen Nutzung des neuen Wissens, insbesondere in neuen Produkten, erfüllen. Es ist ein Charakteristikum von Projektmisserfolgen, dass zwar die technischen Probleme häufig gelöst werden konnten, nicht aber die marktbezogenen Probleme. Die Erforschung von Faktoren, die den Markterfolg neuer Produkte erklären können, hat gezeigt, dass ein wahrnehmbarer Nutzen für den Verwender oder Konsumenten einer Neuerung im Vergleich zu anderen nutzenstiftenden Angeboten gegeben sein und kommuniziert werden muss. Daraus sind zwei sehr wesentliche Folgerungen zu ziehen.

Erstens ist deutlich zu erkennen, dass ein hoher technischer Neuheitsgrad keine Gewähr dafür bietet, damit auch einen wirtschaftlichen Erfolg zu erzielen. Studien einzelner Unternehmen, die diese Erkenntnis unberücksichtigt ließen, oder einzelner Neuerungen, die trotz spektakulärer Technik erfolglos bleiben, haben dies mehrfach gezeigt. Insbesondere das mutig erscheinende Beharren auf sehr herausragenden technischen Zielen, bei komplexen, von mehreren Vertragspartnern gemeinsam geplanten Neuerungen, auch bei technischen Rückschlägen oder Veränderungen des Zielmarktes, ist Grund wirtschaftlicher Misserfolge. Eine detaillierte Analyse der Großen Windkraftanlage (GROWIAN) hat dies klar erkennen lassen (Pulczynski).

Zweitens lenkt der Blick auf die Notwendigkeit von Markterfolgen zugleich die Aufmerksamkeit auf die Schnittstelle zwischen den Entwicklungsbereichen und den Produktions- sowie Marketingbereichen der Unternehmen. Nur durch die Überbrückung dieser Schnittstelle durch organisatorische, kommunikative oder Steuerungsmaßnahmen ist Erfolg zu erreichen. Damit wandelt sich die Betrachtung von einem vor allem auf die Erzeugung neuen Wissens gerichteten Technologiemanagement zu einem auch die Verwertung dieses Wissens innerhalb und außerhalb eines Unternehmens umfassenden Technologie- und Innovationsmanagement. In dieser Perspektive stellt sich die betriebswirtschaftliche Teildisziplin heute in aller Regel dar. Verantwortung im Unternehmen ist damit nicht nur die Verantwortung für einen isolierten Teilbereich, sondern für eine übergreifende, als ganze betrachtete Wertschöpfungskette.

Zur Erzielung wirtschaftlicher Erfolge durch neue Technologien und neue Techniken gehört auch, dass diese Erfolge auf einer Optimierung von Inputs im Vergleich mit Outputs beruhen. Vorgegebene Outputs, zum Beispiel Leistungsparameter einer technischen Neuerung, sollen mit minimalen Kosten erreicht werden. Das ist die typische Aufgabe des target costing oder der Zielkostenrechnung. Alternativ sollen mit gegebenen Inputs möglichst hohe Erlöse erwirtschaftet werden. Das kann beispielsweise eine Marketingaufgabe für eine gegebene Neuerung sein. Mit der Lösung dieser Optimierungsaufgabe ist Verantwortung nach außen angesprochen, da auf beiden Wegen die Wettbewerbsfähigkeit erhalten bleiben soll.

Das zeitliche Auseinanderfallen von Inputs zur Wissenserzeugung, Outputs als neuem Wissen in Produkten oder Prozessen und Outcomes als den damit erreichten wirtschaftlichen Wirkungen weisen auf einen weiteren Aspekt hin. Wir haben es mit Investitionsvorgängen zu tun. Dies ist wichtig zu betonen, da allzu lange die relative Sicherheit der Aufwendungen für die Inputs und die Unsicherheit der Erlöse durch Outcomes dazu führten, dass letztere unberücksichtigt blieben und nur erstere betrachtet wurden. Gleiches wird erreicht, wenn als vermeintlich notwendige Folge turbulenter werdender Umwelten die Planungshorizonte verkürzt werden. In diesen Fällen ist die Gefahr groß, dass wirtschaftliche Anpassungen verstärkt den angeblich ausschließlich Aufwendungen auslösenden Entwicklungsbereichen angelastet werden. Die Investitionsperspektive mit langen Planungshorizonten wirkt einer solchen Betrachtung entgegen.

NEUERUNGEN ZWISCHEN TECHNOLOGIEDRUCK UND NACHFRAGESOG

Die wirtschaftliche Betrachtung darf nicht zu dem Schluss führen, dass ausschließlich durch Kundenbefragungen oder ähnliche Instrumente die wirtschaftlich bedeutendsten Neuerungen gefunden werden könnten. Tatsächlich gibt es genügend Hinweise darauf, dass die scharfe Beobachtung der Bedürfnisse des Durchschnitts der bekannten Kunden eines Unternehmens allenfalls zu inkrementalen Neuerungen führt. Sie werden durch Nachfragesog ausgelöst und inhaltlich definiert. Die mit ihnen verbundenen Risiken sind meist relativ klein, die Erlöse allerdings auch, zumal sie im Wettbewerb relativ schnell aufzuholen sind. Selbst Schutzmaßnahmen rechtlicher oder tatsächlicher Art stellen hier keine verlässliche Imitationssicherheit her. Das zeigen beispielsweise die Umgehungserfindungen für Patente oder die relativ kurzen Zeiträume, in denen technische Geheimnisse aus Unternehmen herausdiffundieren (Mansfield). Für beides gibt es empirische Studien.

Risikoreicher sind in der Regel die auf Technologiedruck zurückgehenden Neuerungen. Die Verfügbarkeit technologischen Wissens oder die Bedürfnisse völlig neuer Kunden können Anlässe für solche Neuerungen sein.

Es ist plausibel zu fordern, dass in Unternehmen beide Arten von Neuerungen in einem die Wettbewerbfähigkeit des Unternehmens maximierenden Ausmaße angeboten werden sollten. Dies ist allerdings bisher nicht wirklich zu operationalisieren, was in Anbetracht der dabei zu berücksichtigenden Unsicherheiten nicht verwundern darf. Versuche zur Operationalisierung führen zu grundsätzlichen strategischen Entscheidungen, wie beispielsweise der relativen Bedeutung, die der Forschung im Vergleich zur Entwicklung im Unternehmen gegeben wird. Aus ersterer werden eher Technologiedruck-Neuerungen erwartet, während letztere in Zusammenarbeit mit dem Marketing den Nachfragesog-Neuerungen eine besonders hohe Realisierungschance gibt. Die historische

Betrachtung von Unternehmen über viele Jahrzehnte hat gezeigt, dass die Suche nach einem Optimum der Forschungs- im Vergleich zu den Entwicklungsaufwendungen, beides als Maß für die Inputs genommen, am ehesten durch eine Pendelbewegung beschrieben werden kann. Enttäuschte Erwartungen bei den jeweils weitesten Auslenkungen des Pendels aus der Vertikalen führen zu korrigierenden Neudispositionen der Mittelzuweisungen, ohne dass dabei bisher auf berechenbare Optimierung gesetzt werden könnte. Ebenso schlimm ist die Gefahr, dass die jeweilige Umsteuerung zum falschen Zeitpunkt erfolgt. Das ist, auch auf der Ebene von Branchen oder sogar von Nationen, von besonderer Problematik, weil die Folgen der jeweiligen Steuerung, also die Outcomes, erst mit erheblicher zeitlicher Verzögerung überhaupt feststellbar werden. Wenn dabei Verzögerungen von zehn bis fünfzehn Jahren auftreten, ist nicht nur die Ursachenanalyse schwer, sondern auch das Gegensteuern. Die Strategieanalyse technologieorientierter Unternehmen hält hierfür lehrreiche Beispiele bereit, so etwa über die Unternehmensentwicklung von DuPont oder Alcoa. Die Verantwortung des Managements für die nachhaltige Sicherung der Wettbewerbsfähigkeit erfordert hier den Mut, gegebenenfalls auch gegen modische Strömungen eine Strategie zu formulieren und durchzuhalten, die auf relativ langen Planungshorizonten begründet ist. Die höhere Bedeutung der Finanzmärkte für die Steuerung von Unternehmen, wie sie insbesondere in der jüngsten Vergangenheit sichtbar wurde, kann durch die dabei beobachtete Kurzfristorientierung erhebliche Auswirkungen haben. In der Wettbewerbsposition der Unternehmen mögen diese nur dadurch gemildert erscheinen, dass praktisch alle potenziellen Wettbewerber ähnlichen Bedingungen unterliegen, die durch systematisch betriebene Betriebsvergleiche (benchmarking, wie man heute sagt) auch intensiv kommuniziert werden.

AKZEPTANZ VON NEUERUNGEN

Die Investitionen in Forschung und Entwicklung zeigen, auch dies ist empirisch belegt, deutlich höhere Umsatz- oder Wertschöpfungswirkungen je eingesetzter Geldeinheit als alternative Verwendungen der Mittel im jeweiligen Unternehmen (Brockhoff). Das ist selbst bei forschungsintensiven Unternehmen die wichtigste wirtschaftliche Begründung für weitere Investitionen zur Erzeugung neuen Wissens, unbeschadet der dauernden Notwendigkeit zu einer effizienten und effektiven Prozessgestaltung. Es kann sogar gezeigt werden, dass unter den gegebenen Umständen ein gleicher in Forschung investierter Betrag eine höhere Wirkung hat als bei einer Investition in Entwicklung. Ebenso sind die relativen Wirkungen der Investitionen in Forschung und Entwicklung im Unterschied zu solchen in Marketing untersucht worden, wobei auch die unterschiedlichen zeitlichen Ausreifungsdauern der Aktivitäten berücksichtigt wurden. Die Interdependenz der Aktivitäten darf bei den gegebenen Ergebnissen natürlich nicht dazu verleiten, daraus den Schluss zu ziehen, man könne die jeweils weniger produktive Mittelverwendung völlig aufgeben. Vielmehr ist, was auch in den Schätzmodellen unterstellt wird, eine gemeinsame Optimierung der Aktivitäten vorzunehmen. Das bedingt schrittweise Änderungen der Mitteleinsätze, die allerdings gerade aus der Optimierung von Forschung und Entwicklung bedeutende Effekte nach sich ziehen können. In der Regel nämlich müssten diese Aktivitäten relativ zu den anderen Unternehmensaktivitäten verstärkt werden. Vor diesem Hintergrund der empirisch belegten Aussagen zur Wirkung von Forschung und Entwicklung in Unternehmen könnte man vermuten, dass ihnen und ihren Ergebnissen kaum Hindernisse im Wege stehen würden.

Tatsächlich weist aber schon Joseph Schumpeter in seiner „Theorie der wirtschaftlichen Entwicklung" von 1912 darauf hin, dass Neuerungen interne und externe Widerstände gegenüberstehen. Das gilt nach seiner Meinung vor allem im Bereich der Wirtschaft. Deshalb beschäftigt sich die Betriebswirtschaftslehre mit Fragen nach den Ursachen solcher Widerstände, ihrer Verbreitung und der Möglichkeiten der Beeinflussung der Widerstände durch organisatorische Maßnahmen oder die Gestaltung von Anreizsystemen. Hier stellt vor allem die Frage der Gestaltung von Anreizen für Teams und die Aufteilung der Anreize auf die Teammitglieder noch ungelöste Probleme. Ihre Lösung ist aber erforderlich, wie einerseits aus der notwendigen Integration von Technologiemanagement und Innovationsmanagement abzuleiten ist und andererseits aus der Kritik an der Normierung von Anreizsystemen, wie sie beispielsweise gegenüber dem Arbeitnehmererfinderrecht in Deutschland – bisher wirkungslos – erhoben wurde. Eine rechtliche Regelung, die unterschiedliche Forschungs-, Entwicklungs- und Innovationsprozesse nicht integrierend berücksichtigt oder betriebliche Gegebenheiten vernachlässigt, die aus der Internationalisierung der Unternehmen und den heute üblichen Prozessgestaltungen erwachsen, ist unvorteilhaft. Bei einer individualisierten Gestaltung von Anreizsystemen werden Führungsfragen angesprochen, die Mut bei den Führungskräften und Vertrauen bei den Geführten zugleich erforderlich machen. Eine diskussionswürdige Alternative zur gesetzlichen Regelung könnte im Angebot der Einbeziehung einer größeren Anzahl von Mitarbeitern auch aus Forschungs- und Entwicklungsbereichen in ein mittel- bis langfristig orientiertes Wertmanagement der Unternehmen liegen, das geglättete Wertzuwächse als Grundlage für die Anreizgewährung vorsieht.

Da die Prozesse der Wissensgewinnung und der Wissensverwertung nicht auf das jeweils eigene Unternehmen beschränkt bleiben dürfen, eröffnet sich darüber hinaus ein weites Feld häufig verzerrter Einstellungen zum Wissenstransfer. Dazu zählt bei der Wissensgewinnung das bekannte „not invented here syndrome", dem hinsichtlich der Wissensverwertung Vorbehalte gegenüber der Abgabe nicht genutzten oder nicht wirtschaftlich nutzbaren Wissens an andere, auch an Wettbewerber, zur Seite stehen. Eine erste, noch nicht repräsentative Messung von Herwig Mehrwald zeigt, dass das „not invented here syndrome" bei etwa vierzig Prozent der Mitarbeiter in Forschungs- und Entwicklungsbereichen auftreten kann. Es kann ansteckend sein, wenn Vorgesetzte erkennen lassen, dass sie diesem Syndrom erlegen sind. Gegenmaßnahmen können nicht nur in entsprechender Aufklärung liegen. Daneben ist beispielsweise darüber nachzudenken, wie ein Anreizsystem zu gestalten ist, das nicht nur dann Prämien vorsieht, wenn im eigenen Unternehmen eine Erfindung gelingt, sondern auch dann, wenn ein besonders vorteilhafter Import einer extern entwickelten Technologie zu einer Innovation führt. Noch weiter reichen Überlegungen, wie ein erfolgreiches Imitationsmanagement zu gestalten ist. Ihnen stehen vor allem dann Werturteilsblockaden gegenüber, wenn man sich selbst in einer Spitzenposition der Entwicklung wähnt. Die Empirie zeigt, dass gerade in solchen Situationen der Blick auf potenzielle Wettbewerbstechnologien verstellt ist.

INFORMATIONEN FÜR DAS TECHNOLOGIE- UND INNOVATIONSMANAGEMENT

Die Steuerung der Prozesse nach wirtschaftlichen Gesichtspunkten erfordert ebenso wie die Beurteilung der Alternativen, auf die Ressourcen gelenkt werden sollen, Informationen. Die Prozesssteuerung ist dabei in den letzten Jahren vor allem durch die Veränderung der Informations- und Kommunikationstechnik wesentlich beeinflusst worden. Neben der Einführung von Planungs- und Kontrolltechniken ist hierbei auch auf elektronische Kommunikation hinzuweisen. Letztere hat der Arbeitsteilung zwischen einzelnen Erzeugern neuen Wissens eine weltweite Dimension gegeben, die im Unterschied zu früheren Zeiten praktisch in „real time" erfolgt. Dass aber auch diesen Möglichkeiten Grenzen gesetzt sind, zeigt der Hinweis auf das nicht dokumentierte, implizite oder „tacit knowledge".

Sein Entstehen hat unterschiedliche Ursachen. Nur soweit es nicht offenbart wird, weil der Aufwand seiner Explizierung als zu hoch empfundenen oder die Anreize zur Überwindung des Opportunismus eigener Wissensnutzung als nicht ausreichend angesehen werden, ist es durch Anreize zu beeinflussen. Soweit „tacitness" unbewusst besteht, kann allenfalls unmittelbare Beobachtung und persönliche Zusammenarbeit zu einer, auch wieder nur impliziten, Wissensaneignung führen. Die beschränkte Reichhaltigkeit in der Zeichenübermittlung elektronisch gestützter Systeme läßt hier nach wie vor Raum für die Notwendigkeit persönlicher Begegnungen, in denen die Wissensübertragung auf Vertrauen, unter Umständen auch dem Vertrauen auf künftige Gegenleistungen bei der Wissensübertragung, gründet. Eric von Hippel hat beispielsweise eine spieltheoretische Analyse dieser Situation gegeben, die die empirischen Beobachtungen erklären oder nachzeichnen kann. Auch die effiziente Nutzung elektronischer Informationssysteme erfordert also den vorherigen Aufbau von Vertrauen.

Für die Einschätzung der eigenen technologischen Leistungen relativ zu denen anderer Anbieter technologischen Wissens wäre eine Messung von Wissen nach ökonomischen Kriterien sehr erwünscht. Da dies bisher nicht erkennbar ist, müssen Hilfswege beschritten werden. Die Bereitstellung von Patentinformation in leicht zugänglichen Datenbanken hat eine deutliche Verbesserung der Analysemöglichkeiten gebracht, die für das Management nutzbar gemacht werden. Patentportfolios, die Identifikation von Schlüsselerfindern, die Analyse der Dynamik technologischer Entwicklungen und viele andere Fragen können dadurch heute relativ leicht, dennoch ein hohes Maß an Fachkunde erfordernd, beantwortet werden. Auch die statistische Qualitätsbeurteilung von

Patenten ist wesentliche Schritte weiter gekommen. Holger Ernst kann damit heute beispielsweise zeigen, dass Unternehmen mit relativ hohen Forschungsanteilen selbst in
klassischen Branchen, wie dem Spezialmaschinenbau, zu überproportional vielen, qualitativ herausragenden, Patenten gelangen können.

CORPORATE GOVERNANCE UND TECHNOLOGIEMANAGEMENT

Die Unternehmensverfassung sowie die dadurch definierten Prozesse der Entscheidungs-
findung und -durchsetzung unterscheiden sich innerhalb eines Landes nach Rechtsform
und Größe der Unternehmen, zwischen den Ländern aber ebenfalls auf Grund unterschiedlicher Rechtssysteme und Rechtstraditionen bzw. der Funktionsfähigkeit anderer
Instrumente, wie der Kapitalmärkte, zur Kontrolle des Managements. Insbesondere die
Globalisierung des Wettbewerbs hat die Frage entstehen lassen, ob mit unterschiedlichen Formen der Corporate Governance Folgen für die Innovationsfähigkeit der Unternehmen verbunden sind.

Während man innerhalb eines Landes davon ausgehen kann, dass Unternehmen
sich diejenige Rechtsform suchen, die unter Abwägung aller damit verbundenen Aspekte
für sie die angemessenste ist, erhält das Problem in internationaler Perspektive eine
besondere Dimension. Hier kann die Aufgabe einer unvorteilhaften Corporate Governance zugunsten einer vorteilhaften allenfalls durch Standortverlagerung für den Fir-
mensitz erreicht werden. Tatsächlich gibt es Hinweise darauf, dass dies in Unternehmen
erwogen wird. Völlig unabhängig von rechtlichen Verboten für bestimmte Forschungen
oder von Aufsichts- und Kontrollregelungen für grundsätzlich zulässige Forschungen, die
in einzelnen Ländern unterschiedlich sind und damit unterschiedlichen Aufwand verur-
sachen, kann die Corporate Governance Einflüsse auf das Technologie- und Innovationsmanagement ausüben. Allerdings sind nicht alle damit zusammenhängenden Fragen
schon zu beantworten.

Beispiele für bisher nicht eindeutig beantwortete Fragen können leicht gegeben werden. Erstens ist unklar, wie die Eigentümerstruktur und die Wahrnehmung von Eigentü-
merrechten, zum Beispiel bei Vertretungsstimmrechten mit unterschiedlich beauftragten
opportunistisch handelnden Vertretern, auf die Forschungs- und Entwicklungsintensität
wirken. Zweitens ist unklar, wie die Organisation der Führungsebene, beispielsweise das
System der deutschen Vorstands- und Aufsichtsratsverfassung im Unterschied zur amerikanischen Board-Verfassung, auf das Technologiemanagement wirkt. Die jeweiligen
Systeme könnten unterschiedliche Risikobereitschaften zur Folge haben. Drittens wäre
zu prüfen, ob die Beteiligung von Arbeitnehmern oder Arbeitnehmervertretern in der
Unternehmensmitbestimmung, also auf der Ebene des Aufsichtsrats, einen Einfluss auf
die Innovationsfähigkeit hat. Hier könnte daran gedacht werden, den Einfluss auf die
Durchsetzung von Prozessinnovationen zu untersuchen, die auch ohne Arbeitsplatzef-
fekte zumindest ein unbequemes Umlernen erfordern können. Auch ein Einfluss auf Produktinnovationen ist denkbar, wenn diese beispielsweise bisher produzierte Produkte

ersetzen oder Folgen für den Vertrieb haben. Es gibt Untersuchungen, beispielsweise zur pharmazeutischen Industrie, die schwedischen und deutschen Unternehmen im Vergleich zu britischen Unternehmen aus solchen Gründen eine Wettbewerbsschwäche attestieren (Casper/Matraves).

Aus diesen Beispielen wird deutlich, dass die wirtschaftswissenschaftliche Untersuchung von Governance Strukturen von großer Bedeutung für die künftige technologische Entwicklung und damit auch für die künftige Einkommensentwicklung ist. Allerdings darf man nicht bei der Untersuchung stehen bleiben. Es wäre viel gewonnen, wenn Unternehmen die Wahl ihrer Governance Struktur aus der Menge der in den Wettbewerbsländern zulässigen Strukturen frei gegeben würde. Es hat den Anschein, dass die europäische Rechtsprechung innerhalb der Europäischen Union eine solche Entwicklung eingeleitet hat. Wenn Misstrauen in die in einem Lande bestehende Governance Struktur bei den international orientierten Anlegern oder Partnern von Entwicklungen besteht, wird dies die eigene Wettbewerbsfähigkeit schwächen.

AUSBLICK

Dass hier nur eine Skizze der erarbeiteten und möglichen Beiträge einer Betriebswirtschaftslehre für Technologie und Innovation präsentiert wurde, sollte zum Abschluss in Erinnerung gebracht werden. Das Gebiet ist in Forschung und Lehre etabliert, es existiert eine größere Zahl von Fachzeitschriften, in Arbeitskreisen wird der Kontakt mit der Praxis gesucht und gepflegt, was alles eine erschöpfende Bestandsaufnahme verhindert.

Die bisherige Konzentration der Betriebswirtschaftslehre für Technologie und Innovation auf industrielle Unternehmen und auf naturwissenschaftlich-technisches Wissen als Grundlage für neue Produkte und Prozesse wird zunehmend in Frage gestellt. Dienstleistungsunternehmen betreiben Forschung und Entwicklung, wie sich am Beispiel der Telekommunikationsdienstleister ebenso belegen läßt wie an dem der Banken oder Handelsunternehmen. Die Durchsetzung von Neuerungen wirft Akzeptanzprobleme auf, die schon bei ihrer Konzipierung berücksichtigt werden müssen. Deshalb werden, beispielsweise in der Pharmaindustrie, in die Generierung des naturwissenschaftlichen Wissens schon früh Wissenselemente aus den Sozial- oder Geisteswissenschaften einbezogen. Im Handel bereitet die Metro AG die Nutzungspotenziale der RFID zum Beispiel durch einen „future store" vor. Innovationen kommen auch ohne technologische Neuerungen zustande, wie man an Organisationsinnovationen beispielhaft erkennen kann. In diesen Entwicklungen sind Richtungen künftiger Ausdehnung der Aufgaben für das Management von Technologie und Innovation zu sehen.

Die Bestrebungen der betriebswirtschaftlichen Betrachtung gehen auch hier dahin, die zugrunde liegenden Prozesse sowohl effektiv oder zielbezogen als auch effizient zu gestalten. Beides ist erforderlich, insbesondere wenn sich die entscheidenden Wettbewerbselemente immer stärker auf die Wissensgenerierung und Wissensnutzung konzentrieren. Hierbei müssen ebenso wie in den bisher schon besser beherrschten Produktions-,

Finanzierungs- oder Marketingprozessen Wettbewerbsvorsprünge erarbeitet und möglichst lange erhalten werden. Hier wurde skizziert, dass auch auf der Ebene der Unternehmen Mut, Verantwortung und Vertrauen wichtige Einflüsse auf die Wettbewerbsfähigkeit haben. So heißen zwar nicht die Variablen betriebswirtschaftlicher Modelle. Aber es wurde deutlich, dass diese Elemente sind, durch welche die betrachteten Variablen und die sie umgebenden Erwartungen beeinflusst werden.

> INNOVATIONS- UND TECHNOLOGIEMANAGEMENT AUS SICHT DER INGENIEURWISSENSCHAFTEN

GÜNTHER SCHUH

Nachdem das Thema Technologie-Management spät und dann zunächst nur von Betriebswirten aufgegriffen worden ist, reizt es mich, sich mit Technologiemanagement im Verhältnis zum Innovationsmanagement zu befassen.

Der Ingenieur träumt davon, dass sich im Leben immer das Gute, die bessere technische Lösung durchsetzt. Die Wirtschaftsgeschichte zeigt aber mehr Beispiele dafür, dass sich die technisch bessere Lösung nicht durchgesetzt hat als umgekehrt. Wir kennen alle das technisch bessere Prinzip der Dampfmaschine gegenüber dem Benzinmotor. Die Wenigsten kennen jedoch die fast paradoxe Erfindung der Qwerty-Tastatur. Mit der Schreibmaschine konnte man endlich eine schöne Schrift produzieren, aber man konnte nicht schnell schreiben, da sich die Hebel der Schreibmaschinen verhakten. Man hat also eine Tastatur geschaffen, die das Schnellschreiben verhindert, übrigens um dann beispielsweise Sekretärinnen an den Anschlägen pro Minute zu messen.

Das ist für das Technologie- und auch für das Innovationsmanagement interessant. Denn es setzen sich historisch bis heute nicht notwendigerweise – noch nicht einmal mit einer größeren Wahrscheinlichkeit – die besseren gegenüber den schlechteren Technologien durch. Das sollte uns Ingenieuren zu denken geben.

Vielleicht steckt darin schon eine Antwort, wie man begrifflich das Verhältnis von Technologie-Management zum Innovations-Management beschreiben könnte.

In der Literatur gibt es mehrheitlich noch eine andere Definition, die das Technologie-Management mehr dem Forschungsbereich und das Innovations-Management mehr dem Produktionsbereich zuordnet. Diese Abgrenzung konnte sich aber nicht so ohne Weiteres durchsetzen. Wir würden eher eine Definition bevorzugen, nach der das Technologie-Management der Oberbegriff ist, der sich einerseits aus Management-Kompetenz – Management jetzt auch im engeren Sinne als Synonym für die Betriebswirtschaftslehre, als Führungslehre verstanden - und andererseits aus dem Technologieverständnis zusammensetzt. Das Innovationsmanagement wäre dann ganz bescheiden als ein Teil am Anfang dieser Kette zu verstehen, bei dem sich allerdings die Technologien oder das Technologie-Management auf sämtliche Bereiche und verschiedene Querschnittfunktionen beziehen könnten.

Vor wenigen Monaten haben wir ein Executive-MBA-Programm für Technologie-Manager gestartet, an dem fast überwiegend promovierte Ingenieure teilnehmen, was wir in Kooperation – Aachen und St. Gallen – anbieten. In diesem und zu diesem Programm haben wir ein gewisses Visionsbild entwickelt, in das auch diese Phänomene mit eingegangen sind.

Nach meinem Verständnis ist ein Ingenieur konstruierend, gestaltend tätig. Er will etwas aufbauen. Er kann eine Lösungshilfe, eine Methodik oder gar ein Produkt gestalten. Was wäre eine konstruktive Hilfe für einen Ingenieur? Danach ist der Filter unseres Programms angelegt worden. Was könnten die relevanten Paradigmen sein, die es zu erkennen und dann zu beherrschen, zu kultivieren gilt, um technologisch und innovativ weiterzukommen? Wir sind auf fünf Paradigmen gekommen: Wissensmanagement, Industrialisierung, Rationalisierung, Informatisierung und Kollaboration.

Das erste Paradigma ist vielleicht das zur Innovation überhaupt, fast eine Begründung der Ingenieurwissenschaft. Die Forschungsmethode schlechthin für Ingenieure und auch für viele Naturwissenschaftler ist das Experiment. Das Experiment war der eigentliche Durchbruch zu dem, was wir heute noch Wissensmanagement nennen.

Volkswirte sagen zum Beispiel ceteris paribus. Es geht darum, relevante Parameter festhalten, andere systematisch variieren zu können – Konstellationen wiederholbar zu machen, um dadurch Zusammenhänge und letztendlich Gesetzmäßigkeiten zu erkennen. Mit der Einführung des Experimentes, was erst Mitte des 18. Jahrhunderts seine Verbreitung gefunden hat, steigt auch die Kurve des jährlichen Wissensfortschritts erkennbar an. Erst seit dem ersten Drittel des 19. Jahrhunderts ist das Wissen der Menschheit über die Grenzen des theoretischen Fassungsvermögens des einzelnen menschlichen Gedächtnisses angestiegen. Natürlich steigt das Fassungsvermögen exponentiell weiter an. Dabei gibt es Grenzen, die noch heute die Forschungsmethodik limitieren. Die Ingenieurwissenschaft ist stolz auf die Methodik des Experiments, wagt sich aber recht selten über diese Forschungsmethodik hinaus und hat zum Beispiel wenig Bezug zur empirischen Sozialforschung und anderen Dingen, die der Ingenieurwissenschaft einen guten Dienst leisten könnten.

Das Phänomen des systematischen Generierens von Wissen ist der Grundstein von Innovations- und Technologiemanagement. Dem folgt das, was wir heute gerne mit Industrialisierung bezeichnen. Die These von Wolfram Fischer, dass die bedeutendste Erfindung wahrscheinlich die Dampf- oder die Kraftmaschine war, was ich aus ingenieurmethodischer Sicht verneinen würde. Aus Produkt- oder Objektsicht war sie es wahrscheinlich schon. Ich glaube aber, die wichtigste Fähigkeit, die das Paradigma der Industrialisierung ausgelöst hat, war die Austauschbarkeit der Teile. Die Schlüsselfähigkeit in der Technologie ist die Fähigkeit zum Messen kleiner Toleranzen. Ich muss Teile nicht mehr individuell aufeinander anpassen, sie nicht zurechtfeilen. Wir konnten auch vorher schon Autos bauen, wobei aber die Welle zur Nabe zurechtgefeilt werden musste, damit diese beiden – und nur diese beiden – passten. Die Standardisierbarkeit, das Schaffen von Standards mit der Voraussetzung die Messbarkeit zu gewährleisten, war wahrscheinlich industriehistorisch der Schlüssel zur eigentlichen Industrialisierung.

Die Dampfmaschine war auch zunächst mal ein zurechtgefeiltes Objekt, bevor es das gab, was wir gern als industrielle Produktion bezeichnen. Die industrielle Produktion unterscheidet sich klassisch von der handwerklichen dadurch, dass ein Experte überlegt – wir nennen das Arbeitsplanung – wie man einen Vorgang optimal ausführt, während in der handwerklichen Produktion der Ausführende gleichzeitig überlegt, wie er es tut und auch was er als nächstes tut.

Das Schaffen dieser Standards hing an der Messbarkeit, der Austauschbarkeit der Teile und damit der Teiligkeit des Prozesses. Das hat dann etwas Organisatorisches und war vielleicht die wichtigste Erfindung, die betriebswirtschaftlich eine Rolle gespielt hat, hin zu den eigentlichen Economies-of-Scale-Effekten.

Vorsicht vor der Sprachverwirrung zwischen Betriebwirtschaft und Betriebswissenschaft. Die deutsche Übersetzung des Taylorismus ist Betriebswissenschaft. Ich verstehe viele Betriebswirte gut, die sagen, das hat mit Betriebswirtschaft gar nichts zu tun, sondern beschreibt vielleicht ein ganz anderes Phänomen.

Was die Industrialisierung eigentlich beflügelt hat, ist das Phänomen des Stückkosteneffektes, bestehend aus drei Bestandteilen – der Lernkurve, der größten Degression und dem technischen Fortschritt. Dieses Phänomen kultivieren wir nach wie vor. Es ist auch nach wie vor der entscheidende Treiber der technologischen Substitution, weil irgendwann eine neue Technologie eine ältere, die sich asymptotisch ihren Grenzen nähert, doch überflügeln wird. Überträgt man diese Betrachtung, so sind auch die McKinsey-S-Kurven nur eine andere Darstellung der Economies-of-Scale-Kurven. Das war das dritte Paradigma.

Heute reden wir bei Innovationsprozessen von drei industriellen Revolutionen. Vermeintlich befinden wir uns innerhalb der dritten. Die erste ist die der Kraftmaschine. Hier wurden die achtzig Watt der menschlichen Leistung über die Kraftmaschine, die Dampfmaschine ersetzt und erheblich gesteigert.

Der zweiten industriellen Revolution, dem Taylorismus (der Betriebswissenschaft), kommt die größte wirtschaftliche Bedeutung zu. Sie hat zu einer sprunghaften Einkommensentwicklung geführt. Damit leite ich zur dritten industriellen Revolution über, zur Informatisierung, die aus zwei Elementen – der Speicherfähigkeit und der Rechenleistung – besteht und in der wir uns gerade befinden. Deren Wirkungen beginnen sich aber erst darzustellen.

Allen drei industriellen Revolutionen ist etwas gemeinsam: Sie fangen immer zentral an und hören dezentral auf. In den Textilfabriken stand mitten drin eine Kraftmaschine. So ist die Idee der Fabrik entstanden. Die Transmissionsriemen haben die Leistung in die verschiedenen Hallen gebracht. Irgendwann konnte man die Maschine kleiner machen und die Fabrik aufteilen. Ebenso der Taylorismus: Wir konnten die Arbeitsteiligkeit nur am Fließband realisieren. Später haben wir die Arbeitsteilungseffekte in kleineren Einheiten, in verteilten Einheiten hinbekommen. Bei der Informatisierung sind wir am Anfang alle in das Rechenzentrum gerannt, um an dem Rechner zu arbeiten.

Die erste industrielle Revolution hat sich natürlich im Wesentlichen durch Produktivitätsfortschritte geoutet. Zum Glück kam die zweite industrielle Revolution hinterher, um die enorme Freisetzung von Arbeitskräften aufzunehmen. Die dritte industrielle Revolution verhält sich wie die erste. Sie setzt und wird – jetzt erst beginnend – massiv Arbeitsplätze freisetzen. Das hat sie bisher erst teilweise. Dazu gibt es verschiedenste Quellen. Wir haben noch keine Antwort, was mit den weiterhin freizusetzenden Arbeitskräften dann passieren soll.

Dieses „Vom Zentralen zum Dezentralen" führt uns zum vierten Paradigma, dem Moore'schen Gesetz, was ja irgendwann physikalisch an seine Grenzen stößt und trotzdem fortgesetzt werden wird, weil man eben immer noch zu der Verdopplung der Leistungsdichte innerhalb von 18 Monaten kommen wird.

Praktisch wird jedes Objekt seine eigene Intelligenz bekommen können. Wie weit wir dann damit umgehen können, ist noch eine zweite Frage. Es wird aber eine ganze Landschaft von anderen Produkten geben. Die heißen dann nicht mehr Computer. Der Computer für sich als eigenes Instrument verschwindet fast. Dies wird eine Veränderungswelle in fast alle Objekte und Branchen bringen.

Das fünfte Paradigma: „die Kollaboration ist mehr eine Hypothese, denn ein schon bewiesener Trend". Das heißt, nicht nur mehrstufig in Kooperationen von Mensch zu Mensch, sondern auch von Organisationseinheit zu Organisationseinheit und auch lateral, multilateral miteinander umzugehen. Das ist nicht so neu. Wir reden seit zehn, fünfzehn Jahren im Zusammenhang mit Supply Chains und jetzt in jüngerer Vergangenheit mit Supply Nets darüber. Die Gardner Group hat im Jahre 1999 mitten im E-Business-Hype das Postulat aufgestellt: Die nächste Welle wird C-Business sein, Collaborative Commerce, ohne das genau zu präzisieren. Der interessante Teil wird dabei sein, dass es etwas mit Optimierung zu tun hat, mit Intelligenz und wahrscheinlich auch mit dem Abnehmen der Unternehmensgrenzen.

Was die Zusammenarbeit angeht, rein menschlich und in der Organisation gerade von Innovationsprozessen, kennen wir das schon ein bisschen. Es gibt viele Fälle, wo es für den Entwickler angenehmer ist, mit jemandem außerhalb seiner Unternehmung in einem Entwicklungsprojekt zusammenzuarbeiten als mit der Nachbarabteilung des eigenen Unternehmens, weil das irgendwie doch kooperativer oder – wird man dann vielleicht sagen – kollaborativer ist. Die Steigerung, die wahrscheinlich hinter den optimierten oder den intelligenten Lösungen zu vermuten ist, ist das Kognitive. Das heißt, von kognitiven Systemen auszugehen, die mit verschiedenen Kognitionsebenen ihre Kooperationen organisieren, was wiederum bedeutet, dass es Ebenen gibt, die in kleinen Regelkreisen reflexartig bewältigt werden können und dass damit auch viele Systeme zu automatisierten oder teilautomatisierten kognitiven Systemen mutieren können.

Wir sind natürlich in weiten Teilen der Technik davon noch meilenweit entfernt. Wir sind sehr froh, dass man überhaupt die wichtigsten Prozesse in Modelle fassen und Steuerungsprogramme dafür entwickeln konnte. Das sind fast normative Steuerungen.

Besonders peinlich wird dies, wenn man sich den Bereich der so genannten Bewegungs-daten, also der Auftragssteuerung, der Auftragsabwicklung anschaut. Da zappeln wir seit dreißig Jahren herum und versuchen, unter der Erstüberschrift der PPS oder dann EAP und heute Supply Chain Management (SCM) irgendetwas zu steuern, was fernab von jeglichem Optimum ist. Nicht nur fernab, weil es aufgrund der Datenvolumina nicht rechenbar ist, sondern weil wir schon in der Grundlogik noch mangelhafte Modelle bzw. auch fehlende Standards haben. Das ist etwas, was die Ingenieurwelt auf der konstruk-tiven Seite schon viel früher sehr schön gelöst und damit dem Erfindertum gute Dienste getan hat.

Das sind meine Vorschläge für die ausgewählten Dinge, die man vielleicht etwas drastisch oder krass mit Paradigmen bezeichnen könnte. Wenn wir versuchen, das auf Branchen zu übertragen, dann finden wir die meisten der Dinge dort wieder, allerdings auch noch einen zusätzlichen wesentlichen Effekt. Sie kennen den Übergang zur indus-triellen Produktion, den man Henry Ford und dem Taylorismus attestiert. Der wichtigste Schritt, der noch wenig diskutiert wurde, war der Übergang, der aus der Sättigung ent-steht. Dieser Effekt ist auch in unserer Diskussion bisher noch wenig herausgekommen.

Wir müssen konstatieren, dass wir bis zur Osterweiterung, bis mindestens Mitte der 80er Jahre, in den westlichen Ländern überwiegend noch in richtigen Wachstums-märkten tätig waren. Dann gab es einen Zusatz-Booster durch die Osterweiterung, der einen Nachholbedarf offenkundig hat werden lassen. Danach wurde weitestgehend eine Sättigungsgrenze erreicht. Fast alle Produkte entstehen in Märkten, die es als Märkte schon gibt, wo zumindest ähnliche, wenn nicht unmittelbare Vorgängerprodukte dazu existieren.

Dies hat sich auch manifestiert, indem man irgendwann in die Vernischung gegan-gen ist, was vielleicht ein anderer Begriff für das Mass Customizing ist. Das ist teilweise ein sinnvolles Programm, teilweise auch Ausrede für das Umgehen mit dem Risiko; es ist Risikoaversität, die sich darin ausdrückt. Wenn man nicht genau weiß, ob sich eine Innovation durchsetzt, ob man diese Kundengruppe erreicht, rettet man sich im Zweifel damit, dass man noch dieses und jenes Derivat auf den Markt bringt. Der Tatsache, dass man damit mittlerweile Konstellationen erreicht hat, die mehrheitlich innovationshem-mend sind, sind sich die wenigsten bewußt.

Im Zuge der Beschäftigung mit diesem Variantenthema ist festzustellen, dass im Querschnitt unserer über 300 Umsetzungsprojekte zwei Drittel der Variantenvielfalt, die wir mit unseren consumer-markt-näheren wie auch investitionsgüternäheren Produkten anbieten, keinen Kundennutzen generieren. Ein überproportional großer Anteil des Ent-wicklungs- und Planungsaufwands fließt in die Exoten und Sonderlösungen, was eine Verzettelung von Energie ist, von der man sagen könnte, diese könnte auch in echte Innovation fließen. Das ist nicht das Aus- oder Abschöpfen eines Marktes, denn dazu müsste man damit das Marktbedürfnis treffen.

Muss das nicht eigentlich heißen, dass wir als nächsten Schritt in etwas wie Mass Innovation kommen könnten oder kommen müssten?

Lassen Sie mich das Vielfaltsphänomen noch etwas vertiefen. Wir haben hier einen typischen Effekt, der uns häufig an Innovation hindert und den wir nicht professionell steuern. Es beginnt damit, dass Sie ein schönes neues Produkt mit ein paar wenigen Derivaten erfinden und bekommen so eine schöne Gaußkurve mit einem ordentlichen Markterfolg. Nach einiger Zeit kommt durch Wettbewerber, durch Sättigung im Markt Druck auf und Sie verlieren etwas von diesem Volumen und enden bei einem geringen Volumen. Was tun wir Europäer jetzt, wir in Deutschland ganz besonders? Die Ameri-kaner und Japaner machen es deutlich anders. Wir sind geneigt zu sagen: jetzt gehen wir in die Nischen, in die Exotenrichtung. Das wäre wunderbar, wenn es denn in einer Deckungsbeitragsrechnung betriebswirtschaftlich sinnvoll wäre. Der typische Verlauf ist allerdings der, dass die Preiskurve dann schon so ist, dass man für die Exoten etwas höhere Preise bekommt als für den Standard oder das Volumenprodukt, dass allerdings in aller Regel die Kostenzuordnung zu wesentlich höheren Kosten für die Exoten führen würde (Bild 1).

Bild 1: Innovation vs. Vielfalt?

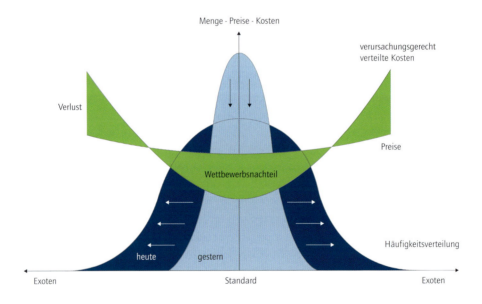

Jetzt sei mir als geborenem Ingenieur eine kleine ketzerische Bemerkung in Richtung der Betriebswirtschaftslehre erlaubt. Man kennt diese Kurve in der Realität relativ selten. Die Betriebswirtschaftslehre ist mit Innovationen im Bereich der Kosten- und Leistungsrechnungsmethoden äußerst zurückhaltend. Die letzte große Innovation, die Deckungs-beitragsrechnung, liegt vierzig Jahre zurück. Unterstützend wäre jetzt, wenn man hier tatsächlich eine Zuordnung schaffen könnte. Dann würde man zumindest erkennen, ab welchem Punkt man wirklich eine Quersubventionierung hinnimmt, die manchmal sinn-voll sein kann, die aber nur gesteuert sinnvoll ist. Wir bringen nun Sortimente in den Markt, die im Prinzip erfolgreich sein könnten, die allerdings dadurch stark geschwächt werden und damit die Durchdringung auch nicht befördern, dass sie außen erhebliche Verlustdreiecke mittragen müssen.

Um aus dieser Verzettelung zurückzufinden, hat man vor einiger Zeit mit der Modu-larisierung begonnen. Ferdinand Piëch hat die Plattformkonzepte populär gemacht, um den Innovationsprozess stärker zu bündeln. Im Moment rechnet die Branche nach aktu-ellen Konferenzberichten im Jahr 2012 mit etwa fünfzig Prozent der Automobile, die auf Produktplattformen aufbauen, was ja schon eine reife Leistung wäre. Ich weiß nicht, ob die derzeit noch etwa hundert chinesischen Automobilhersteller dann schon auf die glo-balen, unabhängigen und konsolidierten sechs zurückgeführt sind. Was steckt dahinter? Die Erfindung ist die große „6 + 1", wie Jürgen Schrempp das nennt, sechs plus Porsche. Ich bin nicht sicher, dass sich das so ganz durchziehen lässt. Sie sind gefordert, nicht mehr nur Innovationen mit einem sensationellen, vielleicht einzigartigen Produkt zu bringen, sondern dahin zu kommen, eine Produktstruktur zu manifestieren, um wirklich auf physische Produktplattformen zu kommen. Wie schwer das ist, gerade wenn man es maschinenbaulich und nicht elektronisch, steuerungstechnisch oder softwaretechnisch sieht, zeigt die schlechte Trefferquote, die selbst der Erfinderkonzern VW dabei hat.

Stellen Sie sich das einmal auch physisch bei Blechteilen, bei einem Tiefziehprozess vor. Ähnlich ist nicht gut genug. Knapp daneben ist auch daneben. Wenn Sie einen sieben-hubigen Tiefziehprozess haben und die ersten vier Hübe sind gleich und die letz-ten drei sind dann aber doch noch leicht unterschiedlich, dann haben Sie immer noch einen Werkzeugwechsel, dann haben Sie immer noch eine Umstellung, dann haben Sie nur einen kleineren Teil des Erfolges, den Sie angestrebt haben, geholt.

Wir versuchen, die Kommunalitätspotenziale zu erschließen. Es kommt auf den Kon-zern an, ob das Wort Plattform dann ein Unwort oder ein Propagandabegriff ist. Interes-santer ist im Moment die Herausforderung an die Ingenieurwelt, zu nicht nur physischen Ähnlichkeiten, zu Geometriegleichheit von bestimmten Komponenten und Baugruppen zu kommen, sondern –man könnte sagen nur – zu Designähnlichkeiten, zu Architekturen, die ermöglichen, alle Derivate mit relativ wenig Anlauf, mit weniger Vorleistung, letzt-endlich auch mit weniger Investment in den F&E-Bereich zu bringen.

Ich will noch ein paar Ergebnisse einer aktuelle Studie zur Innovationsproduktivität anreißen. Wohin also innovieren? Wenn wir versuchen, das ingenieurmäßig zu betrach-ten, gibt es verschiedene Stoßrichtungen. Die typische Innovationssichtweise ist Vor-gänger-Nachfolger-Produkt. Da hat es verschiedene Wellen gegeben. In verschiedenen Branchen war es eine zeitlang Mode, die typischen Zyklen zu verkürzen.

Einige Branchen, zum Beispiel das Handy-Geschäft, leben von dieser Konstellation. Die Autoindustrie, insbesondere die japanische, hat das in Teilen probiert und festgestellt, dass man sich dabei auch verhaspeln kann, wenn Zyklen nur drei, vier Jahre lang sind. Mittlerweile kommen wir dazu, dass sich die Automobilhersteller eine Produktlinie nur noch für das Fahrzeug leisten können, für den Powertrain gilt schon länger, dass diese zwei Fahrzeuggenerationen genutzt werden können. Das ist die eine Innovationsrichtung.

Die andere Innovationsrichtung ist die Diversität, das Produktprogramm in der Breite, viele Produktlinien nebeneinander. Ich bleibe hier auch bei der Automobilindustrie. Fast alle haben vor ein, zwei Jahren Programme aufgelegt, um in den nächsten fünf oder sechs Jahren fünfzig, ja hundert Prozent mehr Fahrzeugtypen als in der Vergangenheit herzustellen. Kann man das fortsetzen? Ist das wirklich noch innovativ? Kommen da nicht Segmente heraus, die für ein Fahrzeug noch maximal dreißig-, vierzig-, fünfzigtausend Fahrzeuge im Jahr bringen werden? Ist das die Innovationsrichtung, die Marktdurchdringung?

Eine dritte Richtung fragt nach Innovation in der Produktstruktur. Dann würde sich etwas Wesentliches ändern. Dann gewinnt wieder die Technology-push-Komponente eine höhere Bedeutung, weil man bestimmte Entwicklungen und Erfindungen, die man für bestimmte Leistungsumfänge, für Funktionskomplexe getroffen hat, wo man dann gezielt und systematisch im Rahmen des Technologie-Managements eine Wiederverwendung, weitere Anwendungen suchen und finden würde.

Wir haben nun verschiedene Schritte des Innovations- und Technologiemanagements durchlaufen, kamen bei der zweiten industriellen Revolution an, sind dann etwas japanischer geworden und haben das vor allem als Änderungsrate der Prozesse verstanden. Dann sind wir wieder ein bisschen europäischer geworden, wobei wir das Continuous Improvement in verschiedenen anderen Branchen außerhalb der Automobilindustrie immer schon besonders gut konnten. Anlagen- oder Maschinenbau ist in kleinen Stückzahlen schon immer gut in diesem Bereich gewesen (Bild 2).

Wir haben zusammen mit der Firma PTC eine Untersuchung durchgeführt und über 200 Firmen intensiv befragt, 55 Prozent in Amerika, 5 Prozent in Japan und 40 Prozent in Europa. Wir wollten wissen: Was sind, wenn wir Innovation eng gefasst im Sinn von Produktinnovation betrachten wollen, die erfolgskritischen Fähigkeiten? Es sind: Kreativität, Kundenfokus, Produktstrukturierung, Robustheit, Produktionsgerechtheit, Inside-out-Fähigkeit, also Mehrfachverwendung von Technologie, oder technologischer Kompetenz und vor allen Dingen auch Prozessbeherrschung.

Bild 2: Wieviel Innovation ist erforderlich?

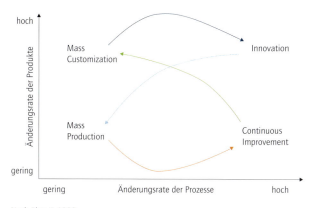

Nach Pine II, 1998

Wir haben zusammen mit der Firma PTC eine Untersuchung durchgeführt und über 200 Firmen intensiv befragt, 55 Prozent in Amerika, 5 Prozent in Japan und 40 Prozent in Europa. Wir wollten wissen: Was sind, wenn wir Innovation eng gefasst im Sinn von Produktinnovation betrachten wollen, die erfolgskritischen Fähigkeiten? Es sind: Kreativität, Kundenfokus, Produktstrukturierung, Robustheit, Produktionsgerechtheit, Inside-out-Fähigkeit, also Mehrfachverwendung von Technologie, oder technologischer Kompetenz und vor allen Dingen auch Prozessbeherrschung.

Fazit: In Deutschland fehlt nicht die Innovationsfähigkeit, sondern die Innovationskultur. Das ist ein stückweit der Versuch einer Entwarnung. Gerade im so genannten Benchmarking mit anderen Wirtschaftsregionen habe ich weniger Zweifel, dass das an der Innovationsfähigkeit liegt. Allerdings ist die Lücke zur Innovationskultur zu anderen Regionen eklatant. Die Motivation, nicht nur bei den Entwicklern und Erfindern in den Unternehmen, etwas zu versuchen, neu zu erfinden oder zu verbessern, ist bei uns gesellschaftlich ein Wert an sich und besser als es nicht zu versuchen. Diese Innovationskultur hat riesige Mängel. Ich glaube, dass man die Werte setzen kann, dass man in einem Unternehmen zumindest den Versuch starten muss. Auch ein solcher Kreis kann das sehr schön tun und ist bereits auf dem Weg, wie acatech es auch bereits beeindruckend tut, nämlich diese Innovationskultur zu fördern. Die Politik kann dazu auch noch mehr beitragen.

Zweitens sollte die Innovationsleistung in Deutschland nicht nur zur Förderung deutscher Unternehmen eingesetzt werden, also nicht wettbewerblich gezielt nur für deutsche oder primär deutsche Unternehmen. Sie sollte eingesetzt werden, um möglichst viele Innovationen – MP3 ist für mich ein gutes Beispiel – für jegliche Unternehmen in Deutschland stattfinden zu lassen. Deutschland sollte ein Ort sein, wo Erfindungen entstehen, für wen auch immer. Die häufig geäußerte Meinung, wir müssten die Innovationsfähigkeit steigern, um unseren deutschen Unternehmen zu helfen (um dann zu Arbeitsplätzen zu kommen), ist Unsinn.

Unser Konzept war und ist in der Struktur, wie wir es bisher betrieben haben, besser. Ich glaube, das sollte ein Plädoyer für den Erhalt unseres Innovationszehnkampfs sein, das heißt also: breite Technologieförderung, auch aufbauend auf dem, wo man schon Stärken hat, wo man Tradition hat, wofür man auch in der Weltwirtschaft steht. Ein Beispiel sage ich als Produktionstechniker: Deutschland ist aus internationaler Sicht die Produktionstechnifikation. Wenn ich höre, wir müssen uns auf Bio-, Nano- und Medizintechnik konzentrieren, dann beeindrucken mich die Prozentzahlen des Wachstums. Die absoluten Zahlen sind weniger relevant und haben vorerst keine vergleichbare volkswirtschaftliche Bedeutung.

Wir haben große Vorteile zum Beispiel gegenüber einem MIT oder anderen, die im Prinzip keine Exklusiventwicklung machen können bzw. an ihren Erfindungen die exklusiven Intellectuel Property Rights (IPR) beanspruchen, wodurch viele Zusammenarbeiten gar nicht zustande kommen. Dies ist etwas, was wir aber mit unseren zum Teil auch unterschiedlichen Säulen, beispielsweise der Fraunhofer Gesellschaft, besonders gut machen können.

Wir haben ein viel weiter durchdrungenes Private-Public-Partnership-Konzept, was zu diesem Zehnkampf gehört, was ich keinesfalls aufgeben, sondern stärken würde. Ich möchte bestätigen, was Herr Brockhoff ganz wesentlich in die Diskussion gebracht hat: Vorsicht vor dem perfekten Kapitalmarkt! Die Amerikaner haben den perfekten Kapitalmarkt erfunden. Wir haben ihn im Internet Hype ein stückweit gelernt oder abgeguckt. Der perfekte Kapitalmarkt in sich hat – gerade, wenn er perfekt ist – eine klare Dominanz in der Kurzfristigkeit. Innovation und erst recht Technologiemanagement, Technologieentwicklung ist zum Teil langfristig. Und eine Technologiestrategie ist erst recht langfristig. Das ist nur ganz bedingt drehbar, so dass diese Asymmetrie der Fristigkeit ein gefährlicher Angriff auf die Innovationsfähigkeit ist.

Nächster Punkt: Risikominderung ist ein Riesenthema. Da haben wir großen Handlungsbedarf, um die Innovationspotenziale auszuschöpfen. Die Fähigkeit zur Innovation wäre da, aber das Risiko behindert es. Das Risiko ist nicht richtig verteilt. Wir brauchen dazu mehr und auch größere Forschungsprogramme. Wir brauchen sie auch zur Risikominderung. Dazu sind übrigens die Private-Public-Partnership-Konzepte sehr hilfreich. Das kann man ausbauen. Wir brauchen – das mag jetzt vielleicht eine besonders kritisch wirkende Bemerkung sein – eine wissenschaftlichere Bewertung unserer Forschungs- und

Entwicklungsaktivitäten bei der Auswahl, also schon beim Aufsetzen der Programme. Ich halte nichts davon, dass Politiker Programme besser aufsetzen können als Fachleute, aber wenn die Fachleute Vorschläge machen, müssen diese wissenschaftlich bewertet werden. Ich bin hier nicht ganz der Ansicht, die wir eben schon bei den Naturwissenschaften diskutiert haben. Ich glaube, Naturwissenschaftler wie auch ganz besonders die Ingenieure könnten mit etwas mehr Wissenschaftlichkeit, und dazu gehören auch noch ein paar mehr Methoden, erheblich dazu gewinnen. Wissenschaftlich heißt für mich in erster Linie, fundierter belegen zu können, dass etwas wirklich neu und sinnfällig ist, und nicht einfach mal loszulegen.

Es sollte dabei weniger Pseudoforschung geben. Forschung, die dann doch keine ist, gibt es leider auch in der viel gelobten Ingenieurdisziplin. Es gibt zu viele Pseudo-Forschungsinstitute und Transferstellen, die nicht gut genug sind und die auch an diesem Forschungs-Topf hängen. Es sollte vor allem weniger gleichmachende und letztendlich immer noch auf einer Entwicklungshilfe-Motivation basierende EU-Forschungsprojekte geben. Für ein führendes Forschungsinstitut ist es furchtbar, Aktivitäten in manchen EU-Projekten vorantreiben zu müssen, wo Proporzgedanken und letztendlich Transfer- und Entwicklungshilfeleistungen gebracht werden müssen, was von der Spitzenforschung abhält. Es braucht deshalb mehr autonome F&E-Mittel der öffentlichen Hand, die in der Scientific Community unter wissenschaftlichen Kriterien und bezüglich ihrer industriellen Relevanz bewertet werden.

> INNOVATION AM STANDORT DEUTSCHLAND IM INTERNATIONALEN VERGLEICH

ROLF JUNGNICKEL*, DANIELA WITCZAK

EINLEITUNG

Es ist eine Binsenweisheit, dass ein Land, das über wenige natürliche Ressourcen verfügt, seine Stärken in anderen Bereichen entwickeln und fördern muss. Wo materielle Inputfaktoren für die Produktion von Gütern und Dienstleistungen knapp sind, kommt der Qualität des vorhandenen Humankapitals eine umso stärkere Bedeutung zu, um im internationalen Vergleich Wohlstand und Wirtschaftswachstum erhalten und steigern zu können. Für Deutschland als hochentwickelte Volkswirtschaft liegen die komparativen Vorteile vor allem in der Fähigkeit, technologische Produkt- und Prozessinnovationen auf hohem Niveau zu erzeugen und im Inland einzusetzen.

Ebenso weit verbreitet ist auch die Erkenntnis, dass die Grundlagenforschung allein nicht ausreicht, um wirtschaftlich spürbare Impulse zu erzeugen. Hierfür ist unabdingbar, dass die entwickelten Innovationen auch ihre ökonomische Verwertung finden.[1] Erst dann also, wenn Neuerungen technisch angewandt, als Güter bzw. Dienstleistungen in den Markt eingeführt und anschließend verbreitet werden, kann auch das „Meta-Ziel" der Beschäftigungs- und Einkommensgenerierung, welches dem gesamten Innovationsprozess übergeordnet ist, erreicht werden.[2]

Um die Innovationskraft am Standort Deutschland im internationalen Vergleich einzuschätzen, muss der Innovationsbegriff also weiter gefasst werden als der reine Entdeckungsprozess auf wissenschaftlicher Ebene. Begreift man Innovation als einen breiten Prozess von Bildung, Forschung, Produktentwicklung und Produktion bis hin zum erfolgreichen Absatz, so müsste auf quantifizierbare Indikatoren aus all diesen Bereichen zurückgegriffen werden, um die internationale Vergleichbarkeit zu ermöglichen und untersuchen zu können, wie wettbewerbsfähig der Innovationsstandort Deutschland ist.[3] Innovation erfordert, zumindest wenn sie im technischen Bereich erfolgt und nicht nur

---

* Hamburgisches Welt-Wirtschafts-Archiv (HWWA), jungnickel@hwwa.de

1 Die Wirkungsweise ist für Produkt- und Prozessinnovationen unterschiedlich: Prozessinnovationen senken die Stückkosten, was bei starkem Preiswettbewerb auf den Absatzmärkten zu Preissenkungen und somit zu einem Mehrabsatz führen kann; kostensenkende Verfahren können außerdem zu Gewinn-/Lohnsteigerungen führen, was wiederum Anstoß zu neuen Investitionen bzw. Konsumausgaben ist. Produktinnovationen erschließen neue Märkte und verbessern die Konkurrenzfähigkeit im internationalen Qualitätswettbewerb; außerdem werden die Produktlebenszyklen durch die Einführung neuer Technologien verkürzt, was zusätzliche Nachfrage schafft.

2 Vgl. Stolz/Camenzind (1992), S. 15.

3 Hier wird zunächst davon abgesehen, dass Innovationen auch außerhalb des technologisch-wissenschaftlichen Bereichs erfolgen können, etwa in Form von überlegenen Organisationsformen und Arbeitsabläufen.

organisatorischer Art ist, vorhergehende Forschungs- und Entwicklungstätigkeit (F&E). Im nächsten Abschnitt beschäftigen wir uns daher zunächst mit dieser Input-Seite des Innovationsprozesses, wobei hier das Augenmerk auf den F&E-Aufwendungen und den Patentanmeldungen als zwei Schlüsselgrößen liegt. Der nächste Abschnitt geht zusätzlich auf die auch national übernommene Drei-Prozent-Vorgabe der EU und die dafür notwendigen Voraussetzungen ein. Da die am Standort Deutschland verwendete Technologie nicht zwingend auch in Deutschland entwickelt worden sein muss und ebenso deutsche Entwicklungen nicht (nur) in Deutschland, sondern auch im Ausland eingesetzt werden können, wird im nächsten Punkt auf die Internationalisierung von Forschung und Entwicklung eingegangen und deren Implikationen für die Innovationsperformance am Standort Deutschland diskutiert. Das darauf folgende Kapitel befasst sich mit den strukturellen Besonderheiten in Deutschland hinsichtlich des Innovationspotenzials. Anschließend werden mit einem internationalen Vergleich neu auf den Markt gebrachter Produkte und der weltweiten Positionen in Handel und Produktion drei Hauptaspekte der Output-Seite beleuchtet.[4] Der letzte Abschnitt fasst die wesentlichen Erkenntnisse zusammen.

DIE INPUT-SEITE DER INNOVATION
Forschungs- und Entwicklungsaufwand

Forschung und Entwicklung in den OECD-Staaten haben in den 90er Jahren kräftig zugenommen.[5] Die Anzahl der als Forscher und Entwickler klassifizierten Beschäftigten ist von 1991 bis 2000 um gut 40 Prozent auf 3.400.000 gestiegen, die F&E-Aufwendungen haben seit 1991 sogar um über siebzig Prozent zugenommen auf fast 650 Milliarden US$ im Jahr 2002 (OECD 2004). Die Gesamtentwicklung wird wesentlich geprägt von den USA und Japan, die für rund 60 Prozent aller F&E-Aufwendungen aufkommen. Allerdings haben insbesondere japanische Standorte einiges von ihrer Position eingebüßt, ihr Anteil ist von 19 Prozent im Jahre 1991 auf nur noch 16 Prozent im Jahre 2002 gefallen. Auch das deutsche Gewicht war in diesem Zeitraum rückläufig (von gut 10 auf 8,3 Prozent) wenngleich der F&E-Anteil noch immer annähernd dem wirtschaftlichen Gewicht Deutschlands in der OECD entspricht. Die höchsten Zuwächse verzeichnen mehrere kleinere europäische Länder sowie einige Schwellenländer, zum Beispiel Finnland, Dänemark, Spanien oder Korea.

Die F&E-Position eines Landes ist auch eine Frage der Ländergröße. Es ist nur natürlich, dass generell in großen Ländern mehr F&E-Aktivitäten erfolgen als in kleinen vergleichbar entwickelten Ländern. Aussagefähiger für einen internationalen Vergleich ist daher die Relation F&E-Personal/Gesamtbeschäftigte bzw. F&E-Aufwand/BIP (vgl. Bild 1). Hier zeigt sich, dass deutsche Standorte nach einem deutlichen Zurückfallen Mitte der 90er Jahre wieder deutlich über dem OECD-Durchschnitt liegen. Mit einer F&E-Quote

---

4   Dabei muss nicht noch betont werden, dass Wirtschafts- und Beschäftigungswachstum nicht monokausal auf eine erhöhte Innovationstätigkeit zurückzuführen ist, sondern auch zahlreiche andere Faktoren eine Rolle spielen. Doch gerade solche indirekten Indikatoren beinhalten diejenigen Innovationen, die auch tatsächlich wirtschaftliche Verwendung gefunden haben.
5   Für eine Definition der F&E-Aktivitäten in der OECD vgl. OECD (2002) (das sog. Frascati-Handbuch).

von rund 2,5 Prozent liegt Deutschland vor Frankreich und insbesondere Großbritannien, allerdings hinter den USA und Japan. Besonders auffallend ist der Auf- und Überholprozess von Finnland (Nokia) und Korea (Elektronik), die mit 3,4 bzw. 2,9 Prozent bereits eine höhere F&E-Intensität aufweisen als Deutschland.

Bild 1: F&E-Aufwand in Prozent des BIP im internationalen Vergleich 1991-2002

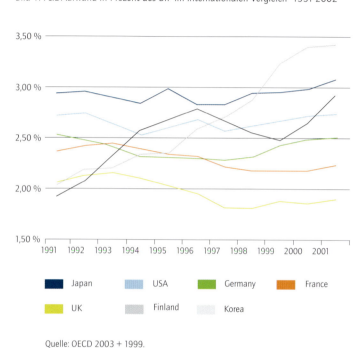

Quelle: OECD 2003 + 1999.

Patentanmeldungen

Patentanmeldungen können insofern einen aussagekräftigen Indikator für die Innovationskraft einer Volkswirtschaft darstellen, als sie einen Erfolg der F&E-Aktivitäten dokumentieren. Allerdings ist die Aussagekraft dieses Indikators eingeschränkt:

- Zum einen werden nicht alle F&E-Ergebnisse zum Patent angemeldet, weil damit auch die zugrundeliegende Forschung offengelegt werden müsste. Nachahmer könnten dann eigene Produkte und Verfahren „um das Patent herumentwickeln" und selbst Patentschutz beantragen, zumindest auf den Märkten, die nicht durch die Originalanmeldung abgedeckt sind.
- Zum anderen hängt die Frage, inwieweit für F&E-Ergebnisse Patentschutz beantragt wird, stark von nationalen Regelungen und Traditionen ab. Ein internationaler Vergleich des Patentindikators kann daher verzerrte Ergebnisse liefern.

Um derartige Probleme zu verringern, wird der Patentindikator meist nur auf solche Anmeldungen bezogen, die sowohl in Europa als auch in den USA und Japan eingereicht werden (sog. „Triade-Patente"). Diese Fälle werden nicht durch nationale Besonderheiten beeinflusst. Ihnen dürfte eine hohe wirtschaftliche Bedeutung beigemessen werden;[6] sie trennen die Spreu vom Weizen.

Bild 2: Internationaler Anteil an Triade-Patenten 2000

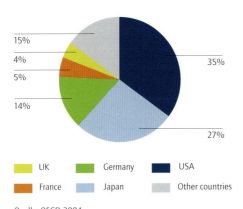

15%
4%
5%
14%
35%
27%

| | UK | | Germany | | USA |
| | France | | Japan | | Other countries |

Quelle: OECD 2004.

Im internationalen Vergleich nimmt Deutschland mit ca. 14 Prozent der gesamten Triade-Patente den dritten Rang hinter den USA (35 Prozent) und Japan (fast 28 Prozent) ein (Bild 2)[7], weit mehr, als es dem wirtschaftlichen Gewicht Deutschlands entspricht. Dies lässt auf eine rege Forschungsaktivität schließen und verstärkt das positive Urteil auf Basis von F&E-Daten. Deutschen Standorten kommt die unangefochtene Spitzenstellung in Europa zu.

Das Drei-Prozent-Ziel

Politische Vorgabe ist, diesen Vorsprung zu halten und die Position vor allem gegenüber den USA zu verbessern. Die EU wie auch die deutsche Politik hat als Ziel bis 2010 eine F&E-Quote von drei Prozent des BIP vorgegeben, um die gewohnte Einkommensposition im internationalen Wettbewerb halten zu können. Voraussetzungen zur Erreichung dieses Ziels sind sowohl eine hinreichende Verfügbarkeit entsprechend qualifizierter Wissenschaftler, die adäquate Arbeitsbedingungen haben müssen, als auch entsprechend hohe Finanzmittel. Beide Voraussetzungen sind jedoch nicht problemlos zu schaffen.

---

[6] Vgl. Frietsch/Breitschopf (2003), S. 9.
[7] Vgl. OECD 2004.

Nur wenn genügend qualifiziertes Humankapital aufgebaut wird, ist eine Volkswirtschaft in der Lage, Innovationen zu entwickeln und umzusetzen. Vergleicht man den Anteil der Akademiker an der Gesamtbevölkerung in Deutschland mit anderen Ländern, ergibt sich kein besonders günstiges Bild (Bild 3):

Bild 3: Anteil Akademiker an Gesamtbevölkerung nach Altersgruppen und Ländern

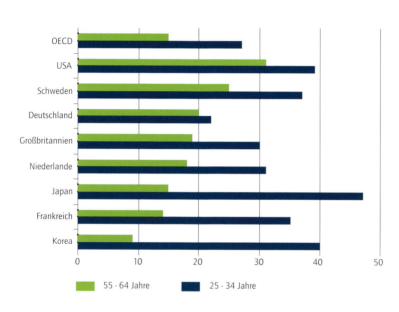

Quelle: BMBF 2004.

Bei den 55- bis 64-jährigen Akademikern liegt Deutschland mit einem Anteil von zwanzig Prozent noch deutlich über dem OECD-Durchschnitt von 15 Prozent. Bei den 25-34jährigen besteht mit ca. 23 Prozent allerdings ein deutlicher Rückstand gegenüber dem OECD-Durchschnitt (27 Prozent). Anders als in den international wichtigsten Konkurrenzländern (zum Beispiel Japan, Korea und Frankreich) ist die Akademikerquote in Deutschland in den vergangenen Jahrzehnten offenbar nur wenig gestiegen. Selbst wenn man bedenkt, dass das Wachstum in anderen Ländern auch durch „Schein-Akademisierung" bestimmter Berufe (zum Beispiel Krankenschwestern) überhöht und gleichzeitig die deutsche „Performance" durch Unterbewertung von Fachschulausbildungen und eine längere Studiendauer unterschätzt wird, so weckt doch der im Schaubild dargestellte Vergleich Skepsis hinsichtlich einer massiven Steigerung der F&E-Quote. Diese Skepsis wird verstärkt durch die deutsche Position bei Absolventen in ingenieur- und naturwissenschaftlichen

Studiengängen. Deren Quote liegt, ausweislich des Bundesforschungsberichts 2004, in Deutschland nahezu stabil bei gut 0,7 Prozent aller Erwerbstätigen zwischen 25 und 34 Jahren, in Finnland, Großbritannien und Frankreich dagegen etwa doppelt so hoch. Auch die wichtigsten weiteren Konkurrenzländer haben deutlich höhere Absolventenquoten in diesen Bereichen. Sollen Forschung und Entwicklung in Deutschland also massiv ausgeweitet werden, bedarf es relativ kurzfristig erheblicher Anstrengungen im Bildungssektor.[8] Bislang liegt Deutschland, einer Zusammenstellung der EU-Kommission zufolge, bei öffentlichen Ausgaben für Bildung mit rund 4,5 Prozent des BIP nur im unteren Mittelfeld der EU-Mitgliedsstaaten (Eurostat Jahrbuch 2004).

Damit ist die zweite Voraussetzung für mehr F&E angesprochen: das Vorhandensein entsprechender Finanzmittel. Diese können öffentlich oder privat aufgebracht werden. Öffentliche Förderung von F&E lässt sich theoretisch durch externe Effekte begründen: Die F&E betreibenden Institutionen können die Ergebnisse nicht ausschließlich für sich nutzen, da diese früher oder später an die Konkurrenz oder andere Interessenten diffundieren. Dies führt zu gesamtwirtschaftlich unteroptimalen F&E-Aufwendungen der Unternehmen, wenn der Staat keine Kompensation durch Fördermaßnahmen bereitstellt oder F&E in staatlichen Institutionen durchführen lässt. Die desolate Haushaltssituation auf allen staatlichen Ebenen lässt auf absehbare Zeit allerdings keinen großen Sprung bei staatlichen oder staatlich geförderten F&E-Aktivitäten erwarten.

Insofern erscheint die Realisierung des Drei-Prozent-Ziels am ehesten durch eine Steigerung der privaten, das heißt der Unternehmens-F&E möglich, die derzeit bei ca. siebzig Prozent liegt. Entscheidend dafür sind die Finanzierungsbedingungen und die Absatzerwartungen der Unternehmen. Forschung und Entwicklung müssten in einem Konjunkturaufschwung überproportional steigen. Damit wird die generelle wirtschaftliche Dynamik (und deren Förderung durch die Politik) zum Hauptfaktor für eine Steigerung der Innovation, und auch die oft diskutierten Reformen auf dem Arbeitsmarkt, bei der Regulierungsdichte und im Steuersystem sind im Zusammenhang mit einer gestärkten Innovationsfähigkeit zu sehen. Allerdings bedarf es, angesichts der schlechten Ergebnisse der PISA-Studien, der bevorstehenden Akademiker-Lücke und bisher relativ niedriger Bildungsausgaben auch bei Realisierung dieser Reformen einer durchgreifenden Verbesserung des Bildungssystems.

Oftmals wird eine Vergemeinschaftung der Forschungsförderung in der EU als probates Mittel zur Steigerung der Innovationskraft gesehen, natürlich vor allem von der EU-Kommission selbst. Prinzipiell erscheint dies sinnvoll bei Großprojekten mit besonders hohen Erfolgsrisiken. Als generelle Maßnahme erscheint eine Vergemeinschaftung jedoch eher ungeeignet, insbesondere aus Sicht großer Mitgliedsstaaten wie Deutschland, die über ein großes heimisches Forschungspotential verfügen. Dies umso mehr, als in der EU die Forschungseffizienz leicht durch Verteilungskämpfe der beteiligten Regierungen und Standorte leiden kann.

---

8 Eine Alternative läge in der Zuwanderung hochqualifizierter Ausländer. (siehe Abschnitt „Integration ausländischen Wissens am Standort Deutschland")

INTEGRATION AUSLÄNDISCHEN WISSENS AM STANDORT DEUTSCHLAND

Mit der zumindest nicht prinzipiell positiv zu wertenden Vergemeinschaftung von F&E in der EU wird selbstverständlich nicht die internationale Kooperation der Forschung generell kritisiert. Soweit komplementäre Fähigkeiten grenzüberschreitend zusammengeführt werden und ein möglichst wenig von staatlichen Aktionen verzerrter Wettbewerb erhalten bleibt, sind im Gegenteil durch die Internationalisierung klare Effizienzgewinne zu erwarten. Die internationale Vernetzung von F&E kann geradezu als Kennzeichen der modernen technologischen Entwicklung angesehen werden.[9] Auslandskooperationen steigen deutlich überdurchschnittlich. Dies zeigt sich nicht zuletzt am rapidem Wachstum von Patentanmeldungen beim EPA, die auf internationaler Kooperation beruhen. Derartige Patente machen bereits über ein Zehntel aller Anmeldungen aus (BMBF 2004).

Zentrales Element der internationalen Vernetzung ist die Internationalisierung der Unternehmen. Die Internationalisierung der Produktion geht mit einer Internationalisierung der F&E einher. Deutsche Unternehmen produzieren und forschen im Ausland und ausländische Firmen produzieren und forschen an deutschen Standorten.

Tabelle 1: Internationalisierung der deutschen Wirtschaft 1995 und 2001

	Ausland in Deutschland		Deutschland im Ausland	
	1995	2001	1995	2001
Beschäftige (1000)	1684	2165	2834	4689
Verarb. Gewerbe	1086	1215	1917	2778
Umsatz (Mrd. €)	493	795	534	1411
Verarb. Gewerbe	264	389	270	634

Quelle: Deutsche Bundesbank: Kapitalverflechtung mit dem Ausland, Frankfurt, versch. Jgge.

Tabelle 1 zeigt, dass die Verflechtung in beide Richtungen eine auch gesamtwirtschaftlich beachtliche Größenordnung erreicht hat. Mit gut 4,5 Millioen Beschäftigten im Ausland,[10] davon über 2,5 Millioen in ausländischen Produktionsstätten, liegt die Internationalisierung der deutschen Unternehmen leicht über dem internationalen Durchschnitt (UNCTAD 2003). Das Ausland ist etwas weniger stark in Deutschland vertreten. Immerhin stellen die gut zwei Millioen Beschäftigten bei auslandskontrollierten Unternehmen aber rund sechs Prozent der gesamten Inlandsbeschäftigten, in der Industrie sind es sogar 15 Prozent, die für über ein Viertel der inländischen Industrieproduktion aufkommen.

---

[9] Borrmann et al. (2001), S. 240 ff.; Grenzmann (2004), S. 12ff.; BMBF (2004), S. 504ff.

[10] Es mag verlockend sein, zwischen den ungefähr gleich hohen Zahlen der Auslandsbeschäftigten und der Arbeitslosen in Deutschland einen Kausalzusammenhang herzustellen. Dies wäre jedoch verfehlt. Empirische Untersuchungen lassen eher vermuten, dass sich beschäftigungsfördernde und beschäftigungsschädliche Auswirkungen der Direktinvestitionen annähernd die Waage halten, siehe dazu zum Beispiel Härtel/ Jungnickel et al. (1998), Kleinert et al. (2000) und die Literaturübersicht in Reker (2001).

Die nur für wenige Länder verfügbaren Informationen (OECD 1999a) lassen erkennen, dass Deutschland traditionell ein von ausländischen Konzernen bevorzugter Standort für F&E wie auch generell für einkommensstarke Produktionen ist. Mit gut 15 Prozent beherbergen deutsche Standorte einen weit größeren Anteil an der gesamten Auslandsforschung amerikanischer Unternehmen, als es dem wirtschaftlichen Gewicht Deutschlands in der Welt oder auch dem Anteil an der gesamten Wertschöpfung amerikanischer Unternehmen, als es dem wirtschaftlichen Gewicht Deutschlands in der Welt oder auch dem Anteil an der gesamten Wertschöpfung amerikanischer Auslandstöchter entspricht:

Tabelle 2: US-Investoren in der deutschen Wirtschaft 2000

	Beschäftigte %	Wertschöpf. %	Produktivität 1000$	F&E-Anteil %	F&E-Intensit. %
Deutschland	7,4	9,9	100,3	15,2	5,2
Frankreich	6,7	5,9	65,8	7,2	4,1
Schweiz	0,7	0,20	20,4	1,4	25,5
UK	14,5	17,7	93,3	20,1	3,7
Niederlande	2,1	3,5	121,7	1,8	1,8
Europa	45,4	54,4	88,6	62,9	3,9
Welt	100,0	100,0	74,2	100,0	3,4

Quelle: BEA: Surgey of Current Business.

Das Gewicht auslandskontrollierter Unternehmen an den internen F&E-Aufwendungen der Unternehmen in Deutschland ist in den 90er Jahren weiter angestiegen auf nunmehr fast ein Viertel.[11]

Auf der anderen Seite betreiben deutsche international orientierte Unternehmen in ähnlich hohem Ausmaß wie die Ausländer hierzulande F&E-Aktivitäten bei ihren ausländischen Töchtern.[12] Die entsprechenden Aufwendungen sind ebenfalls in den 90er Jahren kräftig gestiegen, sie belaufen sich bereits auf über ein Drittel des globalen F&E-Aufwands der betreffenden Unternehmen. Die deutsche Wirtschaft ist somit intensiv in internationale Forschungsnetzwerke eingebunden.

Aus der zahlenmäßigen Gleichheit der von Auslandsfirmen in Deutschland und deutschen Firmen im Ausland betriebenen F&E darf nicht auf ein Nullsummenspiel geschlossen werden, etwa in dem Sinne, dass die Auslandsfirmen hierzulande eine Kompensation für die ins Ausland verlagerte Forschung deutscher Unternehmen darstellen. Auslands-F&E kann komplementär oder substitutiv zur Forschung des Stammhauses sein.

[11] Grenzmann 2004.
[12] Grenzmann 2004; Belitz 2004.

F&E-Verlagerungen in Länder mit besseren Rahmenbedingungen können dem Auslagerungsland Einkommensmöglichkeiten entziehen, aber dies kann man nicht verallgemeinern. Verfolgen die Auslandsinvestoren „Asset-seeking"-Strategien (Dunning), deren Ziel der Zugang zum Wissen des Gastlandes ist, so dürfte sich dies positiv auf das Stammland auswirken, aber möglicherweise Probleme für das Gastland mit sich bringen (Wissensabfluss). In diesem Zusammenhang sind die in den internationalen Direktinvestitionen dominierenden Akquisitionen zu nennen. Sie können mit einem Kompetenzabzug verbunden sein, allerdings auch mit einem Zufluss von Wissen und Zuständigkeiten im Rahmen des übernehmenden Unternehmens. Konzernweite Spezialisierung der in verschiedenen Ländern gelegenen Forschungsstätten eines Konzerns dürfte sich positiv auf alle beteiligten Standorte (wie auch auf Produktionsstandorte, an denen nicht geforscht wird) auswirken.

Angesichts dieser sehr unterschiedlichen Wirkungsweisen erscheint eine ex-ante Bewertung von Internationalisierungsprozessen im F&E-Bereich problematisch. Innovationssysteme stellen sich zunehmend als internationales Netzwerk dar, in dem die Lokalisierung der F&E ebenso von Angebotsfaktoren (vorhandenes technisches Wissen, unternehmerische Rahmenbedingungen) wie von der Nachfrage abhängt (Aufgeschlossenheit der Nachfrager für Neues). Ein Vergleich der F&E-Aktivität von auslandskontrollierten Unternehmen sowie inländischen Firmen mit und ohne Auslandsforschung (vgl. Bild 4) lässt vermuten, dass die Internationalisierung den Innovationsanstrengungen am Standort Deutschland zumindest nicht geschadet hat: Unternehmen mit Auslandsforschung forschen auch im Inland überdurchschnittlich, und auch auslandskontrollierte Unternehmen weisen eine überdurchschnittliche F&E-Intensität auf.

Bild 4: Internationalisierte Unternehmen in der F&E am Standort Deutschland

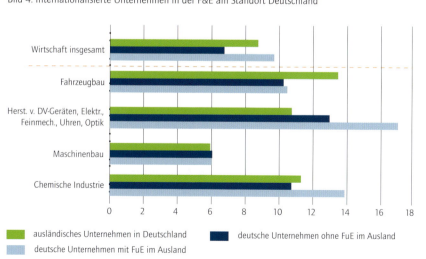

Anteil des FuE-Personals an den Beschäftigten in forschenden Unternehmen.

Quelle: SV Wissenschaftsstatistik. - Berechnungen des DIW Berlin.
Aus: BMBF: Forschungsbericht 2004

Nach allem, was empirisch verfügbar ist, hat der Standort Deutschland bisher dabei eine stabile vordere Position eingenommen. Dies ergibt sich auch aus vergleichenden Untersuchungen im Innovationsbarometer der EU-Kommission (2003).

Bedeutend schlechter sieht es für den Standort Deutschland aus, was die Anwerbung hochqualifizierter Arbeitskräfte aus dem Ausland betrifft. Die nicht gerade zahlreichen Informationen deuten darauf hin, dass hochqualifizierte Ausländer eher in angelsächsische Länder, vor allem in die USA, gehen, als dass sie sich in Deutschland ansiedeln (Radu 2003). Mit einem neuen Zuwanderungsgesetz, das den gesamtwirtschaftlichen Nutzen integrierter Hochqualifizierter in den Blickpunkt rückt, könnte hier eine Verbesserung erreicht werden.

STRUKTURELLE FAKTOREN DER INNOVATIONSKRAFT IN DEUTSCHLAND

Wie bereits oben erwähnt, liegt mit ca. siebzig Prozent der größte Anteil der F&E-Finanzierung bei der Wirtschaft. Dies ist im internationalen Vergleich keine Besonderheit. Deutsche Spezifika liegen jedoch in den sektoralen Schwerpunkten:

- Wie in der Gesamtwirtschaft und im Außenhandel liegen deutsche Firmen auch bei Innovationsausgaben im Dienstleistungsbereich zurück. Dies gilt nicht nur für den Vergleich mit den USA, sondern sogar für den Vergleich mit anderen EU-Ländern. Werden in Deutschland rund sieben Prozent der F&E-Aufwendungen im Dienstleistungsbereich eingesetzt, so sind es in den USA über dreißig Prozent und in wichtigen EU-Ländern deutlich über zehn Prozent (vgl. BMBF 2004). Die Forschungsintensität ist im deutschen Dienstleistungssektor unterdurchschnittlich. Damit wirkt sich das überdurchschnittliche Wachstum dieses Sektors hemmend auf die Erreichung des Drei-Prozent-Ziels aus. Dies ändert sich allerdings im Zeitverlauf, da die Dienstleistungs-F&E besonders rasch ansteigt.
- Im industriellen Bereich, auf den in Deutschland neunzig Prozent der F&E-Aufwendungen entfallen, weist Deutschland dementsprechend einen Vorsprung auf. Dieser betrifft jedoch nicht die ganze sektorale Breite. Unterschiede zu anderen Ländern werden deutlich, wenn man die Produktbereiche nach ihrer Technologieintensität unterteilt in forschungsintensive (F&E-Intensität mindestens 3,5 Prozent) und andere Produkte und die forschungsintensiven wiederum in hochwertige (F&E-Intensität bis 8,5 Prozent) und Spitzentechnologie (über 8,5 Prozent). Diese Unterteilung ist zwar in mehrerer Hinsicht angreifbar,[13] sie wird mangels besserer Alternativen aber häufig in empirischen Untersuchungen herangezogen. Die Besonderheit Deutschlands liegt in einer starken Konzentration auf Bereiche hochwertiger Technologien, während die Spitzentechnik schwächer vertreten ist als in den wichtigsten Konkurrenzländern. Die insgesamt relativ gute Position im internationalen F&E-Vergleich resultiert primär aus den hohen Aufwendungen in den „nur" als hochwertig eingestuften Branchen Auto-

---

[13] Erstens ist der Umsatz als Bezugsgröße weniger geeignet als die Wertschöpfung; zweitens bleibt der Vorleistungseinsatz von technischen Spitzenprodukten anderer Unternehmen ebenso unberücksichtigt wie nicht-technologische Innovationskraft.

mobilbau, Chemie (o. Pharma) und Maschinenbau. In den als Spitzentechnologie ausgewiesenen Bereichen ist das deutsche Gewicht geringer, wenngleich teilweise ansteigend.[14] Kritisiert wird die deutsche Position in zweierlei Hinsicht: Zum einen wird oft – und schon seit vielen Jahren – kritisiert, dass Defizite in der Spitzenforschung auf die Dauer mit Einkommensverlusten verbunden sind. Dies Argument wird wesentlich durch die international gute Performance der nur als hochwertig eingestuften Branchen relativiert. Denn deutsche Standorte sind lange Jahre mit „nur" hochwertiger Technik recht gut gefahren. Des Weiteren wird die hohe Abhängigkeit der deutschen F&E-Position von zu wenigen Branchen, vor allem von der Automobilindustrie, kritisiert. Die Erfahrung der jüngsten Zeit zeigt, dass hier in der Tat ein Risiko liegt, wenn die bisher stärkste Branche, der Automobilbau, schwächelt.

Bild 5: Anteil Deutschlands an den internen F&E-Aufwendungen der OECD in ausgewählten Sektoren 1973

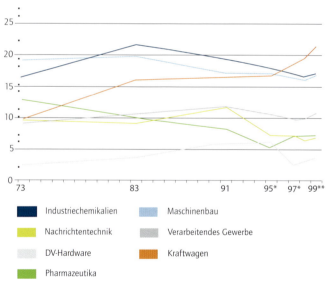

Quelle: Legler (2003), S. 50.

bis 1999 in %

DIE OUTPUT-SEITE

Letztlich geht es bei der Frage nach der Innovationskraft deutscher Standorte um Arbeitsplätze und Einkommenssteigerungen durch Innovation, und zwar nicht nur um

---

[14] Ähnliche sektorale Schwerpunkte bestehen in der deutschen Beteiligung an den internationalen Patentanmeldungen, vgl. BMBF 2004.

die mit dem Innovationsprozess direkt verbundenen Einkommen und Jobs, sondern auch um solche, die aus der Anwendung von Innovationen entstehen. Die erfolgreiche Anwendung von Innovationen schlägt sich in Verkäufen der entsprechenden Produkte im In- und Ausland[15] nieder. Insofern sind Output-Indikatoren noch besser geeignet zur Kennzeichnung der Innovationsstärke eines Standorts als die Input-Indikatoren. Im Folgenden werden mit der Einführung neuer Produkte, den Anteilen am Welthandel und den Anteilen an der Weltproduktion drei derartige Indikatoren herangezogen. Die Evidenz im Hinblick auf solche Indikatoren ist nicht eindeutig:

NEUE PRODUKTE

In Bild 6, das im Übrigen einen zusammenfassenden Vergleich von Innovationsindikatoren liefert, wird die relative Position deutscher Unternehmen im Vergleich zu denen aus anderen EU-Staaten beim Anteil neu auf den Markt gebrachter Produkte ausgewiesen. Dabei handelt es sich um Produkte, die nicht nur neu für das Unternehmen, sondern neu für den gesamten Markt sind. Sie können daher als eigentliche Innovationsprodukte angesehen werden. Die deutsche Position ist in dieser Hinsicht deutlich schlechter als bei allen anderen Indikatoren der Standortqualität. Insbesondere gilt dies für Dienstleistungen.

Bild 6: Innovationsstandort Deutschland: Stärken und Schwächen

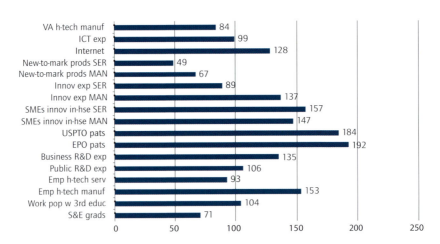

Quelle: EU Scoring Board (2003).

---

[15] Die Notwendigkeit zur internationalen Vermarktung ergibt sich schon aus den kürzer werdenden Produktzyklen.

POSITION IM WELTHANDEL

Die Welthandelsanteile, wie sie in Bild 7 ausgewiesen sind, geben den internationalen Vermarktungserfolg der in und aus Deutschland gehandelten Produkte im internationalen Vergleich wieder.

Bild 7: Welthandelsanteile im internationalen Vergleich

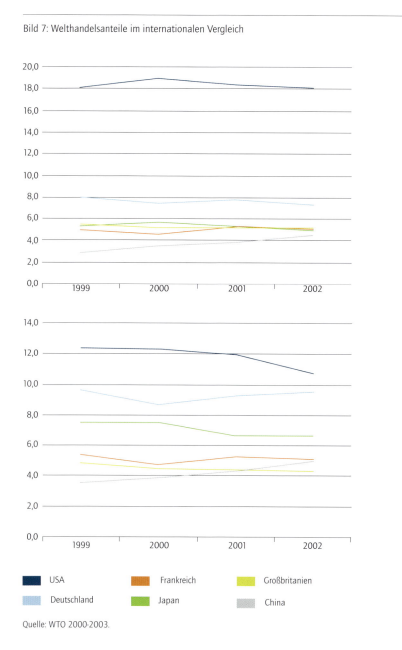

Quelle: WTO 2000-2003.

Für den Export zeigen sie in den letzten Jahren eine leichte Erholung bis auf fast zehn Prozent des Weltexports. In den späten 80er Jahren waren es zwar schon einmal rund zwölf Prozent gewesen. Stand und Entwicklung müssen allerdings vor dem Hintergrund verschiedener Faktoren beurteilt werden:

Das gegenüber früheren Zeiten niedrigere Niveau entsteht teilweise gewissermaßen „zwangsläufig" dadurch, dass in den 90er Jahren neue Nationen massiv in den Welthandel eingetreten sind. Auf der anderen Seite hat der in letzter Zeit gestiegene Kurs des Euro gegenüber dem US-Dollar zusammen mit der hohen EU-Orientierung die deutschen Exportwerte nach oben getrieben. Ebenso wird gegen eine positive Bewertung der relativ guten deutschen Exportposition eingewandt, dass die Werte durch umfangreiches Outsourcing aufgebläht werden, was die deutsche Wirtschaft zu einer „Basar-Ökonomie" (Sinn) mache. Demnach enthalten die deutschen Exporte in zunehmendem Maße vorher importierte Komponenten, so dass die Exportwerte nicht mehr inländische Wertschöpfung widerspiegelten. Dies Argument erscheint jedoch weder theoretisch noch praktisch besonders stichhaltig zu sein. Theoretisch ist eine verstärkte Einbindung in die internationale Arbeitsteilung eher positiv als negativ zu sehen, zumal wenn sie gleichgewichtig erfolgt. Zudem betrifft sie nicht nur Deutschland, sondern auch die konkurrierenden Industrieländer, ändert somit wenig an der relativen Exportposition Deutschlands. Praktisch hat nicht zuletzt eine Untersuchung des Statistischen Bundesamtes (2004) gezeigt, dass zwar die exportinduzierten Importe weit überdurchschnittlich zunehmen. Die exportinduzierte inländische Wertschöpfung ist aber dennoch seit Mitte der 90er Jahre weit schneller gewachsen als das deutsche BIP. Auch die deutschen Anteile am Weltimport sind in den letzten Jahren nicht gestiegen, sondern sie haben stagniert.

Welthandelsanteile umfassen alle Produkte, nicht nur die aus technologischen Innovationen hervorgegangenen. In der sektoralen Perspektive (BMBF 2004) ergibt sich das bereits vertraute Bild: Die deutsche Exportstärke wird von „hochwertigen" Produkten geprägt, vor allem vom Maschinen- und Fahrzeugbau. Spitzentechnologie ist jedoch nur unterdurchschnittlich vertreten. Zusammenstellungen der EU-Kommission zufolge schneiden deutsche Standorte allerdings etwas besser im Export von Spitzentechnologie ab. Anders als wichtige Konkurrenzländer[16] ergeben sich für Deutschland seit Mitte der 90er Jahre sogar Zuwächse im Welthandelsanteil von Spitzenprodukten.

POSITION IN DER WELTPRODUKTION

Die Position in der Weltproduktion liefert einen allgemeinen Maßstab für den Erfolg (oder Misserfolg) eines Standorts im internationalen Wettbewerb und im internationalen Vergleich, wenngleich sich der Erfolg nicht kausal auf die Innovationskraft am Standort zurückführen lässt (vgl. Bild 8). Anders als die Außenhandelsindikatoren enthält das BIP nur die inländische Wertschöpfung, wenngleich diese nicht zwingend aus inländischen Innovationen herrührt oder überhaupt mit Innovationen zusammenhängt. Dennoch ist die Produktion und damit das Einkommen – wenn es pro Kopf berechnet wird – von

---

[16] EU-Kommission (2003a), S. 72 ff.

zentraler Aussagekraft, da sie die Einkommens- und letztlich auch die Beschäftigungs-situation der Bevölkerung in einem Land widerspiegelt.

Bild 8: BIP pro Kopf im internationalen Vergleich

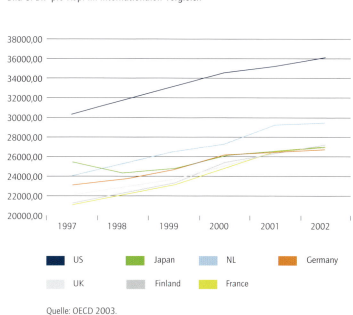

Quelle: OECD 2003.

In den letzten Jahren ist Deutschland gegenüber seinen wichtigsten Konkurrenz-ländern beim Pro-Kopf-Einkommen etwas zurückgefallen; es wurden nur noch geringe Wachstumsraten verzeichnet. Analog dazu stagniert auch die Zahl der Beschäftigten in Deutschland seit Jahren. Diese Entwicklung – zumindest sechzehn Jahre nach der Wiedervereinigung – kann nicht mehr auf deren Belastungen zurückgeführt werden, allenfalls teilweise auf die Fehlkalkulation der für den Osten aufgewandten Mittel.

Auch im Vergleich der Produktivität, d.h. der Wertschöpfung pro Beschäftigtenstunde, ausgedrückt in Kaufkraftparitäten, liegt Deutschland nur noch im Mittelfeld der hoch-entwickelten Länder, leicht über dem EU-Durchschnitt.[17] Der Produktivitätszuwachs seit Mitte der 90er Jahre lag sogar nur knapp beim EU-Durchschnitt; wichtige Konkurrenz-länder wie die USA, Frankreich und Großbritannien sowie eine Reihe kleinerer Länder verzeichnen deutlich stärkeres Wachstum.

Differenziert man die Wertschöpfung nach ihrer Wissens- und Forschungsintensität, zeigt sich das vertraute Bild: Im Vergleich zu den restlichen G6-Staaten ist Deutschland im Bereich der hochwertigen Technik besser, bei der Spitzentechnik hingegen nicht.[18]

---

[17] EU-Kommission, 2003a, S. 76ff..
[18] Vgl. BMBF 2004.

In der Summe von High- und Medium- Technology Industrien verzeichnet Deutschland der zitierten EU-Statistik zufolge deutlich überdurchschnittliche Zuwachsraten.

ERGEBNIS

1. Es gibt ein wirtschaftliches Problem Deutschlands im Vergleich mit anderen Ländern. Das Pro-Kopf-Einkommen ist auf gutes Mittelmaß unter den hochentwickelten Ländern zurückgefallen. Dies kann man nicht nur auf die Belastungen aus der Wiedervereinigung schieben.

2. Es fällt schwer, das relative Zurückfallen auf Innovationsschwäche im technologischen Sinne am Standort Deutschland zurückzuführen. Bei den Input-Faktoren wie auch bei der Integration ausländischen Wissens steht der Standort Deutschland relativ gut da, wenngleich mit Risiken in der längeren Perspektive wegen Schwächen in expandierenden Spitzenbereichen und im Bildungswesen. Eine zu hohe Konzentration der Wettbewerbsstärken auf wenige Sektoren (vor allem des Automobilsektors) stellt ein zusätzliches Risiko dar.

3. Technologische Innovationsschwäche mag gegeben sein, aber sie ist nicht stärker als früher, in den 80er Jahren, als sie auch die wirtschaftliche Entwicklung nicht beeinträchtigt hat. Hauptursache für die gegenwärtigen Probleme dürften interne Hemmnisse sein für einen Strukturwandel, der Massenarbeitslosigkeit nicht entstehen lässt.

4. Dennoch gibt es Anlass, die aufgezeigten technologischen Schwächen anzugehen, zumal die Globalisierung und kürzere Produktzyklen Schwächen immer schneller aufdecken.

5. Mit besserer Innovationsperformance allein in technologischer Hinsicht werden sich die Arbeitsmarktprobleme in Deutschland kaum lösen lassen. Die Technologie- und Innovationspolitik kann nur ein Teil allgemeiner Standort- und Strukturpolitik sein. Es geht in der Politik auch um eine attraktive, „innovative" Gestaltung der Rahmenbedingungen für Innovation und Wirtschaft generell sowie um Verbesserungen im Bildungssystem als einem der wenigen Bereiche, die noch relativ standorteigenständig gestaltbar sind.[19] Den steigenden technikbezogenen Kompetenzanforderungen muss in einer hoch entwickelten wissensbasierten Ökonomie aktiver begegnet werden. Hier sind neben dem Staat auch die Unternehmen und die privaten Aus- und Weiterbildungsanbieter sowie die einzelnen Arbeitnehmer im Sinne eines „Life Long Learning" gefragt.

---

[19] Vgl. Holz-Hart et al.

LITERATUR

Belitz, Heike (2004): *Forschung und Entwicklung multinationaler Unternehmen*, DIW Berlin.

BMBF (2004): *Bundesbericht Forschung 2004*, Bonn/Berlin.

Borrmann, Christine, Ulrike Dennig, Rolf Jungnickel et al. (2001): *Standort Deutschland im internationalen Verbund*, Baden-Baden, Nomos.

Bureau of Economic Analysis (BEA) (versch. Jgge.): *Survey of Current Business*, Wahington, D.C.

Deutsche Bundesbank (versch. Jgge.): *Kapitalverflechtung mit dem Ausland*, Statistische Sonderveröffentlichung Nr. 10, Frankfurt.

EU-Kommission (2003): *Promotion of Innovation and Encouragement of SME Participation*, Innobarometer, (www.cordis.lu/innovation-smes/src/innobarometer.htm).

EU-Kommission (2003a): *Towards a European Research Area*, Key Figures 2003/2004, Brüssel.

Eurostat-Jahrbuch (QV auf S. 10).

EU Scoring Board (2003): file:///U:/usr/Vortr%E4ge/Innovation%20Berlin/germany.html

Grenzmann, Christoph (2004): „Zunahme der Verflechtung deutscher Unternehmen", in: Stifterverband, F&E Info Nr. 1/2004, Essen, S. 12-19.

Kleinert, Jörn et al. (2000): *Globalisierung, Strukturwandel und Beschäftigung*, Tübingen 2000.

Legler, Harald (2003): *Forschungs- und Entwicklungsaktivitäten im internationalen Vergleich*, Studien zum deutschen Innovationssystem Nr. 9-2004, hrsg. vom Bundesministerium für Bildung und Forschung.

Hotz-Hart, Beat/Reuter, Andreas/Vock, Patrick (2001): *Innovationen: Wirtschaft und Politik im globalen Wettbewerb*, Bern.

OECD (2003 und 2004): *Main Science and Technology Indicators*, OECD Statistics, Paris.

OECD (2002): *The Measurement of Scientific and Technological Activities. Proposed Standard Practice for Surveys on Research and Experimental Development*, Frascati Manual 2002, Paris.

OECD (1999): *Main Science and Technology Indicators*, OECD Statistics, Paris.

OECD (1999a): *Measuring Globalization. The Role of Multinationals in OECD economies*, Paris.

Radu, Dragos (2003): „Characteristics and Performance of East European Migrants in Germany: What prospects for integration?", HWWA FLOWENLA Discussion Paper Nr. 7, Hamburg.

Reker, Christoph (2001): *Ursachen und Verflechtung deutscher Direktinvestitionen*, Lang, Frankfurt et al.

Statistisches Bundesamt (2004): *Importabhängigkeit der deutschen Exporte1991,1995, 1998 bis 2000 und 2002*, Wiesbaden.

Stolz, Peter/Camenzind, Paul (1992): *Innovationen, Beschäftigung und Arbeitswelt: Chancen und Risiken aus ökonomischer Sicht*, Chur.

WTO (versch. Jgge): http://www.wto.org/english/res_e/statis_e/statis_e.htm

> VERTRAUEN IN DAS NEUE – INNOVATIONEN VERANTWORTEN

ZUR PHILOSOPHISCHEN SEMANTIK DES VERTRAUENSBEGRIFFS

KLAUS KORNWACHS

EINLEITUNG

Wenn die Begriffe Verantwortung, Mut und Vertrauen als Eckpfeiler für die Beförderung von Innovationen genannt werden, dann sind damit Themen angesprochen, die weniger mit den klassischen Hemmnissen einerseits und den fördernden Faktoren andererseits im Sinne technischer, organisatorischer und ökonomischer Bestimmungen zu tun haben. Es wird vielmehr ein Themenfeld eröffnet, das mit Haltungen, Einschätzungen und Gestimmtheiten auf der persönlichen wie gesellschaftlichen Ebene zu tun hat. Kommt, so würde die negativ gestellte Frage lauten, eine mangelnde Innovationskraft durch fehlenden Mut und Vertrauen in das Neue zustande, und wo spielen Fragen der Verantwortung eine Rolle?

Es geht offenkundig nicht nur um Produktinnovation, die dann vorhanden ist, wenn sich eine technische Neuheit von der Invention zum wirtschaftlich erfolgreichen Produkt durchgesetzt hat, sondern auch um Prozessinnovationen, die mittels neuer Technik und neuer Verfahren sowie neuer Organisationsformen zum Beispiel zu neuen, durchsetzungsfähigen und ökonomisch sinnvollen Dienstleistungen werden.

Der folgende Beitrag will den Schwerpunkt auf den Begriff des Vertrauens im Zusammenhang mit diesem, etwas weiter gefassten Begriff von Innovation legen.

Der wohl einschlägigste Satz zu unserer Thematik stammt angeblich von Wladimir Iljitsch Lenin und lautet bekanntlich: „Vertrauen ist gut, Kontrolle ist besser".[1] Neben der pessimistischen Grundeinstellung sagt er aber bereits etwas sehr grundlegendes über das Thema Vertrauen aus: Vertrauen und Kontrolle scheinen sich gegenläufig zueinander zu verhalten. In entsprechenden Situationen mag die genau abgestimmte Mischung aus Vertrauen und Kontrolle ein optimales Ergebnis hinsichtlich des zu erwartenden Verhaltens einer Person, eines Prozesses oder eines Systems erbringen, aber die Mischung scheint eine Kunst für sich zu sein.

Oft wird der Verlust des Vertrauens beklagt, und das Vertrauen in die Politik scheint besonders geschwunden zu sein. Vertrauen ist ein Zustand in einer Gesellschaft, der ständig neu erworben und erarbeitet werden muss. Die zunehmende Verrechtlichung unseres Alltags, vom Computerrecht bis hin zu den rechtlichen Bestimmungen bei Unternehmensgründungen, scheint anzudeuten, dass Vertrauen ein Thema auch für diese Gesellschaft geworden ist: „Eine Gesellschaft, der das Vertrauen abhanden kommt,

---

[1] Man schreibt dies zwar Lenin zu, aber der Ausspruch ist explizit so in Lenins Werken nicht zu finden. Eine russische Redewendung, die lautet: „Vertraue, aber prüfe nach", soll zu den Lieblingssätzen Lenins gezählt haben. Vgl. Drösser (2002), S. 18. Vgl. auch DIE ZEIT Nr. 12 (2002).

braucht um so mehr Juristen".[2] Ein weiteres Indiz ist die Woge von Publikationen über den Vertrauensbegriff, die in den letzten fünf Jahren erschienen sind.[3]

In der Tat zeigt eine Umfrage des Nachrichtenmagazins STERN, dass es ein erhebliches Misstrauen gegenüber staatlichen Institutionen gibt (vgl. Bild 1). Die Rangfolge auf der nächsten Seite spricht für sich: Den politischen Parteien, dem System der gesetzlichen Rente, dem Bundestag und dem Arbeitsamt wird kein Vertrauen mehr entgegengebracht, gefolgt von Gewerkschaften und den Kirchen. Die Bürger scheinen einer Institution eher zu vertrauen, je staatsferner sie ist.

Bild 1: Rangfolge des Misstrauens.

Misstrauen: Anteil der Teilnehmer, die auf die Frage: „In welchem Maße vertauen Sie den folgenden Institutionen?" auf einer Skala von 1 „vertraue sehr" bis 6 „vertraue überhaupt nicht" mit 5 oder 6 geantwortet haben. Basis: 450.000 Befragte. **Quelle:** Perspektive Deutschland, Stern 18 (2004), S. 57.

---

[2] Vgl. Novotny (2004).
[3] Als Beispiel Frevert (2002), Nadin (2001), Hartmann, Offe (2000), Böhme (1998), Lübbe (2004) u.a.

Bei Technik, Wissenschaft und Innovation scheint die Lage anders zu sein. Renate Köcher sah keinen Anlass, in ihrem Vortrag bei acatech, Technikängste oder Misstrauen zu diagnostizieren:

Das Problem ist nicht dumpfe Feindseligkeit gegenüber Technik und Innovationen. Die Barrieren und Schwachstellen in den Einstellungsmustern sind vielmehr vor allem

- eine ausgesprochene Distanz zu Großtechnologien,
- eine Unterschätzung ihrer Bedeutung für die Zukunft des Landes,
- Mangel an ökonomischem Gefahrenbewusstsein,
- die Verdrängung des Konstruktionsinteresses durch Anwendungsinteresse und
- die rückläufige Wertschätzung für Präzision und Detailgenauigkeit.

Die Bevölkerung hat keine einheitliche Einstellung zu Technik und Innovationen. Vielmehr müssen bei der Analyse der Einstellung der Bevölkerung zu Technik und technischem Fortschritt verschiedene Technologien unterschieden werden. Allen Alltagstechnologien, die Beruf oder Privatleben erleichtern oder faszinierender machen, steht die Bevölkerung außerordentlich positiv gegenüber, während Großtechnologien, ob Kraftwerke, große Industrieanlagen oder der Transrapid mit erheblicher Distanz gesehen werden – nicht feindlich gestimmt, aber ohne Faszination, ohne das Gefühl, dass das eigene Leben und die Zukunftschancen dieses Landes auch ganz wesentlich davon abhängen, dass Deutschland ein Spitzenland für die Produktion von Großtechnologien bleibt.[4]

Die Wahl der Begriffe Vertrauen, Mut und Verantwortung zeigen, dass es, wie man dem obigen Zitat entnehmen kann, um die zukünftige Gestimmtheit der Gesellschaft und ihrer Eliten *pro innovatione*, also einer Erneuerung nicht nur der Technik, sondern auch der Sichtweisen geht.

Der Zusammenhang zwischen Vertrauen und Innovationsprozessen, der aufgeworfen und thematisiert werden soll, weil man sich möglicherweise durch mehr Vertrauen eine höhere Innovationsrate verspricht, verlangt aber zunächst eine Klärung dessen, was wir unter Vertrauen verstehen wollen. Deshalb soll zunächst eine Systematik des Bedeutungsfeldes des Vertrauensbegriffs vorgelegt werden, um dann zum angestrebten Zusammenhang von Innovation und Vertrauen zu kommen. Dabei wird sich herausstellen, dass der in der zeitgenössischen Ethik und Technikphilosophie ausführlich diskutierte Verantwortungsbegriff nochmals eine besondere Beachtung verdient.

ZUR GESCHICHTE UND SYSTEMATIK DES VERTRAUENSBEGRIFFS

Um die Darstellung kurz zu halten, müssen wir zunächst das semantische Umfeld eingrenzen. Oftmals wird Vertrauen mit Zuversicht, Mut und Optimismus in Verbindung gebracht. Mut gilt als eine Tugend, die schon bei Aristoteles in der vernünftigen Mitte zwischen Tollkühnheit und Feigheit liegt,[5] und die wir heute eher als eine Charaktereigenschaft ansehen, welche einen Menschen in die Lage versetzt, notwendige Handlungen auch dann zu vollziehen, wenn die damit verbundenen Schwierigkeiten schwer

---

4 Vgl. Köcher (2004).
5 Vgl. Aristoteles: Nikomachische Ethik 1107a-1107v in Aristoteles (1995), S. 36 f.

abgeschätzt werden können. Mut setzt Vertrauen in das eigene Können voraus.[6] Mut schließt nicht aus, dass der Betreffende Angst hat, aber sie ist durch den Mut überwindbar. Optimismus ist eher eine von der Weltanschauung herrührende Haltung, wonach das Dasein in der Welt nicht sinnlos ist, sondern es immer eine Möglichkeit gibt, die Dinge zum Besseren zu wenden (Zuversicht) oder das Bessere sehen und wählen zu können. Der geschichtliche Optimismus glaubt an die Kontinuität des Fortschritts in der menschlichen und gesellschaftlichen Entwicklung und setzt ein Vertrauen in die Mechanismen und Faktoren voraus, die diesen Fortschritt ermöglichen.

KURZE BEGRIFFSGESCHICHTE [7]

In der griechischen Antike findet sich der Begriff der πίστις im Spannungsfeld von Treu und Glauben. In den Fragmenten des Demokrit findet man die Aufforderung, nicht allen Personen, sondern nur dem Bewährten (Freund) zu vertrauen,[8] bei Hesiod ist bedachtes, aber nicht blindes Vertrauen eine Sache der Ehre,[9] Georgias erkennt, dass ohne Vertrauen Leben nicht gelebt werden kann,[10] und bei Pythagoras[11] wie bei Aristoteles wird Vertrauen zum wesentlichen Bestandteil der Freundschaft,[12] wo hingegen Misstrauen die Voraussetzung zur Tyrannei und Gewaltherrschaft darstellt.[13]

Der lateinische Begriff des Vertrauens *fiducia* nimmt nicht nur die Beziehungen zwischen zwei Personen, sondern auch ein Verhältnis zu sich selbst in die Begriffsbestimmung mit auf. Selbstvertrauen ist bei Cicero eine Sekundärtugend zur Tapferkeit:

> Vertrauen ist, wodurch ein Geist in großen und ehrenhaften Angelegenheiten in sich selbst Zutrauen und sichere Hoffnung vereint.[14]

Allerdings bleibt Vertrauen eine Beziehung, die auch zum Bestandteil des römischen Privatrechts wird. Übereinkünfte, die eingehalten werden sollen (*pacta sunt servanda*),[15] erfordern das Vertrauen des einen wie die Zuverlässigkeit und Treue des anderen Partners. Dies gipfelt in der Lebenserfahrung, dass Vertrauen Vertrauen erzeugt.[16]

Bei Thomas von Aquin ist Vertrauen eine für das Leben notwendige Haltung, sie ist die Bedingung für die Tugenden der Großmut und der Tapferkeit. Sie wird eine *„durch Erfahrungswissen bekräftigte Hoffnung auf künftige Erfüllung von erwarteten Zuständen"*.[17] Mangel an Vertrauen ist Furcht.[18]

---

[6] Man könnte auch die Zivilcourage als eine besonders situationsabhängige Form von Mut ansehen.
[7] Dieses Kapitel wurde angeregt durch den Stichwortartikel von Gloyna (2001). Vgl. dort: πίστις (gr.), fiducia (lat.), trust (engl.), confiance (franz.).
[8] Vgl. Demokrit: Fragment VS 68, b 67; in: Diels VS (1923).
[9] Vgl. Hesiod: Erga Vers 372; in: Hesiod (1995).
[10] Vgl. Georgias: Fragment VS 83, B11a; in: Diels VS (1923).
[11] Vgl. Pythagoras: Fragment DK 1, 477, 26; in: Diels, Kranz DK (1934).
[12] Vgl. Aristoteles: *Nikomachische Ethik,* Buch VIII, 1157 a20, 1162 b30. In Aristoteles (1995), Bd. 2.
[13] Vgl. Aristoteles: *Politik,* Buch V, 11, 1313a34 ff. In: Aristoteles (1995), Bd. 4.
[14] Vgl. Cicero: *De inventione* 2. 163. In: Cicero (1998). Vgl. auch Tusculum disputationes. IV, 80. In Cicero (1997).
[15] Vgl. Cicero: *De Officiis* 3, 92. In: Cicero (1990).
[16] In der Formula Baetica lautet dies: *„fidi fiducia causa"*. Vgl. Formula Baetica, Ruiz (1968), S. 296.
[17] Vgl. Thomas von Aquin: *Summa Theologie* (1985), Bd. II-II, 129, qu. 6 ad 3, ad 1.
[18] Ibid. 129, qu. 6 ad 2.

Thomas Hobbes hatte in seiner Staatstheorie den Urzustand, den Kampf aller gegen alle, durch den Leviathan, den Körper eines starken Gemeinwesens, eindämmen wollen. Hierfür gibt jeder der Angehörigen des Staates von seiner Handlungsfreiheit und Souveränität ein Stück preis und übereignet sie dem Staat. Im Urzustand, beim Kampfe aller gegen alle, bei dem das Recht des Stärkeren herrscht, wäre jedes Vertrauen selbstmörderisch. Denn ohne staatliche Rahmenbedingungen überwiegen bei Hobbes die pozentiellen Kosten des unangebrachten Vertrauens normalerweise die potenziellen Vorteile des angebrachten Vertrauens. Wollen die Menschen also in geordneten Austauschbeziehungen leben, so ist ein starker Staat notwendig, der in der Lage ist, bei Vertragsbruch Sanktionen durchzuführen. Nur unter diesen Zwangsmassnahmen ist Vertrauen notwendig und sinnvoll, wenn ein Austausch von vertraglich vereinbarten Leistungen zeitlich versetzt geschehen soll oder muss. Dieses Vertrauen ist aber nur möglich, wenn ein Vertragsbruch auch wirklich sanktioniert werden kann. Hierfür ist die politische Ordnung, also der Staat, zuständig und auch verantwortlich.

> [...] trust is a means of making our social life simpler and safer, and of making possible cooperative activities which each of us could not undertake alone. Indeed, trust is required for many cooperative activities which seem to make human life both liveable and worth living, such as friendship and love, the growing of food, and the raising of children.[19]

Auch hier gibt es aber auch ein Vertrauen zu sich selbst als Zeichen des Wissens um die eigenen Fähigkeiten. Ein beständiges Zweifeln an der eigenen Fähigkeit würde zu einer Verwerfung des Selbst führen.[20]

David Hume bezieht Vertrauen wiederum eher auf die Seite der Sympathie wie bei engen persönlichen Beziehungen. Damit geht es um gegenseitiges Vertrauen bei Vertrag und Versprechen. Die Strafe bei Verletzung des Vertrages liegt darin, dass der Vertragspartner bei einer Unterlassung seiner Leistung eine Strafe erhält, der er sich nicht entziehen kann – ihm wird künftig nicht mehr vertraut.[21] Es gibt bei Hume also einen gemeinsamen Vorteil, den beide Seiten daraus ziehen, wenn sie Wort halten. Damit wird das eigene Interesse zum Grund des Vertrauens.

Gottlob Fichte hielt im personalen Bereich an der Treu-und-Glauben Konzeption fest, vor allem auch bei gegenseitigen Verträgen, dagegen hielt er den Staat für ein System, das auf Misstrauen aufgebaut ist, ihm werde nicht getraut und ihm sei auch nicht zu trauen.[22] Für G. W. Hegel ist Vertrauen eine Form der Anerkennung:

> Wem ich vertraue, dessen Gewißheit seiner selbst ist die Gewißheit meiner selbst; ich erkenne mein Fürmichseyn in ihm, dass er es anerkennt und es ihm Zweck und Wesen ist. Vertrauen ist aber auch der Glauben, weil sein Bewußtseyn sich unmittelbar auf seinen Gegenstand bezieht, und also auch dies anschaut, dass es eins mit ihm, in ihm ist.[23]

---

[19] Vgl. Hobbes (1994). Siehe auch Bailey (2002).
[20] Vgl. Hobbes (1651), Lev. I, 6.
[21] Vgl. Hume (1978) sowie Zumsteg (2004), S. 44.
[22] Vgl. Fichte (1991) 2, §19.
[23] Vgl. Hegel (1980, 1999), S. 297 f.

Soziologisch wird Vertrauen erstmals bei Georg Simmel behandelt. Er geht nicht vom Vertrauen des Menschen in den Menschen aus, sondern von einer sozialen Form des Vertrauens, die „als Hypothese künftigen Verhaltens dient, die sicher genug ist, um praktisches Handeln darauf zu gründen". Vertrauen ist ein mittlerer Zustand zwischen Wissen und Nichtwissen.[24] Ebenfalls soziologisch bestimmt in neuerer Zeit Luhmann das Vertrauen:

> Vertrauen ... ist das Zutrauen zur eigenen Erwartung, dass die Funktion hat, im Zusammenhang sozialer Wahrnehmungen und Interaktionen die Komplexität der Möglichkeit von Zukunft und der Wirklichkeit gewordenen Vergangenheit zu vermitteln und auf ein Maß zu reduzieren, das den einzelnen in seiner sozialen Umwelt je aktuell handeln und leben lässt.[25]

Die wachsende Komplexität kommt durch die Freiheit anderer in die Welt und wird reduziert, indem durch Vertrauen auf weitere Kontrolle und Information verzichtet wird.[26] Vertrauen steht in der Kopplung der Funktionalität personaler und sozialer Systeme und reduziert Komplexität durch „Überziehen" verfügbarer Information, Abbau von Unsicherheit und Schaffen weiterer Verhaltensmöglichkeiten. In der Fortentwicklung wird dann „persönliches Vertrauen" durch „Systemvertrauen" ersetzt. Dies kann aber unter bestimmten Verhältnissen zur subjektiven Basis der Legitimation von Herrschaftsverhältnissen, Herrschaftsmechanismen und Systemintegration des Individuums führen.[27]

In der zweiten Hälfte des 20. Jahrhunderts wird schließlich Vertrauen mit Risiko in Verbindung gebracht:

> ...als ein sich Verlassen auf ein Gegenüber angesichts eines ungewissen und risikobehafteten Ausgangs einer Handlung unter freiwilligem oder erzwungenem Kontrollverzicht.[28]

Mittlerweile haben sich, wie oft bei langandauernden Debatten um philosophische Begriffe, die Wissenschaften, wie die Systemtheorie und die Verhaltens- und Soziobiologie dieses Themas angenommen.

Zum einen wird spieltheoretisch untersucht, wie die Struktur von Konflikten (zum Beispiel im herkömmlichen Gefangenendilemma) aufgebaut ist. Dabei zeigt sich, dass „der wahre Egoist kooperiert". Die von A. Rapoport entwickelte Strategie lautet TIT FOR TAT[29] und beginnt damit, dass im ersten Spielzug eines Spiels immer kooperiert wird. Dies ist in gewisser Weise ein Vertrauensvorschuss. Danach tut man alles, was der Spielgegner einen Zug vorher auch getan hat – kooperieren oder mogeln. Entscheidend ist, dass man nie als erster betrügt. Es zeigt, dass diese Strategie unter bestimmten Bedingungen im

---

[24] Vgl. Simmel (1992), S. 11.
[25] Vgl. Luhmann (1968), S. 1.
[26] Vgl. Luhmann (1968), S. 18.
[27] So eine Kritik an Luhmans Position durch Busse, Schierwagen (1990).
[28] Vgl. Platzköster (1990), S. 20-43.
[29] Frei übersetzt: „Wie Du mir, so ich Dir". Vgl. Rapoport (1966).

Alltag wie in Experimenten im Schnitt offensichtlich die erfolgreichere ist, sowohl für den einzeln Handelnden wie für die Gemeinschaft, ausgedrückt in einer Gewinn- oder Verlustfunktion für die Gesamtsituation:[30]

> Wechselseitige Kooperation kann auch ohne zentrale Kontrolle in einer Welt von Egoisten entstehen, wenn sie von einer Gruppe von Einzelwesen ausgeht, die auf Zusammenarbeit setzt.[31]

In der Verhaltensbiologie scheint man zum anderen neuerdings ein Hormon gefunden zu haben, Oxytocin, das bei Verhaltensexperimenten, bei denen Vertrauen als Haltung getestet wird, eine entscheidende, das heißt fördernde Rolle spielen soll. Allerdings äußert sich ein Forscher dahingehend:

> Sprechen triftige Gründe dagegen, einem Menschen zu vertrauen, wird uns das Oxytocin jedenfalls kaum umstimmen.[32]

SYSTEMATIK

Bereits aus dem kurzen geschichtlichen Überblick, aber auch in der zeitgenössischen Verwendung des Begriffs „Vertrauen", auch hinsichtlich der neuen Fragen zum Internet,[33] zur digitalen Signatur,[34] zu E-Commerce,[35] zu E-Government[36] unter anderem lässt sich doch eine gewisse Systematik des Begriffsfeldes herausarbeiten.

Handeln des Menschen

Jedes menschliche Handeln besteht aus zwei Anteilen, einem rationalen und einem irrationalen. Der irrationale Anteil speist sich aus den Affekten wie Leidenschaft, Eifersucht, Ästhetik, Anerkennung, Erfüllung, Vollendungswünschen von Lebensentwürfen, fixen Ideen und vieles mehr. Die Zusammenstellung beispielsweise der 46 Affekte in Baruch *Spinozas Ethik*[37] stellt eine gute Liste dar, die Unwägbarkeit menschlichen Handelns wenigstens ansatzweise in ihrer Komplexität zu erörtern.

---

30 Vgl. Rapoport (1966), Hofstadter (1998), Novak, Sigmund (1998), Delhaye, Mathieu (1998).

31 Axelrod, Hamilton (1981), zit. nach Hofstadter (1998), S. 66.

32 So Paul Zak, zit. nach Stadler (2004), S. 6. Vgl. auch Zak (2004). Dort und in Zak, Knack (2001) wird auch ein Vertrauensniveau angegeben, das bei Geschäftsabschlüssen in unterschiedlichen Ländern herrschen soll. So liegen Norwegen und Schweden an der Spitze, gefolgt von China, Finnland und Deutschland. Erst an elfter Stelle folgen die USA, die niedrigste Vertrauensbereitschaft scheint in Brasilien anzutreffen zu sein. (Vergleich von 42 Ländern).

33 Vgl. Zumsteg (2004).

34 Vgl. Riehm et. al. (2002).

35 Vgl. Bechmann, Bechmann (2003).

36 Vgl. Zumsteg (2004).

37 Spinoza [1662]. Diese Affekte sind: *Abneigung, Ängstlichkeit, Begierde, Bestürzung, Bewunderung, Dankbarkeit, Ehre, Ehrgeiz, Entrüstung, Ergebenheit, Freude, Furcht, Gewissensbiss, Grausamkeit oder Wut, Gunst, Habsucht, Hass, Hochmut, Hoffnung, Kleinmut, Kühnheit, Liebe, Lust, Lüsternheit, Menschenfreundlichkeit / Leutseligkeit, Missgunst, Mitgefühl, Mitleid, Niedergeschlagenheit, Rachsucht, Reue, Scham, Scheu, Schwelgerei, Sehnsucht, Selbstzufriedenheit, Trunksucht, Überschätzung, Unlust, Unterschätzung, Verachtung, Verhöhnung, Verzweiflung, Wetteifer, Wohlwollen, Zorn, Zuneigung, Zuversicht.* Jeder dieser Affekte stellt mit unterschiedlicher Intensität sowohl eine Handlungsmotivation wie eine gewisse Gestimmtheit dar, die sich auch auf das Maß des Vertrauens auswirken kann, das man sich selbst und anderen entgegen bringt. Vgl. Spinoza (1975), S. 232-254.

Der rationale Anteil, der eben nicht so hoch ist, wie dies eine in völliger Verkennung der Alltagserfahrung aufbauende philosophische Anthropologie vermutet, bildet die Grundlage für alle gängigen Theorien des *„homo economicus"* (einschließlich der Macht- und Wirtschaftstheorien). Er besteht in der Maximierung einer bewussten oder unbewussten Kostenfunktion.

Zunächst ist es begründungsbedürftig, weshalb das Maximum auch einen Wert (für sich und/oder andere) darstellen soll, zum anderen sind die Kriterien für eine Kostenfunktion auf individueller Ebene immer von den jeweilig vorhandenen Interessen abhängig.

Sowohl beim irrationalen Anteil des Handelns wie der Affekte, aber auch bei den von den Interessen bestimmten Kostenfunktionalen und der Optimierung ist eine Berechnung nicht möglich. Das heißt, dass die Annahme, man könne den Menschen in einem Wirtschaftssystem als ausschließlich rational agierendes Wirtschaftssubjekt modellieren, nicht richtig sein kann.

Menschliches Handeln ergibt sich eben nicht nur aus einer Anbindung an die Vergangenheit durch Erfahrung und Wissen, sondern enthält spontane Elemente, die wir zunächst als nicht rational, weil nicht prognostizierbar, bezeichnen. Dieses empfinden wir als Überraschung. Denn dieses Handeln hat seine Antriebe aus Bereichen, die nicht nur die Orientierung an der Zukunft beinhalten, sondern auch andere Gesichtspunkte, wie zum Beispiel Vergangenheitsbewältigung, berücksichtigen. Hier noch zu vertrauen, bedeutet subjektiv ein Risiko zu akzeptieren, also ein Wagnis einzugehen.

Die folgende Tabelle 1 zeigt eine Schematisierung des oben erörterten Handlungsbegriffs.

Tabelle 1: Systematik der Antriebe des Handelns

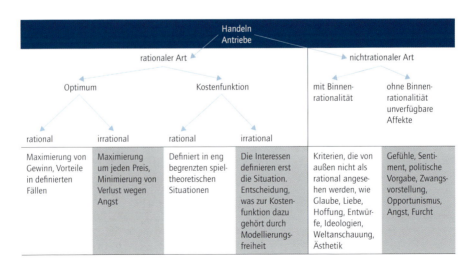

Handeln Antriebe					
rationaler Art				nichtrationaler Art	
Optimum		Kostenfunktion		mit Binnenrationalität	ohne Binnenrationalität unverfügbare Affekte
rational	irrational	rational	irrational		
Maximierung von Gewinn, Vorteile in definierten Fällen	Maximierung um jeden Preis, Minimierung von Verlust wegen Angst	Definiert in eng begrenzten spieltheoretischen Situationen	Die Interessen definieren erst die Situation. Entscheidung, was zur Kostenfunktion dazu gehört durch Modellierungsfreiheit	Kriterien, die von außen nicht als rational angesehen werden, wie Glaube, Liebe, Hoffung, Entwürfe, Ideologien, Weltanschauung, Ästhetik	Gefühle, Sentiment, politische Vorgabe, Zwangsvorstellung, Opportunismus, Angst, Furcht

Man sieht aus der Tabelle sofort, dass das Vertrauen des einen Partners auf die Handlungen des anderen Partners in einem Handlungszusammenhang sich nur auf Antriebe zum Handeln beziehen kann, die in gewisser Weise prognostizierbar sind, also einen überwiegend rationalen Anteil haben oder wenigstens eine gewisse nachvollziehbare Binnenrationalität aufweisen. In den anderen dunkleren Bereichen wird das Vertrauen zwangsläufig „blind".

Die Vertrauensbeziehung

Die Beziehung des Vertrauens zwischen zwei Partnern kann man so darstellen:

A vertraut B, dass B H tun wird.

Die Beziehung ist logisch gesehen intransitiv. Wenn A B vertraut und B C vertraut, heißt dies noch lange nicht, dass auch A hinreichende Gründe hätte, C zu vertrauen, da das Vertrauen von B sich ja auf eine ganz andere Handlung H' beziehen kann als auf die Handlung H von B, auf die A vertraut. Die Beziehung umfasst also mindestens zwei Personen und eine Handlung der einen Person oder zumindest die Potenzialität dieser Handlung, ausgedrückt zum Beispiel durch Kompetenz und Bereitschaft. Die Begründung dieser Vertrauensbeziehung zwischen A und B geht von der Erfahrung von A aus, dass B in ähnlichen Situationen hinreichend oft so gehandelt hat, das heißt, er kann auf diese Handlungsweise, zu der die erwartete Handlung A gehört, vertrauen. Dies ist jedoch lediglich ein Induktionsschluss.

Beim Problem der digitalen Signatur, wo es um die Authentifizierung des Autors bzw. Urhebers oder Überbringers (Boten) einer Nachricht geht, kann man sich das am Beispiel des Boten klar machen, der dem König eine versiegelte und verschlossene Botschaft überbringen soll.[38] Der Absender des Boten wie der König als Empfänger müssen seiner Identität, seinen Fähigkeiten und der Echtheit des Siegels trauen, und darauf vertrauen, dass der Bote selbst die Botschaft nicht liest oder missbraucht, und dass die Botschaft auch die Botschaft selbst ist.

Die Ebenen

Vertrauen verortet sich damit in eine Reihe von Ebenen, auf denen eine solche Relation aufgebaut werden kann:

- *Zwischen Personen und deren Handlungen*
  Hier gelten all die Überlegungen, die bereits oben gemacht wurden. Man kann dies weiter danach systematisieren, welche Strategie der Partner A gegenüber dem Partner B verfolgt und danach prüfen, welche Vertrauensanteile benötigt werden.
  Man sieht leicht, wie ein Vertrauensdilemma entstehen kann. Einigung ist nur dann möglich, wenn beide Partner ein Minimum an Vertrauen aufbringen.

---

[38] Vgl. Langenbach, Ulrich (2002).

Tabelle 2: Strategien und Vertrauen

Partner A und B

Mögliche Strategie von A (a-h nach Langenbach, Ulrich (2002), S. 51 f.):	Formal n(A) = Nutzenfunktion	Vertauensanteil: A hat/braucht Vertrauen in B
a) Individualistisch (Maximierung des eigenen Nutzens)	max n(A)	gering
b) Masochistisch (Minimierung des eigenen Nutzens)[39]	min n(A)	unklar
c) Altruistisch: Maximierung des Partnernutzens	max n(B)	Kann eine Immunisierung gegen B sein, von dem erwartet wird, dass er einen ohnehin betrügen wird.
d) Aggressiv: Partnernutzen minimieren	min n(B)	gering
e) Destruktiv – nihilistisch: Minimierung beider Nutzen	min n(A) und min n(B)	sehr gering
f) Konkurrenzorientiert: eigener Nutzen größer als Partnernutzen	n(a) > n(B)	Minimalvertrauen in die Verhaltensvorhersage
g) Egalität: gleicher Nutzen	n(A) = n(B)	mittlerer bis hoher Anteil
h) Defensiv: nicht weniger gewinnen als der Andere	n(A) > n(B)	mittlerer Anteil

Man kann diese Liste ergänzen:

i) Defensiv gerecht: eigener Nutzen nicht mehr als der andere	n(A) < n(B)	hohes Vertrauen
j) Kooperativ: beide Nutzen maximieren (win-win Situtation)	max n(A) und max n(B)	maximales Vertrauen

Andererseits kann jedes gezeigte Vertrauen ausgenutzt und missbraucht werden. Vertrauen ist immer eine *„riskante Vorleistung"*,[40] es braucht deshalb zur Verringerung des Risikos Strukturen, Verfahren, Prozesse, Systeme und Rituale als „vertrauensbildende Maßnahmen".

Die Strategie c) wäre ein Modell für die Pädagogik: Vertrauen gilt als Voraussetzung der Erziehung. Erst das von den Zöglingen verstandene Vertrauen des Erziehers in seine Fähigkeiten schafft bei den zu Erziehenden Vertrauen in die eigenen Fähigkeiten und Vertrauen zum Erzieher. Trotz des Risikocharakters gibt es eine Pflicht des Erziehers zum Vertrauen. Es ist die Kunst, das rechte Maß an

---

[39] Diese Strategie scheint nicht sehr sinnvoll in dieser Reihe zu stehen. Masochismus ist eine psychologisch verstehbare Haltung, die sich selbst Nachteile und Schmerzen zufügt, um damit ein bestehendes Problem zu lösen, das sehr vielfältig sein kann: Selbstbestrafungstendenzen, Minderwertigkeitskompensation, Lust am Schmerz selbst (in gewisser Weise eine Verschiebung des psychophysiologischen Arbeitspunktes in der Interpretation von Sinneswahrnehmungen). Das Minimieren des eigenen Nutzen kann rational daher nur ein taktischer Schritt in einer Gesamtstrategie sein, die sich auf mehr als nur die Relation der Nutzenfunktionen der Beteiligten bezieht, zum Beispiel religiöse Gründe. Dies ist aber eher beim Altruismus gegeben.

[40] Vgl. Langenbach, Ulrich (2002), S. 51.

Kontrolle und kritischer Distanz zu finden. Misstrauen führt zu Argwohn und zum mangelnden Selbstvertrauen. Dies war die Überzeugung Pestalozzis,[41] aber auch Makarenkos,[42] bei ihren Versuchen, verwahrlosten und erziehungsschwierigen Kindern zu helfen.

Diese Strategien können sich auch auf sich selbst beziehen – Vertrauen wird dann zum Selbstvertrauen und man kann die Liste oben in Tabelle 2 als eine Klassifikation des Umgangs mit sich selbst ansehen. Sie kann auch allgemeinere Formen annehmen: Das „Seinsvertrauen" als positiver Weltbezug des Menschen in Umkehrung eines existentialistischen, postmodernen oder fundamentalökologischen Pessimismus. Gegen die Angst und die Ungeborgenheit stellt der Mensch lebensgeschichtlich ein Grundvertrauen her, das in neue Geborgenheit mündet. Die dazu gehörende Grundhaltung ist die Zuversicht. Hier kann Vertrauen dann als anzustrebender Zustand der Ruhe und der Sicherheit gedeutet werden.

- *Zwischen Personen und deren Handlungsdispositionen (wie z. B. Kompetenz, Bereitschaft, Handlungsweisen)*

Hier wird das Vertrauen in die objektive Glaubwürdigkeit angesprochen – der Andere gilt auf Grund von Persönlichkeitsmerkmalen als verlässlich.[43]

Vertrauen kann auch als Attribut von Wohlwollen angesehen werden. Dies geschieht unter der Annahme, dass der Andere bereit ist, konstruktiv zusammenzuarbeiten zum Nutzen beider Seiten, sowohl bei Kooperation wie bei Wettbewerb. Fällt diese Annahme des Wohlwollens weg, erzeugt dies einen Vertauensverlust.[44]

Dabei ist Vertrauen das Ergebnis der Einsicht in die fehlende manipulative Absicht des Anderen. Vertrauen kann in dieser Sicht dann geradezu erzwungen werden unter dem Aspekt der Kosten des Lügens: Man kann sich gar nicht leisten, in einer gegebenen Situation zu betrügen oder zu lügen, denn das Vertrauensverhältnis erzwingt Ehrlichkeit.[45]

- *Zwischen Personen und Institutionen oder Kollektiven und deren Handlungen*

Vertrauen spielt in der sozialen Interaktion eine essentielle Rolle: Interessengegensätze und ihre Lösungsmöglichkeiten wie Kampf (Drohen, Blockieren), Verführen, Eingehen auf Bedürfnisse (Hilfe), Befolgung sozialer Normen (Gerechtigkeit) oder Vermittlung sind in Intensität und Verlauf direkt von dem Maß an Vertrauen bestimmt, das Einzelpersonen der entsprchenden Institution, also nicht nur deren Akteuren, entgegenbringen. In diesem Zusammenhang zeigt das Misstrauen in

---

[41] Vgl. Pestalozzi (1947).
[42] Vgl. Makarenko (1975) Bd. 4 und (1975) Bd. 1, dort insbes. Kap. 24, S. 205-213.
[43] Vgl. Langenbach, Ulrich 2002, S. 49 ff.
[44] Ibid.
[45] Ibid. Vgl. auch die „Strafe" bei D. Hume, das Vertrauen nach einem Bruch endgültig zu verlieren. Vgl. Zumsteg (2004), S. 44, sowie auch Hume (1984), S. 163.

Institutionen wie in Bild 1 eine bedenkliche Entwicklung. Vertrauen wirkt sich daher unmittelbar auf die soziale Interaktion (wie auch gesellschaftliche Kommunikation) aus.[46]

- *Zwischen Personen und Systemen bzw. deren Geschehnissen (Prozessen)*
  Es geht bei dieser Ebene hauptsächlich darum, was eine vertrauenswürdige Technik ist, zum Beispiel bei der technisch vermittelten Kommunikation. Paradigmatisch wird dies behandelt beim Problem der digitalen Signaturen, also dem Problem, wie sich die Kommunikationspartner durch die verwendete Technik ihrer Authentizität versichern können. Ist die Unterschrift unter einen rechtlich relevanten Abmachung bindend, wenn sie elektronisch vorliegt? Wie kann dies technisch abgesichert werden, ohne den direkten Weg der Kontrolle zu beschreiten, der ja die Vorteile der elektronischen Kommunikationsmöglichkeiten wieder aufheben würde?[47]

Allgemein kann man für alle Ebenen Vertrauen kennzeichnen als:[48]

a) positive Erwartung (Hoffnung), die sich auf die Glaubwürdigkeit, Zuverlässigkeit und Wohlgesonnenheit des Anderen bezieht. Dabei muss unterstellt werden, dass der Andere nach bestem Wissen und Gewissen handelt, falls die Bedingungserhaltung verantwortlichen Handelns gegeben ist. Man kann sich auf seine oder ihre Kompetenz stützen, mit den guten Absichten rechnen, seinen oder ihren Aussagen glauben, sich ihm oder ihr anvertrauen. Vertrauen unterstellt a priori verantwortliches Handeln des Anderen und wird emotional positiv erlebt.

b) praktische rationale Haltung im Zusammenhang mit der Gewissheit und/oder Ungewissheit des eigenen und fremden Handelns, dessen beschränkte Kalkulierbarkeit auch im Rahmen sozialer Umweltereignisse liegt.

c) Handlungsweisen, die trotz Risiko rational und vernünftig sind, da sie eigene Handlungsmöglichkeiten erweitern und weiteres Vertrauen induzieren (Vertrauen schafft Vertrauen) – es hat sozial entlastende und bindende Funktion.

d) sittlich-moralische Norm: Damit stellt sie einen Grundwert menschlichen Handelns dar. Vertrauenserwartung (A erwartet, dass B A vertraut) bindet an Institutionen, Personen, Autoritäten, Gott etc. – Vertrauenserwartung verpflichtet. Wird die Erwartung enttäuscht, gilt dies als Verrat und wird geahndet. Vertrauen als Norm wirkt verhaltenssteuernd und -einschränkend.

e) das Vernünftige, das heißt ein angemessenes Maß zwischen blindem Glauben und Misstrauen. Misstrauen kann hemmen, zersetzen, isolieren, aber auch angemessen sein in gewissen Handlungszusammenhängen, wenn es um Machtfragen und interessegeleiteten Begründungen geht. Vertrauen ohne Gründe ist blind, Musstrauen ohne Kontrolle ist töricht.

---

[46] Vgl. Langenbach, Ulrich (2002), S. 49 ff.
[47] Ibid.
[48] Vgl. Busse, Schierwagen (1990).

Macht man den Vorschlag, Vertrauen als inneres Moment kooperativer Lebenstätigkeit anzusehen, als Voraussetzung menschlichen Lebens überhaupt, dann ist die Verkürzung des Vertrauensbegriffs darauf, die einzige mögliche Haltung bei Kontrollverlust zu sein, nicht sinnvoll. Denn auch und gerade bei bewusstem Kontrollverzicht baut sich Vertrauen auf.

VERTRAUEN IN TECHNOLOGIE

Vertrauen in Technik kommt nur zustande,[49] wenn gewisse Bedingungen gegeben sind. Dazu gehört eine gewisse Sozialverträglichkeit innovativer Techniken, wie:

- Übereinstimmung mit geltenden Werteordnungen,
- subjektive Interessen der Nutzer bzw. deren Repräsentanten,
- gerechte, zu erwartende Verteilung zwischen Nutzen und Kosten einer Technologie,
- Beteiligung der Betroffenen,
- Akzeptanz möglichst vieler Nutzer- und Bevölkerungsgruppen.

Dabei kann man Basishaltungen unterscheiden[50] wie:

Allgemeine Besorgnis: Das Sicherheitsverlangen nimmt mit dem Niveau der bereits erreichten Sicherheit zu. Die Tendenz geht zur Null-Risiko-Bereitschaft.

Pragmatische Technikakzeptanz: Die Notwendigkeit und Unausweichlichkeit der Techniknutzung wird pragmatisch (das heißt als nicht veranderbar) anerkannt.

Technikbegeisterung: Dies ist die Freude am Einsatz von Technik schlechthin. Neugierverhalten als Triebhandlung will das Neue zum Gewohnten machen, das möglicherweise ängstigende Unbekannte zum Bekannten, um so neue Schwierigkeiten immer wieder zu beherrschen und Unsicherheit in Sicherheit zu verwandeln. Streben nach Sicherheit wird entweder als Furcht vor der Freiheit oder als destruktives Ideal angesehen.

Zu den Determinanten des Vertrauens gehören auch die Einstellungen zur Technik.[51] Allerdings kann diese auch nach Techniken differenziert ausfallen.[52] Die Varianz ist sehr groß, da zum Beispiel die Einstellung zur Medizintechnik und zur Pharmakologie erheblich davon abhängt, ob man gesund ist oder nicht. Auch hängt die Vertrauensbereitschaft sehr stark davon ab, ob ein solches Verhältnis freiwillig eingegangen wird, indem die Nutzung einer bestimmten Technik bewusst entschieden wurde und wie weit die übernommene Verantwortung reicht: Je höher die Technikbegeisterung, um so höher ist auch die Einschätzung der Notwendigkeit, eine Technik einzuführen.

Auch spielt die Kontrollüberzeugung in der jeweiligen Situation eine große Rolle:[53] Die erfahrene eigene Effizienz in der Beherrschung komplexer Sachverhalte reduziert

---

[49] Vgl. Langenbach, Ulrich (2002).
[50] Vgl. Langenbach, Ulrich (2002), S. 60.
[51] Vgl. Langenbach, Ulrich (2002), S. 63 ff.
[52] Wie dies R. Köcher (2004) gezeigt hat.
[53] Vgl. Langenbach, Ulrich (2002), S. 63 ff.

die Angst vor der Risikoübernahme bzw. beeinträchtigt die Wahrnehmung von Risiko. Dasselbe gilt auch, wenn die Überzeugung gewonnen wurde, dass Andere dafür sorgen, dass nichts schief geht.

Angesichts der Komplexität von Technik, ihrer Unüberschaubarkeit[54] und gelegentlichen Überfunktionalität (Overengineering)[55] sind wir im Alltag gezwungen, uns vereinfachte Modelle von Technik zu machen, um sie überhaupt als vertrauenswürdige Technik zu verstehen. Die wiederholte Erfahrung des Erfolges solcher Modelle verstärkt das Vertrauen. Zur Bildung solcher Modelle gehört das Wissen über die Technik, also Kausalzusammenhänge, Funktionalzusammenhänge, Regelwissen, Zuverlässigkeitswissen und nicht zuletzt organisatorisches Wissen.

Generell dürfte gelten:

- Technische Neuerungen, Innovationen im engeren Sinne, müssen wegen der Wechselwirkung mit ihrer organisatorischen Hülle, eben auch vor diesem Hintergrund verstanden werden. Das reine Gerät allein ist – technisch-funktional gesprochen – nichts, es kann seine Funktionalität nicht entfalten.
- Wir begehen jeden Tag Akte des Vertrauens gegenüber Technologien, die uns zwar im Gebrauch vertraut sind, die wir aber unbewusst benutzen (z. B. Aufzug, Haus, Kugelschreiber, Autos, Telefon) bzw. die wir von ihrer Technologie her garnicht durchschauen können. Hier ist Transparenz nicht die Voraussetzung für das Vertrauen, sondern es herrscht eine gewisse Grundvertrautheit, die nur in schweren Havarien kurzfristig gestört wird.
- Vertrauen gegenüber neuer Technologie oder künftiger Technologie bedarf auch des Vertrauens nicht nur in die einzelnen Gerätetechniken, sondern auch in die organisatorische Hülle. Dies sieht man besonders bei Handys und Computern. Hier setzt Misstrauen nicht an der Hardware, sondern an der Software und dem damit zusammenhängenden marktstrategischen Verhalten führender Softwarehersteller an (Microsoft unter anderem).
- Vertrauen in funktionierende Technik überträgt sich mit der Zeit auf die dahinter stehenden Institutionen und deren Verhaltensweisen (Anbieter, Firma, Entwickler)[56] sowie auf die organisatorische Hülle selbst, also die Co-Systeme einer funktionierenden Technik.

ECKPFEILER DER INNOVATION

Die Stimmung im Lande scheint überhaupt nicht gegen Innovationen zu sein. Vielleicht ist die momentane Gesellschaft auch nur zu sehr mit ihren Krisen beschäftigt, als dass sie ihre Chancen wahrnehmen könnte – deshalb nimmt sie vielleicht auch die Frage nach der Bedeutung von Innovationen nicht richtig wahr, wie dies die Umfragen zeigen.[57]

---

[54] Ibid.
[55] Vgl. Kornwachs (2004).
[56] Damit wird ja auch geworben, um das Firmenimage zu verbessern.
[57] Vgl. Köcher (2004).

So befindet DIE ZEIT in ihrer Rubrik „Wissen Spezial Innovation"[58] in den jeweiligen Untertiteln:

„Den Miesmachern zum Trotz: Innovation findet auch bei uns statt" (S. 41),

„Gründer haben es heute schwer, an Geld zu kommen. Die Banken setzen lieber in etablierte Unternehmen" (S. 42),

„Mit einem alten Trick verbessert ein Jungunternehmer die Mikroskopie. Doch Banken und Bürokraten fehlt der Durchblick" (S. 43),

„Mit Vollgas in die Nanowelt" (S. 44),

„Reform beginnt im Kopf. Die Politik hat die Wissenschaft entdeckt. Sie soll die Zukunft retten. Aber wie?" (S. 46),

„Erst fragen, dann forschen. Ein Chemieunternehmen hört auf seine Kunden. Das steigert den Gewinn" (S. 47),

„Gut gemeint ist schlecht erfunden. Ob schneller Brüter oder Bildtelephon: Die meisten Innovationen sind Misserfolge. Das wird gern verschwiegen und kaum untersucht. Eine „Floppologie" könnte Fehler vermeiden helfen." (S. 48).

Hier zeigt sich ebenfalls dieses uneinheitliche, fast diffuse Stimmungsbild. Gleichzeitig wird aber darauf verwiesen, dass Innovationen auch Flops sein können.[59] So sollen 85 bis 95 Prozent aller Entwicklungen nie zur Marktreife gelangen. Anders ausgedrückt: Innovationen sind nicht immer synonym mit Erfolgen. Innovationen, aber keine Erfolge waren:[60] Kalkar Schneller Brüter, Toll Collect, Hochtemperaturreaktor THTR 3000, Siemens-Großrechner, Telebus, Transrapid, Cargolifter, Riesenwindrad Growian, Bildtelefon und andere mehr. Gründe für das Scheitern nennt der Artikel von Schnabel (2004) ebenfalls: Technische Schwierigkeiten, falsches Management (Hybris), fatale Subventionspolitik des Staates, mangelnde Anpassungsfähigkeit des Produkts, Unterschätzung oder Überschätzung der Kundenbedürfnisse, technikzentrierte Entwicklung ohne die sozialen Konsequenzen zu überdenken, Übertragung in andere Kulturen (zum Beispiel Sonnen-öfen zum Kochen (abends in Afrika)), das Auftreten zum falschen Zeitpunkt. Kurzum:

Am besten lernt man aus Fehlern – und am billigsten aus den Fehlern anderer.[61]

INNOVATION BRAUCHT MUT

Dieser Mut ist aber nicht eine Überwindung von Ängsten, denn Technikangst gibt es in Deutschland so gut wie nicht.[62] Es ist eher eine diffuse Gleichgültigkeit vorhanden. Die Technik wird überwiegend als selbstverständliche, vorhandene Kulturleistung angesehen. Es wird aber nicht gesehen, dass Technik nicht nur Technik erzeugt, sondern dass ein

---

[58] Vgl. DIE ZEIT Nr. 23 vom 27. Mai 2004, S. 48.

[59] Vgl. Schnabel (2004).

[60] Mit Verweis auf eine Habilitationsarbeit von Bauer (2004) an der Bundeswehruniversität Hamburg, Fachbereich Geschichte. Vgl. auch früher Brauer (1992).

[61] So Bernd Kriegsmann, Institut für angewandte Innovationsforschung, Bochum, zit. in Schnabel (2004), S. 48.

[62] Vgl. Köcher 2004. Siehe auch Hennen (2002).

bisher erreichter Standard an technischer Funktionalität und damit auch an Wohl-fahrt nur durch einen steten Strom von Innovationen zu halten ist. Das hängt mit einem grundlegendem Prozess zusammen: Technik auf dem gehaltenen Stand verschleißt, nicht nur durch die Verminderung der Zuverlässigkeit ihrer Komponenten und Organisations-formen, sondern auch durch die Reibungsverluste, die ein Ersatz (vorbeugend oder kom-pensierend) mit sich bringt. Diese Reibungsverluste führen auch dazu, dass man die Er-setzung am besten mit neuen, erweiterten Funktionalitäten durchführt, welche die Rei-bungsverluste kompensieren und außerdem einen Mehrwert schaffen.

Die Prognose, ob eine neue Funktionalität genau dies leisten wird, ist naturgemäß unsicher. Daher gehört zu jeder Innovation, selbst wenn sie nur eine Erhaltungsinnovation ist, ein gewisser Mut zum Risiko, also im Bewusstsein, dass etwas getan werden muss, unabhängig von den gegebenen Umständen. Dies sollte freilich nichts mit Tollkühnheit oder Waghalsigkeit zu tun haben. Ob die Grundhaltung in unserer Gesellschaft hierfür genügend „ermutigend" ist, mag Gegenstand manigfacher technologiepolitischer bis sozialpolitischer Kontroversen sein.

INNOVATION BRAUCHT VERTRAUEN

Nur im Vertrauen auf einen günstigen Ausgang kann man Projekte wagen. Die Beson-nenheit gehört dazu, aber auch das Vertrauen in die Umstände, die Partner und das Wissen. Die oben gegebene Begriffssystematik zeigt, dass Vertrauen kein bloßer Kon-trollverzicht sein kann. Ändern wir das russische Sprichwort also um in: Vertrauen ist gut, Kontrolle ist auch gut, Wissen ist noch besser.

Was fehlt, ist das Vertrauen der Investoren an die innovative Leistungsfähigkeit unserer Entwickler – sie scheinen zu langsam, zu teuer und zu konservativ zu sein:

> Vertrauen stellt sich unter positiven Rahmenbedingungen als Folge nachhaltiger Kommunikation ein, erst dann kann eine Versachlichung der Risikodiskussion erreicht werden. ... Greifbare Resul-tate mit einem erkennbaren positiven Nutzen-Risiko-Verhältnis schaffen öffentliches Vertrauen.[63]

Vertrauen bilden heißt Kontext herstellen, bedeutet die Notwendigkeit für For-schung, Entwicklung, Umsetzung und Organisation einsehbar machen. Vertrauen kann man nicht erwerben, man bekommt es geschenkt. Der Genuss von Vertrauen ist Frucht jahrelanger Kommunikationsbemühungen. Und Vertrauen ist schnell verspielt. Die tech-nologischen Flops zeigen, wie Vertrauen zerfällt: Verlust durch Missbrauch, eklatantes Fehlverhalten, falsch deklarierte oder verschleierte Interessen, Geheimniskrämerei, nicht legitimierte Machtausübung, arrogantes Auftreten und daraus resultierend ein allmäh-licher Überzeugungsschwund.

Man kann sich nochmals die übliche Beschreibung des Innovationszyklus vorneh-men und versuchen, Vertrauenstypen zu bestimmten Phasen im Innovationszyklus zu-zuordnen (vgl. Bild 2).

---

[63] Vgl. Leisinger 2002.

Man sieht, dass die zugeordneten Vertrauenstypen auf allen Ebenen vorkommen, sowohl in Form von persönlichen Vertrauensverhältnissen als auch in Kompetenzen, Dispositionen, Handlungserwartungen von Institutionen, Kollektiven und schließlich Systemverhalten, wenn man zum Beispiel an das Vertrauen in die Akzeptanz, an die technisch-organisatorische Funktionalität oder bis hin an das Vertrauen in die Problemlösungsfähigkeit künftiger Generationen bei der Entsorgung denkt. In allen Schritten des Innovationsprozesses geht ohne Vertrauen nichts, aber dieses Vertrauen ist spezifisch für die jeweilige Situation zu bestimmen.

Tabelle 3 fasst die Vertrauenstypen, den Zeithorizont und die Ebenen für den Innovationsprozess schematisch zusammen.

Bild 2: Innovationsphasen und Vertrauenstypen

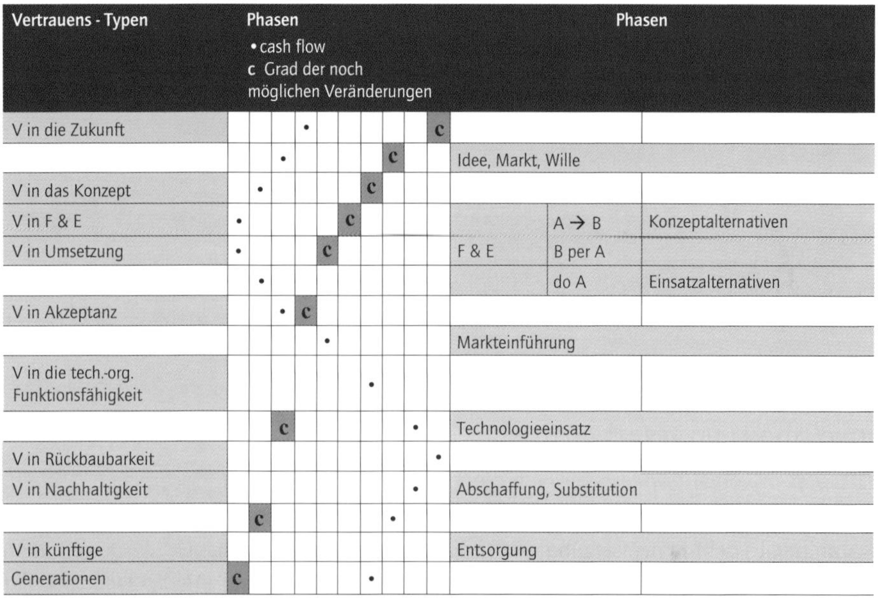

Vertrauens - Typen	Phasen (• cash flow / c Grad der noch möglichen Veränderungen)		Phasen		
V in die Zukunft	•	c			
	•	c	Idee, Markt, Wille		
V in das Konzept	•	c			
V in F & E	•	c		A → B	Konzeptalternativen
V in Umsetzung	•	c	F & E	B per A	
	•			do A	Einsatzalternativen
V in Akzeptanz	• c				
	•		Markteinführung		
V in die tech.-org. Funktionsfähigkeit	•				
	c	•	Technologieeinsatz		
V in Rückbaubarkeit	•				
V in Nachhaltigkeit	•		Abschaffung, Substitution		
	c	•			
V in künftige			Entsorgung		
Generationen	c	•			

Die klassischen Phasen des Innovationsgeschehens sind nach einer Invention oder einer Entdeckung die Konzeption zu einem Produkt (Idee, Marktüberlegung, Wille zur Innovation), die Erforschung der Umsetzungsmöglichkeiten eines Zusammenhangs (aus A ergibt sich B), zu einer Anwendung (B ist per A erreichbar) und dessen Machbarkeit (do A). Der Markteinführung und dem Technologieeinsatz auf dem Markt folgt die Substitution durch eine nachfolgende Technologie bis hin zu Entsorgungsaufgaben. Die klassische Kurve des erwarteten Return of Invest wird überlagert von dem Grad der in der jeweiligen Phase noch möglichen Veränderung.

Tabelle 3: Vertrauenstypen und Ebenen beim Innovationsprozess (Bezug auf Bild 2)

Vertrauenstypen	Gegestand des Vertrauens	Zeithorizont	Ebene
Vertrauen in die Zukunft	Stetigkeit der Verhältnisse	Dauer des Innovationszyklus	Systeme
Vertrauen in das Konzept	Richtigkeit des technologischen Wissens	Dauer der „Gültigkeit" einer Technologie	Technik
Vertrauen in die F & E	Kompetenz von Personen und Organisation	Dauer des F & E Prozesses	Handlung, Institutionen
Vertrauen in die Umsetzung	Effektivität der technologischen Regel	Dauer der Gültigkeit der technologischen Regel	Technik
Vertrauen in die Akzeptanz	Kollektives Verhalten der Nutzer	Dauer des Marktgeschehens	Institutionen, Systeme
Vertrauen in die technisch-organisatorische Umsetzungsfähigkeit	Eigenschaften des Produkts und der organisatorischen Hülle Zuverlässigkeit	Lebensdauer des Produkts	Technik, Systeme
Vertrauen in die Rückbaubarkeit	Eigenschaften des Produkts und der organisatorischen Hülle	Dauer des Entsorgungszyklus	Technik, Systeme
Vertrauen in Nachhaltigkeit	Produkt - System-Wechselwirkung	Dauer der Substitutionszyklen	Technik
Vertrauen in künftige Generationen	Kompetenz eines zukünftigen Kollektivs von Betroffenen und Nutzers	Weit in die Zukunft	Institutionen, Systeme

Die Ebenen beziehen sich auf das Vertrauen zwischen Personen und deren Handlungsdispositionen, wie Kompetenz, Bereitschaft, Handlungsweisen etc. (= Handlungen), zwischen Personen und Institutionen oder Kollektiven und deren Handlungen (= Institutionen), zwischen Personen und Systemen bzw. deren Geschehnissen (= Systeme) oder zwischen Personen und Technologien (= Technik).

INNOVATION UND VERANTWORTUNG

Oft wird in vorwurfsvollem Ton von „Innovation um jeden Preis" gesprochen.[64] Wenn das so wäre, dann hätten wir Innovationen in Hülle und Fülle, aber sie wären nicht bezahlbar. Es geht in der Tat um den ökonomischen Preis der Innovation. Dies sind eben nicht nur Gestehungskosten der Entdeckung, der Forschung und Entwicklung und der Markteinführung. Wir sind in Deutschland offenkundig weniger bereit als früher, die Voraussetzungen für die Innovationen voll zu bezahlen. Diese sind: Breite Bildung und Spitzenkompetenz zugleich, denn Elite, die notwendig ist, kann nur aus der Breite erwachsen, ein nicht nur aus kultur-, sondern auch technikbewussten Schul-, Bildungs- und Ausbildungssystem.

Das Erzeugen, Erforschen und Vorhalten theoriefundierten Wissens über die Zusammenhänge zwischen den Disziplinen ist ebenso wichtig wie der unbezweifelbare Primat der Erfahrung. Gerade die frühzeitige Möglichkeit, selbst Erfahrungen zu machen ist wichtig, sei es in der Schule, in der Projekttage nicht die Ausnahme, sondern die Regel

---

[64] Vgl. Mittelstrass (2001).

sein sollten, sei es in einem projektorientierten Studium. Dies kostet Zeit und Geld, würde aber für einen Selektionsdruck auf unsere Lehrpläne sorgen und endlich zur Entrümpelung zwingen.

Das Herstellen eines vertrauensvollen Klimas in allen Stufen des Innovationszyklus wird eine große Aufgabe darstellen, da die bisherigen Formen der Organisation der Forschung und Entwicklung (F&E) durch ihre Fragmentierung und Flexibilisierung eine Identifikation der Beteiligten mit dem Prozess und die Bildung eines Kontextes, in dem entsprechend offen und frei kommuniziert werden kann, oftmals verhindern. Ausnahmen sind erfreulich, aber eben selten.

Der Mut zu Neuem bleibt Rhetorik, wenn wir unsere Finanzierungsmodalitäten nicht umstellen. Das Alte wird zu gut, das Neue zu schlecht bezahlt. Die seit Basel II bestehende Risikoscheu der Banken, ihr Ansehensverlust in der Bevölkerung, ihre zögerliche Unterstützung beim Aufbau neuer Unternehmen – all dies trägt nicht zu einem innovationsfreudigen Klima bei.

Gerne wird in einem solchen Zusammenhang gesagt, dass alle Beteiligten, die Seite der Forschung und der Finanzierung, der Unternehmer wie des Bildungssystems, Verantwortung für den Aufbau eines solchen innovationsfreudigen Klimas trügen. Was heißt das?

VERANTWORTUNG REVISITED

Der Begriff der Verantwortung der Wissenschaften kam nach dem 2. Weltkrieg in das öffentliche Bewusstsein, als die Rolle der Wissenschaft nach Hiroshima und Nagasaki schlagartig klar wurde. E. Teller, einer der Mitväter der Wasserstoffbombe, sagt in Heina Kipphardts *In der Sache J. Robert Oppenheimer*.[65]

> Ich meine, dass Entdeckungen weder gut noch böse sind, weder moralisch noch unmoralisch, sondern nur tatsächlich. Man kann sie gebrauchen oder missbrauchen. In schmerzhaften Entwicklungen haben es die Menschen schließlich immer gelernt, sie zu gebrauchen.

Manche haben daraus geschlossen,[66] dass diese fundamentale Ambivalenz keine technische oder wissenschaftliche, sondern eine moralische und damit nur ethisch reflektierbare Angelegenheit sei.

Wenn die Entdeckung nur die Entdeckung ist, dann würde dies stimmen – ein Elektron ist in der Tat moralisch neutral. Sobald aber eine technische oder wissenschaftliche Entdeckung im Rahmen der Anwendung zu einem Mittel wird, verliert dieses Mittel die moralische Neutralität. Nicht die CD als CD bzw. ihre Technik ist unmoralisch, sondern die CD speziell, auf der sich zum Beispiel Kinderpornographie befindet, als Mittel in einem bestimmten Handlungskontext. Die Neutralität des Mittels würde nämlich voraussetzen, dass wir in der Wahl und dem Gebrauch eines Mittels völlig frei wären. Dann wäre die Entscheidung zu Gebrauch oder Missbrauch nur ethisch, aber nicht technisch oder organisatorisch reflektierbar.

---

[65] Vgl. Kipphardt (1966), S. 91.
[66] Vgl. Leisinger (2002).

Die Tatsache aber, dass schon der Besitz einer CD mit kinderpornographischem Inhalt strafbar ist, ohne dieses Mittel je benutzt zu haben, zeigt, dass strafrechtlich bereits das Mittel selbst schon moralisch bewertet wird – man kann es zu gar nichts anderem als zum Missbrauch benutzen. Deshalb sind zum Beispiel auch Waffen in Europa nicht frei verkäuflich und ihr nicht genehmigter Besitz strafbar.

Die Gebrauchszwänge bei technischen Mitteln, die wohlgemerkt keine Sachzwänge sind, kommen aus drei Eigenschaften der Technik:

1. Die Intentionen und Interessen der Hersteller, die es immer gibt (wirtschaftlich, politisch, militärisch etc.), sorgen für einen gewissen Druck zur Präferenz bestimmter Anwendungen.
2. „Technik ist machtschlüssig",[67] das heißt sie schmiegt sich im Laufe der Innovationszyklen an die vorgegebenen Organisationsstrukturen an und verändert sie auch allmählich.
3. Die Intentionen und Motivationen der Benutzer und Bediener von Technik sind nicht „klinisch rein" oder von vornherein festgelegt. Das heißt vorhandene technische Möglichkeiten verändern die ursprünglichen Zwecke - das kann aus ökonomischen Gründen sogar ein Zwang sein.

Daraus kann man folgern, dass nicht die Technik im eingeschränkten Sinne der bloßen Apparate und Instrumente, sondern die gesamte Einbettung von Technik in ihre organisatorische Hülle zum Gegenstand von Verantwortung wird. Deshalb sollte Technik so gestaltet sein, dass sie eine möglichst große Anzahl von freien Zwecken befriedigen kann (zum Beispiel der PC als universales Werkzeug), sodass die Wahl der Mittel bei freier Setzung der Zwecke auch frei bleiben kann. Hier sei allerdings eine Einschränkung genannt und gefordert: Man kann Technik fehlerfreundlich gestalten, umweltfreundlich, nachhaltig und letztlich auch friedensfördernd. Anders ausgedrückt: Beim Entwurf ist der Missbrauch mit zu bedenken und nach Möglichkeit nicht bloß durch gesetzgeberische, sondern vor allem durch technisch-organisatorische Maßnahmen zu erschweren oder zu verunmöglichen.[68]

Zwar ist zuzustimmen, wenn gesagt wird:

> Von dem Moment an, da der Einsatz einer Technologie als eine Frage der Moral definiert wird, kann man auch ohne Detailkenntnisse über Funktion und Auswirkungen einer bestimmten Technologie mitdiskutieren. Es genügt die Tatsache, daß prinzipiell negative Auswirkungen möglich sind und damit moralischen Kategorien unterliegen. [...] Wenn aber Positionen zu einer Technologie mit moralischen Positionen gleichgesetzt werden, [...] gibt es keine Diskussion mehr über die Zweckmäßigkeit einer Technologie, sondern nur noch um die moralische Bewertung der Befürworter oder Gegner.[69]

---

[67] J. Seetzen, mündliche Mitteilung, Cottbus, siehe Seetzen (1997).

[68] Man denkt hier nur an die Sicherheitstechnik und -organisation, die entwickelt wurde, um einen versehentlichen nuklearen Schlagabtausch zu verhindern. Vgl. Afheld, Roth (1971), Wiener, Kahn (1967).

[69] Siehe dazu Roegelin, Grebmer (1988), S. 60 f.

Allerdings schließt eine ethische Debatte eine Diskussion über die Zweckhaftigkeit einer in Frage stehenden Technik nicht aus. Sachkunde hat noch keinem Diskurs über Technik und ihrer moralischen Bewertung geschadet. Doch Leisinger, der dies im Kontext einer zunehmenden Moralisierung technologischer Debatten sieht, meint darüber hinaus:

> Wo Konflikte in Sachfragen auf diese Weise zu Gesinnungsfragen gemacht werden, sind einvernehmliche Lösungen fast nicht mehr erreichbar. Unter solchen Umständen werden Wissenschaftsdebatten zu Geltungskonflikten über menschliche Selbst- und Weltverständnisse und somit zu Auseinandersetzungen über die Sinnhaftigkeit von Strukturen des menschlichen Zusammenlebens innerhalb einer Gesellschaft und über die sinnstiftende Interpretation der jeweiligen Wirklichkeit.[70]

Letzteres scheint mir aber gerade der Vorteil und bei Diskussionen um Innovationen auch notwendig zu sein. Denn Gestaltung von Technik und damit jede Innovation, greift durch die Wirkmächtigkeit der modernen Technik weit in die Lebensgestaltung der Menschen ein, von der Globalisierung bis zur völligen Umwälzung der Arbeitswelt. Damit werden Technikdebatten und Sachfragen zu Fragen der Lebensgestaltung und ihrer Sinnhaftigkeit, gerade dann, wenn sie durch Technik geändert werden. Diskussionsverbote dieser Art nützen gar nichts und zerstören das Vertrauen in die Innovationsfähigkeit. Denn wer über Innovationen, ihre Sinnhaftigkeit und über Geltungsfragen der Gestaltung von Technologie und ihrer Organisation ausgeschlossen wird, verliert schnell das Vertrauen in die zukünftigen Möglichkeiten, wird misstrauisch und vermutet andere Motive der Technikhersteller als die genannten.

Verantwortliches Handeln auch bei Innovationen ist wohl nur möglich, wenn man die Betroffenen des Handelns, zumindest im Sinne eines Delegationsverfahrens, an der Gestaltung teilnehmen lässt. Dass dies Kompetenz erfordert, steht außer Zweifel. Es steht aber auch außer Zweifel, dass sich das Innovationsgeschehen, das mit zur wirtschaftlichen Weiterentwicklung beiträgt, keine Vertrauenskrise leisten kann. Vertrauen wird aufgebaut aus der Überzeugung, dass nicht nur der Andere aus den genannten und erkennbaren Motiven und Interessen heraus handelt (die ja meist legitim sind), sondern dass der Andere auch die begründete Hoffnung haben kann, dass sich auch nach der Innovation nicht gleich, aber ebenfalls verantwortlich handeln lässt.[71]

Mit anderen Worten: Innovationen und der Prozess der Innovation verdienen dann Vertrauen, wenn sie die Bedingungen verantwortlichen Handelns für alle Beteiligten erhalten. Dies ist keine Moralisierung von Technik, sondern die gesellschaftliche Voraussetzung für ihr Funktionieren.

---

[70] Vgl. Leisinger (2002).
[71] Vgl. hierzu das Prinzip der Bedingungserhaltung für verantwortliches Handeln in: Kornwachs (2000).

LITERATUR

Afheld, H., Roth, H. (1971): „Verteidigung und Abschreckung in Europa", in: Weizsäcker, C. F. von (Hrsg.): *Kriegsfolgen und Kriegsverhütung*, München, S. 285-416.

Aristoteles (1995): *Nikomachische Ethik*, in: Rolfs, E. (Hrsg.), Bien, G. (Bearb.): Aristoteles: *Schriften in sechs Bänden*, Band 3. Meiner, Hamburg.

Aristoteles (1995): *Politik*, in: Rolfs, E. (Hrsg.): Aristoteles: *Schriften in sechs Bänden*, Band 4. Meiner, Hamburg..

Axelrod, R., Hamilton, W. D. (1981): „The Evolution of Cooperation", *Science* 212, March Nr. 4489, p. 1390-1396.

Bailey, T. (2002): „On Trust and Philosophy", in: http://www.open2.net/trust/downloads/docs/ontrust.pdf: (Stand: 16.01.04).

Bauer, R. (2004): *Fehlgeschlagene technische Neuerungen*, Habilitationsarbeit an der Fakultät für Pädagogik, Fachbereich Geschichte, Universität der Bundeswehr Hamburg.

Bechmann, A.; Bechmann, G. (2003): „Verwaltungsmodernisierung im Übergang zur Wissensgesellschaft. Von der politischen Planung der 70er-Jahre zum e-government der 2. Generation", in: Bechmann, A. (Hrsg.): *Verwaltungsmodernisierung durch Wissensmanagement. Notwendigkeiten, Chancen, Konzepte, Instrumente*, Edition Zukunft, Barsinghausen, S. 39-220.

Böhme, G. (1998): „Vertrauen", in: *Gestalttherapie* 12, Heft 2, S. 24-34.

Brauer, H.-J. (ed.) (1992): *Failed Innovations*, Social Studies of Sciene, Special Issue 22, Nr. 2.

Busse, S., Schierwagen, Ch. (1990): „Vertrauen", in: Sandkühler, H. J. (Hrsg.): *Europäische Enzyklopädie zu Philosophie und Wissenschaften*, Meiner, Hamburg, Bd. 4, S. 719-721.

Cicero, Marcus Tullius (1998): *De inventione*, hrsg. von Th. Nüßlein, Artemis und Winkler, Düsseldorf.

Cicero, Marcus Tullius (1990): *De officiis*, hrsg. von H. Gunermann, Reclam Universalbibliothek, Stuttgart.

Cicero, Marcus Tullius (1997): *Tusculum disputationes*, hrsg. von E., A. Kiefel, Reclam, Ditzingen.

Delhaye, J.-P., Mathieu, Ph. (1998): „Altruismus mit Kündigungsmöglichkeit", in: Ernst, A. M. (Hrsg.): *Kooperation und Konkurrenz*, Spektrum der Wissenschaften, Digest 1/1998, S. 82-88.

Diels, H. (1923): *Fragmente der Vorsokratiker* (VS), Weidemannsche Buchhandlung, Berlin (4. Aufl.).

Diels, H. Kranz, Z. W. (1937): *Fragmente der Vorsokratiker* (DK), Weidemannsche Buchhandlung Berlin (5. Aufl.).

Drösser, C. R. (2002): *Stimmt's? Neue moderne Legenden im Test*, Rowohlt, Reinbeck.

Fichte J. G. (1991): *Grundlagen des Naturrechts nach den Prinzipien der Wissenschaftslehre 2*, §19. Meiner, Hamburg.

Formula Baetica (1968): *Fontes Iuris Romani Antejustiniana, pars tertia, Negotia*, ed. V. A. Ruiz, Florentinae.

Frevert, U. (Hrsg.) (2002): *Vertrauen. Eine historische Annäherung. Vandenhoeck und Rupprecht*, Göttingen.

Gloyna, T. (2001): „Vertrauen", in: Ritter, J., Gründer, K., Gabriel, G. et al. (Hrsg.): *Historisches Wörterbuch der Philosophie*, Wiss. Buchgesellschaft Darmstadt, Schwabe, Basel, Sp. 986-990.

Hartmann, M., Offe, Cl.: *Vertrauen. Grundlage des sozialen Zusammenhalts*, Campus, Frankfurt a.M.

Hegel, G. W. (1999): *Phänomenologie des Geistes*, in: Hegel. G. W.: *Werke in sechs Bänden*, Akad. Ausgabe 1980, Bd. 2. Meiner, Hamburg.

Hennen, C. (2002): *Technikakzeptanz und Kontroversen über Technik – Positive Veränderungen des Meinungsklimas – konstante Einstellungsmuster*, TAB Arbeitsbericht Nr. 83, Büro für Technikfolgenabschätzung des Deutschen Bundestages; Berlin November 2002.

Hesiod (1995): *Erga kai hermia* (Werke und Tage), hrsg. von O. Schönberger, Stuttgart.

Hobbes, Th. (1994): *Leviathan*, with Selected Variants from the Latin Edition of 1668, edited by Edwin Curley, Hackett.

Hofstadter, D. H. (1998): „TIT FOR TAT", in: Ernst, A. M. (Hrsg.): *Kooperation und Konkurrenz*, Spektrum der Wissenschaften, Digest 1/1998, S. 60-66.

Hume, D. (1978.): *A Treatise of Human Nature*, edited by L. A. Selby-Bigge, revised by P. H. Nidditch, Second edition, Oxford University Press, Oxford.

Hume, D. (1984): *Eine Untersuchung über das Prinzip der Moral. Reden*, in: Reclam Jun. Stuttgart.

Kipphardt, H. (1966): *In der Sache Robert J. Oppenheimer*, Suhrkamp, Frankfurt a.M..

Köcher, R. (2004): „Technikfeindlich und innovationsmüde? Die Reaktion der Bevölkerung auf den wissenschaftlich-technischen Fortschritt", Vortrag anlässlich des acatech Symposiums „Innovationsfähigkeit – Bildung, Forschung, Innovation: Wie können wir besser werden" am 11. Mai 2004, Berlin. Aus: www.acatech.de/de/home/koecher 110504.htm.

Kornwachs, K. (2000): *Das Prinzip der Bedingungserhaltung. Eine ethische Studie*, Lit, Münster, London.

Kornwachs, K. (2004): „Electronic Overtaxing", in: Wenchao, L., Poser, H.. (eds.): *Wissenschafts- und Technikethik. Proceedings der Deutsch-Chinesischen Konferenz vom 6.-9. September 2003*, TU Berlin. Lit, Münster (in Vorbereitung) 2004. Deutsch: „Die elektronische Überforderung", in: Albert, M.-Th., Herter, J. (Hrsg.): Querschnitte V. Studien des Zentrums für Technik und Gesellschaft, Cottbus 2004 (im Druck).

Langenbach, C. J., Ulrich, O. (Hrsg.) (2002): *Elektronische Signaturen – Kulturelle Rahmenbedingungen einer technischen Entwicklung*, Springer, Berlin, Heidelberg u.a.

Leisinger, K. M. (2002): „Wissenschaft und öffentliches Vertrauen", 1st Dialogue on Science, Engelberg, Switzerland, October 23 – 25, in: www.academia-engelberg.ch/de/ pdf/LeisingerWissenschaft.pdf.

Lübbe, Weyma (2004): „Vertrauen zwischen individueller Not und sozialer Tugend", Schloß Neuhardenberg: Konferenz „Die Erfindung des Vertrauens" Mai 2004.

Luhmann, N. (1972): *Soziale Systeme*, Suhrkamp, Frankfurt a. M.

Luhmann, N. (1968): *Vertrauen – ein Mechanismus der Reduktion von Komplexität*, Suhrkamp, Frankfurt a.M.

Makarenko, A. S. (1975): *Ein Buch für die Eltern*, in: Makarenko, A. S. Werke. Bd. IV, Verlag Volk und Wissen, Berlin, S. 13-364.

Makarenko, A. S. (1975): *Ein pädagogisches Poem*, in: Makarenko, A. S. Werke. Bd. IV, Volk und Wissen, Berlin.

Mittelstraß, J. (2001): „Bildung und ethisches Maß", Vortrag zweites Werkstattgespräch Initiative McKinsey, Galerie der Gegenwart, Hamburg. Zentrum Philosophie und Wissenschaftstheorie, Universität Konstanz.

Nadin, M. (Hrsg.) (2001): *Trust. Das Prinzip Vertrauen*, Beiträge zum Internationalen Kolloquium, Synchron Wiss.-Verlag, Heidelberg.

Novak, M. A., May, R. M., Sigmund, K. (1998): „Das Einmaleins des Miteinander", in: Ernst, A. M. (Hrsg.): *Kooperation und Konkurrenz*, Spektrum der Wissenschaften, Digest 1/1998, S. 68-75.

Novotny, H. (2004): „Von ‚disclaimer' zu Vertrauen", in: http://www.ethlife.ethz.ch/articles/kolumne/Nowotny4.html (5. 6. 2004).

Perspektive Deutschland (2004): In: Der Stern Nr. 18 (2004), S. 46-62.

Pestalozzi, J. H. (1947): „Wie Gertrud ihre Kinder lehrt", in: *Briefe an einen Freund über den Aufenthalt in Stans*, Berlin, Leipzig.

Platzköster M. (1990): *Vertrauen – Theorie und Analyse interpersoneller, politischer und betrieblicher Implikationen*.

Rapoport, A. (1966): *Two Person Game Theory*, Univ. of Michigan Press, Ann Arbor.

Riehm, U. et al. (2002): „E-Commerce". TAB Arbeitsbericht Nr. 78, Büro für Technikfolgenabschätzung des Deutschen Bundesstages, Berlin, Karlsruhe Juni 2002.

Roeglin H.-C., von Grebmer K. (1988): *Pharma-Industrie und Öffentlichkeit*, Basler Zeitungs-Verlag, Basel, S. 60 f.

Schnabel, U. (2004): „Gut gemeint ist schlecht erfunden", in: DIE ZEIT Nr. 23 vom 27. Mai 2004, S. 48.

Seetzen, J. (1997): Mündliche Mitteilung auf dem Workshop der BTU Cottbus: „Technikphilosophie in Deutschland", Cottbus, September 1997.

Simmel, G. (1992): *Soziologie*, 1908, hrsg. von R. Ramstedt.

Spinoza, B. (1975): *Ethik* (Ethica more geometrico demonstrata), Übers. von J. Stern. Ph. Reclam jun., Leiprig.

Stadler, R. (2004): „Mit Sicherheit ein gutes Gefühl", in: *Süddeutsche Zeitung Magazin* Nr. 28 vom 9. Juli 2004, S. 4-7.

Thomas von Aquin (1985): *Summe der Theologie*, 3 Bde., Kröner Stuttgart 1985.

Wiener, A., Kahn, H. (1963): *Ihr werdet es erleben. Die Welt im Jahr 2000*, Molden, Wien, Mohn, Gütersloh 1967. Engl.: The Year 2000. A Framework for Speculations on the next thirty three years. Crouton – on Hudson, New York.

Zak, P. (2004): „Trust", in: *CAPCO*, Institute for Financial Transformation, p. 17-24, in (Zugriff Juli 2004): http:\\fac.cgu.edu/~zakp/publications/CAPCOtrust.pdf.

Zak, P.J., Knack, S. (2001): „Trust and Growth". *The Economic Journal* 111 (2001), p. 295-321.

Zumsteg F. (2004): *Die Bedeutung von Vertrauen für den Erfolg von E-Government*, Diplomarbeit, Institut für Informatik, Universität Zürich.

> ANSATZ FÜR EINE TECHNOLOGISCHE INNOVATIONSTHEORIE

GÜNTER SPUR

Die Gesellschaft kann die existenziellen Probleme ihrer Zukunft nur auf der Grundlage von Forschung und Technologie lösen, eingebunden in das Spannungsfeld des industriellen Fortschritts. Die damit verbundenen Aufgaben machen es erforderlich, dass alle verfügbaren Innovationskräfte mobilisiert werden. Die Werkzeuge kommen aus der Wissenschaft, die in enger Wechselbeziehung mit Technik und Wirtschaft das zukunftstragende Innovationsprofil der Gesellschaft aufbereitet. Die Sicherung von Wohlstand und Fortschritt ist eine Herausforderung für alle Leistungspotenziale in Wissenschaft und Wirtschaft (Bild 1).

Bild 1: Innovation als soziotechnischer Wandlungsprozess der Gesellschaft

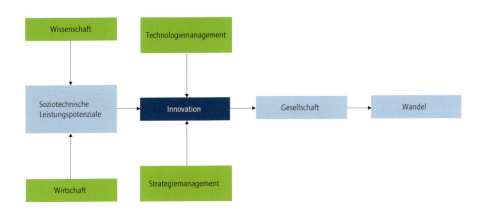

In kritischen Wirtschaftsphasen wird die Mangelhaftigkeit von Vorsorgemaßnahmen besonders deutlich. Wir haben angesichts der demografischen Entwicklung unserer Bevölkerung keine Zeit zu verlieren. Deshalb muss die Förderung der Innovationsforschung höchste Priorität erhalten. Hieraus entwickelt sich die Wirtschaftskraft der Zukunft. Staatliche Innovationspolitik sollte Anreize für eine Ausrichtung der Industrie auf neue, strategisch bedeutsame Technologiefelder mit Schlüsselfunktionen entwickeln.

Der schnelle und nachhaltige Wandel durch Innovationen drängt zu einer Reform der Wissenschaftsstruktur. Die derzeitige Fakultätslandschaft der Universitäten ist auf integrative Innovation nicht vorbereitet. Eine gegenseitige Durchdringung technikwissenschaftlicher und gesellschaftswissenschaftlicher Fragestellungen ist erforderlich, um gewachsene Formen von Wissenschaftsabgrenzung zu überwinden. Dies gilt auch für die einzelnen Disziplinen innerhalb der Technikwissenschaften selbst.

STÄRKUNG DER INNOVATIONSFÄHIGKEIT

Die Globalisierung der Märkte macht es volkswirtschaftlich notwendig, die regionale Innovationsfähigkeit zukunftsorientiert zu stärken, also Beschäftigungs- und Wettbewerbssicherung durch Förderung von Forschung und Entwicklung gezielt zu betreiben. An diesbezüglichen Appellen mangelt es nicht. Was fehlt, ist die personelle Vernetzung von Wissenschaft und Wirtschaft, wobei der Zugriff auf ein hohes Qualifikationsniveau des verfügbaren Arbeitsmarktes zwingend ist.

Die Erneuerung eines Wirtschaftssystems schließt die Bereitschaft ein, überkommene Strukturen in Frage zu stellen und eine Flexibilisierung des Denkens auf allen Ebenen des wirtschaftlichen Handelns anzustreben: Mit dem Mut zur Veränderung beginnt der Erfolg von Innovationen.

Das Wachstum einer Wirtschaft basiert auf konkreten Maßnahmen zur Belebung der Märkte und auf innovativen Strategien zur Steigerung von Kreativität und Produktivität. Die Absicherung der erreichten Wirtschaftsposition reicht nicht aus. Es geht um permanentes Wachstum als unternehmerische Strategie (Bild 2).

Bild 2: Aktivierung soziotechnischer Ressourcen

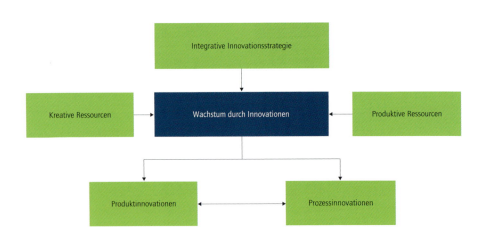

Bei der Umsetzung der strategischen Ziele auf operativ wirksame Prozesse darf nichts dem Zufall überlassen bleiben. Erfolge setzen eine systematische Erschließung aller Ressourcen zur Erreichung einer hohen Planungssicherheit voraus, beruhen aber auch auf konsequenter und schneller Umsetzung des Neuen. Wachstum erfordert die Aktivierung der gesamten technologischen und ökonomischen Unternehmenskompetenz. Wichtig ist die Motivation der Mitarbeiter. Sie vermitteln letztlich durch ihr Wissen und Können den innovativen Erfolg am Markt.

WIRKUNG AUF DAS ARBEITSSYSTEM

Innovationen vermehren und vermindern die Menge an Arbeit, sie verändern aber auch ihre Inhalte, um das Neue zu schaffen. Sie beeinflussen das Arbeitsleben nicht nur zeitlich und örtlich, sondern auch hinsichtlich der Arbeitsmittel und der Arbeitsmethoden (Bild 3).

Bild 3: Einfluss gesellschaftlicher Innovationspotenziale auf das Arbeitssystem

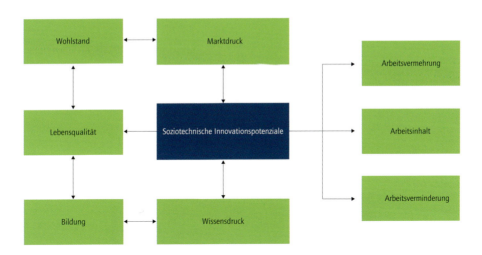

Die gegenwärtige Phase der Technikentwicklung zielt auf Dezentralisierung der Arbeit und führt in eine neoindustrielle Arbeitswelt, die durch den Fortschritt der Informationstechnik geprägt wird. Durch kontinuierliche Optimierung der Informationsnetzwerke erwächst gewissermaßen als konzertierte Innovation eine neue Arbeitskultur.

Individuelle Lebensqualität ist letztlich das Ergebnis von Gemeinschaftsarbeit, die neben der Leistungsbereitschaft auch Bildungsfähigkeit einschließt. Zukünftige Arbeitskulturen sind für humane Werte sensibilisiert, die von der Gesellschaft als Grundlage ihrer Innovationsfähigkeit aufgezeigt werden.

Technischer Fortschritt vollzieht sich trotz kontinuierlicher Entwicklung in dosierten Phasensprüngen. Diese benötigen vorbereitete Arbeitsstrukturen, die den zunehmenden technologischen Innovationsdruck verkraften und verarbeiten können. Die Sicherung unserer wirtschaftlichen Existenz setzt global orientierte Innovationsstrategien voraus. Sie stärken unsere Arbeitsgesellschaft, indem sie auch wirtschaftspolitische Zielsetzungen zur Überwindung des Wettbewerbs einbeziehen. Dabei darf die Gefahr der Verschwendung verfügbarer Innovationspotenziale nicht übersehen werden. Andererseits verfügte der Mensch noch nie über so viel wissenschaftliches und technologisches Wissen wie heute, damit aber auch noch nie über so viele Chancen zum innovativen Wandel unseres Arbeitssystems. Das technologische Innovationspotenzial der Welt ist offen, es muss nur kreativ genutzt werden.

Ein wesentlicher Beitrag für einen wirtschaftlichen Aufschwung wird durch produktive Umsetzung von Forschung in wettbewerbsfähige Produkte und Prozesse geleistet. Es wird dabei auf die Innovationskraft der technologischen Ressourcen ankommen. Um leistungsfähige Schlüsselindustrien zukunftsfest zu entwickeln, bedarf es einer strategischen Perspektive, neue Technologien permanent auf innovative Anwendungsbezüge zu prüfen.

IN ERWARTUNG DES NEUEN

Das Neue entsteht in vielfältiger Weise in der gesamten Breite von Wissenschaft und Wirtschaft. Verlaufen die Erneuerungsprozesse in wissenschaftlichen Kanälen hoher fachlicher Spezialisierung oder als interdisziplinäre Integration? Sicherlich liegt die Wirklichkeit dazwischen. Es kommt auf die Wirkfaktoren der Innovationsfähigkeit an (Bild 4).

Bild 4: Wirkfaktoren für die Effizienz der Innovationsfähigkeit

Die Zukunftsforschung hat die Schwierigkeit von Vorhersagen gesellschaftlicher Entwicklungsprozesse immer wieder aufgezeigt. Aber gilt dies auch für technische Innovationsprozesse? Hier liegt das Problem des Neuen weniger im „Was" als im „Wie".

Das Erfinden ist eine Kunstfertigkeit zur Schaffung des Neuen, gekennzeichnet durch innovative Kreativität, die Wissen und Können, Handlungsfähigkeit und Inspiration vereinigt und sich der innovativen Vernunft als Regulativ bedient. Dabei ist das Ergebnis meistens ein Gemeinschaftsprodukt, wirksam als Netzwerk individueller Leistungen. Es kommt auf spezialisiertes Wissen an, das sich im gemeinsamen Können offenbart. Hohe Komplexität im Neuen erfordert Gemeinschaftsarbeit. Dabei erhält die Motivation im Sinne von Teamgeist eine besondere Bedeutung.

Ideenreichtum als Treiber innovativer Wissenschaftskultur hat immer wieder außergewöhnliche Erfolge erzielt. Angesichts der hohen Komplexität des wissenschaftlichen Fortschritts hat kooperative Forschung einen zunehmenden Stellenwert erhalten, wobei das natürliche Bedürfnis nach Anerkennung der individuellen Leistung nicht zu übersehen ist.

Wissenschaft ist zukunftsorientiert, sie verarbeitet das Neue, das sie entdeckt, aber auch das, was durch sie als Neues erfunden wird. Neue Fragestellungen führen zu neuen Forschungsrichtungen. Sie aktivieren neue Strukturen der wissenschaftlichen Zusammenarbeit. Das Neue sichert die Zukunft. Der Zukunft wegen müssen wir das Neue wollen. Wissenschaftler sind als Träger der Innovationen auch Unternehmer.

Um das Neue zur Nutzung zu führen, muss der schöpferisch tätige Ingenieur auch unternehmerisch denken. Dazu muss er den Markt kennen, wobei auch der Zeitpunkt für einen Innovationserfolg richtig gewählt sein will. Nicht immer ist der Erste auch der Erfolgreichste.

Der Sinn von Innovationen liegt in ihrem Nutzen. Dabei kann sich dieser sprunghaft oder allmählich entwickeln. Das Neue allein bewirkt noch keinen wirtschaftlichen Fortschritt, dieser ist erst mit der Durchdringung des Marktes erreicht. Innovationen sind dann erfolgreich, wenn der Aufwand nachhaltig zurückfliesst.

Der Erfolg des Neuen entsteht nicht durch Zufall, er entsteht durch einen geplanten Innovationsprozess. Die Lösung innovativer Aufgaben erfordert sowohl methodisches Können als auch praktische Kunstfertigkeit. Die Tätigkeit von Ingenieuren hat noch immer einen Hauch der Renaissance, als ihr Tun den „Nützlichen Künsten" zugeordnet wurde. Allerdings ist ihr Wirkfeld heute weniger künstlerisch als wissenschaftlich profiliert. Jedoch bleibt die Ingenieurkunst des Individuums für das Erfolgserlebnis der Planungsgemeinschaft unverzichtbar.

PRODUKTIVE ERNEUERUNG DURCH INNOVATIONSPLANUNG

Systemtechnisch ausgedrückt zielen Innovationen auf Erneuerung von Strukturen und Prozessen zur fortschrittlichen Lösung bestehender Probleme durch gezielte Anwendung des Neuen (Bild 5).

Bild 5: Produktive Erneuerung durch Innovationsplanung

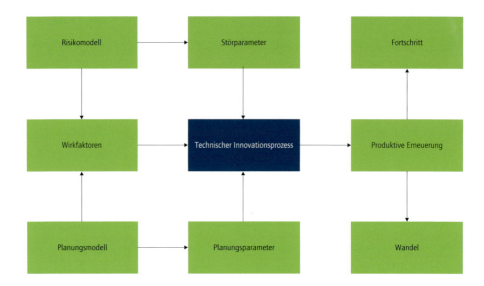

Zum Wesen der Innovation gehört aber auch das Risiko. Dies gilt insbesondere für komplexe Innovationsprozesse unter dem Gesichtspunkt nachhaltiger Störwirkung.

Langwellige Innovationsprozesse lassen sich nicht unter der Annahme planen, dass die wirtschaftlichen, gesellschaftlichen und politischen Bedingungen gleich bleiben. Störungspotenziale sind stets vorhanden und müssen deshalb als Randbedingungen berücksichtigt werden.

Technische Innovationen sind auf Wandel und Fortschritt gerichtet. Sie wirken durch schöpferisches Erneuern unserer Lebens- und Arbeitswelten produktiv für die Gesellschaft. Im Bild unserer Kultur verkörpert sich Technik nicht nur als gegenständliche Realität, sondern auch als Prozess gesellschaftlicher Zukunftsentwicklung.

Technik offenbart Kunst und Können, getrieben vom Ideenreichtum der Menschen entsteht das Neue durch planvolles Handeln. Im Kern des soziotechnischen Systems unserer Gesellschaft wirkt das Dreieck Wissenschaft, Technik und Wirtschaft als Pulsator des Fortschritts. Triebkräfte sind die Kreativitätspotenziale.

Der Innovationsprozess bis zur Markteinführung eines neuen Produkts verläuft nicht störungsfrei. Zur Begleitung sind Spezialisten gefragt, von Erfahrung geprägt und verantwortungsbereit für das Neue, aber auch vom Bewusstsein bestimmt, dass Neues kein Selbstläufer ist. Hast und Hetze sind für das Neue verderblich. Bewährtes muss im Neuen erhalten bleiben. Zuviel Neues erhöht das Risiko der Funktionalität. Die Weisheit des Konstrukteurs begründet sich in der Dosierung des Neuen. Sorgfalt ist ein höchstes Gut im Innovationsprozess.

Es ist richtig und unbestreitbar, dass die Durchsetzung des Neuen auch des Mutes bedarf. Fragwürdig wird allerdings schon der Begriff „Risikofreude". Risiko ist für jeden, der es eingeht, gefährlich. Besonders dann, wenn schädliche Folgen auf eine personifizierbare Verantwortungskette zurückzuführen sind. Risiko einzugehen ist deshalb eher eine Frage der Vernunft und des Wissens als die einer Freude, die eher dem Leichtsinn nahe steht. Nicht Mut und Risikofreude, sondern Wagnis mit Vernunft sind die Begleitfaktoren des Neuen.

FÖRDERUNG VON INNOVATIONSKULTUREN

Die Vorsorge zur Stabilisierung der Lebensqualität, die eine Generation leisten kann, reicht kaum mehr als ein Jahrzehnt. Innovationswellen sind in ihren langfristigen Wirkungen deshalb nicht voraussagbar, weil die Komplexität ihrer Einflussparameter zu groß und nicht kalkulierbar ist. Wenn es schon kein sicheres Wissen über die Zukunft gibt, dann aber doch wenigstens Vermutungswissen und Wahrscheinlichkeiten. Wir müssen Innovationskulturen anstreben, die regulierbar sind, also Kurskorrekturen einschließen.

Die Gesellschaft erwartet von denjenigen, die die Welt gestalten, dass sie auch die Verantwortung für die Folgen übernehmen. Jedoch: Wer sind die kreativen Leistungsträger? Wie formiert sich der Markt und in welcher Funktion können Menschen Verantwortung übernehmen? Es ist ein Netzwerk technischer Kreativität, das die Zukunft der Industriewirtschaft gestaltet, es ist ein Gemeinschaftswerk der „unbekannten Akteure", individuell tätig, aber dem Trend der wissenschaftlichen Entwicklung folgend, der durch die Wirkpotenziale innovativer Vernunft bestimmt wird (Bild 6).

Bild 6: Leistungsträger von Innovationen

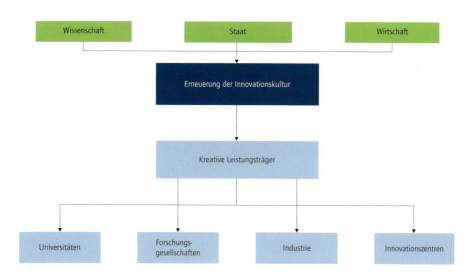

Die Sorge um die Gegenwart darf das Nachdenken um die Zukunft nicht ersetzen. Die Entschlossenheit zur Übernahme von Verantwortung weckt Vertrauen zum gemeinschaftlichen Können. Es geht bei Innovationen immer um eine Zukunft, die nicht von der Unsicherheit des Neuen frei ist. Wir müssen deshalb versuchen, Risikopotenziale nicht zu Risiken werden zu lassen.

Die technologische Forschung von heute beeinflusst die Gesellschaft von morgen. Deshalb ist es zwingend notwendig, über Schritte nachzudenken, die eine regulative Anpassung unserer Forschungspolitik bewirken. Oder wollen wir unsere Zukunft der technologischen Eigendynamik als Selbstläufer überlassen?

Technologische Innovationen entstehen als Handlungsprozesse zur Schaffung des Neuen. Viele Fragestellungen zum Innovationsmanagement drängen sich auf: Wer entscheidet? Wer löst die Innovationsprozesse aus? Wer setzt sie durch? Wer verantwortet das Risiko des Neuen? Die Erfolgserwartungen sind hoch, sie können so sehr übersteigert werden, dass sie den Mut zur Innovation wegen des Risikos sogar verzögern oder behindern.

Innovationsprozesse sind übergeordnete Handlungsprozesse in der Gesellschaft. Sie sind mehr als Produktentwicklung und Produktionsplanung. Sie umfassen das gesamte Handlungspotenzial von Wissenschaft und Wirtschaft und reichen tief in den Markt hinein. Sie dienen der Begünstigung des Kunden als Nutzer des erreichten Fortschritts. Die Innovationen sind auf einen Endzweck, also auch auf die konkrete Verwirklichung gesellschaftlicher Ziele gerichtet.

GESELLSCHAFTLICHER INNOVATIONSBEDARF

Das Neue entsteht durch Forschung. Ideen und Fragestellungen kommen von den Wissenschaftlern, kommen von den Universitäten. Bei ihnen liegt neben den Lehraufgaben die Verantwortung für den Fortschritt ihrer Fachdisziplinen. In den Fakultäten existiert ein hoch motiviertes Potenzial der Forschung, das sich in jedem Semester erneuert. Im Rahmen der Drittmittelforschung lassen sich gezielte Innovationsprozesse auslösen.

Eine wichtige Voraussetzung zur Steigerung der universitären Forschungsleistungen ist das persönliche Engagement der Wissenschaftler. Die in der deutschen Universitätsstruktur gewährten Freiheiten bieten einen großzügigen Rahmen für wissenschaftliche Entfaltungsmöglichkeiten: eine Herausforderung und Verpflichtung zugleich.

Dennoch ist die Wirtschaft künftig als Ideengeber mehr denn je auf eine Selbstaktivierung ihrer Forschung angewiesen. Die Erneuerung ihrer Innovationskultur ist kein Luxus, sie ist bittere Notwendigkeit für die Sicherung von Wachstum. Wissenschaft und Wirtschaft müssen sich zu ihrer besonderen Eigenverantwortung bekennen und ihre Innovationsfähigkeit zur Lösung gesellschaftlicher Probleme der realen Welt steigern, sich also vordringlich auf das Wachstum unseres Wirtschaftspotenzials konzentrieren. Es gilt, diesen Innovationsbedarf zu erkennen und darauf angepasste Forschungsstrategien zu entwickeln (Bild 7).

Bild 7: Gesellschaftlicher Innovationsbedarf

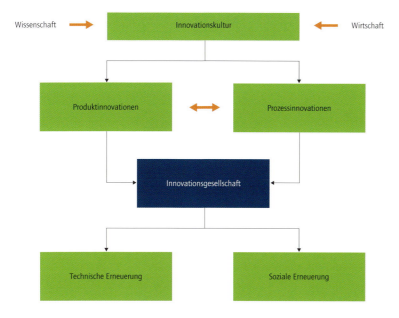

Hierzu gehören alle Maßnahmen, die das kreative Leistungspotenzial unserer Innovationsgesellschaft zur optimalen Entfaltung bringen. Wichtig ist eine zielgerichtete und intensive Begleitung der Innovationsprozesse durch die Politik, wobei auf einen Interessenausgleich aller Beteiligten zu achten ist. Ein organisiertes Wechselspiel zwischen den Kooperationspartnern kann sehr kreativ wirken.

Technikwissenschaftliche Forschung benötigt immer wieder Innovationsinitiativen, die geleitet von Visionen Ideenreichtum entfalten. Hierzu muss ein geeignetes Klima zwischen Forschung und Praxis entwickelt und gepflegt werden. Die Innovationsqualität ist dann besonders hoch, wenn sich die Ideen marktorientiert verdichten.

Die theoretische und empirische Innovationsforschung zielt überwiegend auf Deutung des gesellschaftlichen Wandels. Ihr wissenschaftliches Interesse ist meist darauf ausgerichtet, die technische und sozio-ökonomische Entwicklung aus einem historischen Blickwinkel darzustellen, um daran Hypothesen über die Zusammenhänge zwischen Innovationen und wirtschaftlicher Entwicklung abzuleiten.

Technologische Innovationen bewirken einen gesellschaftlichen Fortschritt, wenn sie vernunftsorientiert auch ethisch-sozialen Ansprüchen genügen. Dabei wird das Ziel einer Aktivierung des Arbeitsmarkts vordringlich an Bedeutung gewinnen. Wachstumsstarke Wirtschaftsstrukturen setzen eine kreative Entfaltung sozialer Leistungsfähigkeiten voraus. Damit ist auch die Schlüsselfunktion des Bildungspotenzials unserer Gesellschaft angesprochen.

Technologische Innovationen sind nur dann wirklich erfolgreich, wenn das Neue vom Markt permanent nachgefordert wird, sodass eine anhaltende Aktivierung des Arbeitsmarktes eintritt.

AUFBEREITUNG DES INNOVATIONSPOTENZIALS

Innovation verbindet sich mit Lust zum Neuen. Je mehr das Innovatiospotenzial angeregt wird, desto stärker sprudeln die Ideen, die dem Werden des Neuen voraus gehen. Bevor das Neue real existiert, muss es gedacht werden. Ideen setzen bewusstes „Seinserleben" voraus, sie basieren auf kreativem Denken, Fühlen und Wollen. Ideen sind ein Produkt des Geistes. Sie erscheinen uns als manifestierter Wille, Neues vernünftig zu gestalten.

Ideen bedürfen eines Sinns, sie müssen „Sinn geben", sie müssen „sinnvoll" sein. Ideen bedürfen eines Anlasses, eines Anstoßes oder eines Bedürfnisses. Ideen haben ein Motiv, das auf eine Hinwendung zum Verändern, zum Schaffen des Neuen zielt. Dient diese innovative Veränderung einer Verbesserung unseres Seins, steht zumindest nichts dagegen, so empfinden wir Ideen vernünftig. Stehen Ideen der Qualität des existierenden Seins entgegen, nennen wir sie unvernünftig.

Die technische Vernunft wirkt als Richtfeld innovativer Ideenpotenziale zur Schaffung des Neuen. Von der Einsicht zur vernünftigen Handlungsweise getragen, wird das Neue durch strategische Planung aufbereitet.

So gesehen wäre die Technik des Menschen ein Produkt seiner innovativen Vernunft, die der sinnlichen Kreativität seines Geistes entspringt und sich durch das Machbare beweist. Ihre fortschreitende Entwicklung ist von Rationalität bestimmt. Sie beruht auf wissenschaftlicher Forschung, auf Erfindungsfähigkeit im praktischen Gestalten und auf innovativem Handlungsvermögen (Bild 8).

Bild 8: Strategische Aufbereitung des Innovationspotenzials

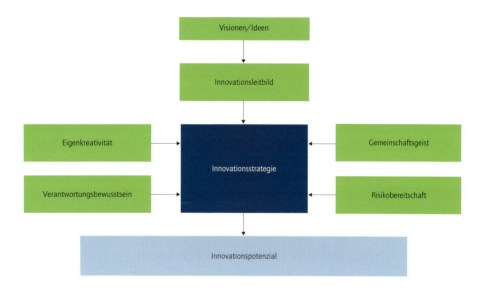

Die Kulturgeschichte des Menschen ist auch ein Ausdruck seiner technologischen Innovationsfähigkeit. Am Anfang stand die Bewältigung der Natur als Voraussetzung zur Entfaltung kultureller Kreativität. Aus der Werktechnik der Frühzeit entstanden die „Nützlichen Künste" zur Nutzung der Natur. Die Entwicklung der Naturwissenschaften und Technik der beginnenden Neuzeit zielt auf eine Beherrschung der Natur. Sie gipfelt schließlich in der Wandlung der Natur zur Gebrauchswelt des Menschen, vom Wirkfeld seiner technologischen Kreativität im globalen Wettbewerb gestaltet.

EINLEITUNG DES INNOVATIONSPROZESSES

Voraussetzung und Erfolgsfaktor jeder innovativen technologischen Entwicklung ist und bleibt die Kreativität des Menschen. Alle Maßnahmen des Innovationsmanagements, aber auch die Verfügbarkeit von Zeit als Voraussetzung für die Entfaltung von Kreativität erhalten künftig eine wettbewerbsentscheidende Bedeutung. Kreativität ist eine Fähigkeit, die es immer wieder zu entwickeln gilt, insbesondere durch Aktivierung des unverzichtbaren Innovationsfaktors Motivation (Bild 9).

Bild 9: Einleitung des Innovationsprozesses

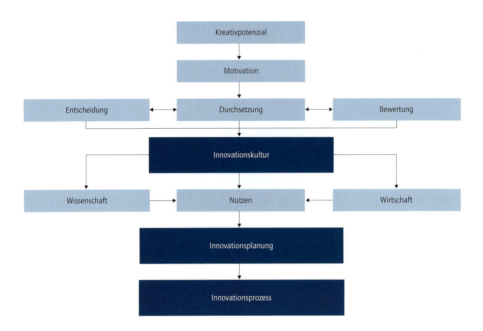

Die Organisation schöpferischen Denkens muss zielgerichtet auf Innovationssteige-rung entwickelt werden. Obwohl individuell geprägt, wird Innovativität entscheidend durch das soziale Umfeld kreativer Wechselwirkungen beeinflusst. Die breite Nutzung aller Erfahrungs- und Informationspotenziale führt bekanntermaßen bei jeder Neu- und Weiterentwicklung zu Gruppeneffekten, die neue Optimierungspotenziale erschließen.

Es werden Führungskräfte benötigt, die auf der Basis fachlicher Kompetenz Ideen entwickeln, unterschiedliche Interessenlagen zu einem konsenstragenden Leitbild zusammenführen und diese Leitvorstellungen umsetzen können. Dies erfordert Risiko-bereitschaft und gleichzeitig Verantwortungsbewusstsein, Eigenkreativität, eine cha-rismatische Persönlichkeit, Engagement, Durchsetzungsvermögen und Gemeinschafts-geist. Es gilt, Anreizsysteme zu entwickeln oder zu verbessern, die besonders qualifizierte Menschen zur Übernahme verantwortungsvoller Aufgaben motivieren.

Eine auf Innovation gerichtete Unternehmensführung muss sich immer wieder bemühen, Hemmnisse der kreativen Entfaltung zu beseitigen. Um das vorgegebene Innovationskapital optimal zu nutzen, muss ein zeitorientiertes Innovationsmanagement betrieben werden, das frühzeitig erkennt, welche Einflüsse kontraproduktiv gegenüber-stehen.

Die existenzielle Bedeutung von Innovationen muss stärker in der Unternehmens-kultur verankert werden. Die Entwicklung innovationsfördernder Maßnahmen beginnt mit einer zielgerichteten, von dem Gedanken der Vereinfachung geleiteten Umstrukturie-rung vorhandener Arbeitsformen und Hierarchietiefen. Ansätze zur Optimierung zielen nicht nur auf den Leistungserstellungsprozess, sondern bereits auf dessen Planung. Ins-besondere müssen bei der Entwicklung neuer Produkte solche Strategien zur Anwendung gelangen, die zeitlich aufeinander abgestimmte betriebliche Abläufe flexibel umstellen können.

BEWERTUNG VON INNOVATIONEN

Die zukünftigen Innovationsstrukturen verlangen nach mehr Wissen und Können, und zwar auf jedem Ausbildungsniveau. Dabei sind Eigenschaften wie Vernunft und Gründ-lichkeit ebenso gefragt wie Kreativität und Innovationsfähigkeit. In modernen Produk-tionssystemen werden Spezialisten und Generalisten gefordert, die sich zu einem inno-vationszentrierten Arbeitsverbund ergänzen. Als Konsequenz muss über gänzlich neue Formen der Arbeit, also auch über neue Formen industrieller Innovationen im volkswirt-schaftlichen Sinne, vor allem auch über die zukünftige Bedeutung von Arbeit, nach-gedacht werden.

Die Lösung des Beschäftigungsproblems kann als „Jahrhundertaufgabe" angesehen werden. Sie wird wahrscheinlich nur allmählich durch ein Zusammenwirken der bereits auf allen Ebenen diskutierten Vorschläge zu erreichen sein. Festzuhalten bleibt aller-dings, dass die Sicherung von Arbeit in der industriellen Produktionswirtschaft langfristig vor allem durch einen Vorsprung in Forschung und Entwicklung, also durch Technologie und Innovation erreicht werden kann. Damit angesprochen ist auch der vorgelagerte und begleitende Bildungsprozess.

Der Fortschritt unserer Industriegesellschaft wird durch wissenschaftsgetriebenen Innovationsdruck erzeugt, der von theoretischem Wissen, praxisgeführter Erfahrung, entscheidungsstarker Handlungsfähigkeit sowie einer bewussten Einfühlung in die Empfindsamkeit des Zeitgeistes der Gesellschaft geprägt ist.

Technologischer Fortschritt bedarf einer permanenten wissenschaftlichen Analyse durch eine innovationsorientierte Begleitforschung, die sich aus seiner klärenden Auf-bereitung durch die einzelnen Fachdisziplinen im Sinne eines neuen Selbstverständnisses der Technikwissenschaft integrativ zu einer übergreifenden „Technischen Innovations-lehre" entwickeln könnte. Damit würde ein prozessorientiertes Wissenschaftssystem von Erkenntnissen und Methoden entstehen, das nicht nur der optimalen Gestaltung und Führung von technologischen Wirksystemen dient, sondern auch die Entfaltung des gesellschaftlichen Innovationspotenzials gezielt fördert (Bild 10).

Bild 10: Wissenschaftliche Bewertung von Innovationen

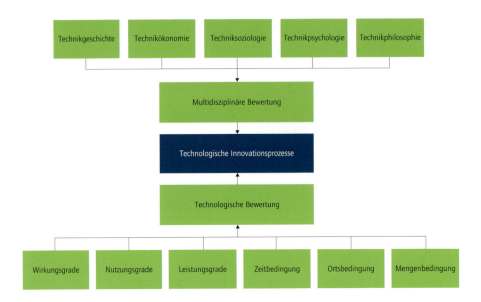

Damit stellt sich die Aufgabe, neue Technologien auf ihre Innovationsfähigkeit permanent zu prüfen. Hierzu werden Kennziffern benötigt, die alle wichtigen zukunftsorientierten Nutzungsfaktoren erfassen. Eine solche prognostische Bewertung von Technologiepotenzialen wird zwar zunächst von dem jeweilig vorherrschenden Markttrend, also vom Zeitgeist, beeinflusst, kann aber dennoch mit hilfreichen Indikatoren als Gradient des technischen Fortschritts herangezogen werden.

Von der Planungstiefe des Innovationsmanagements hängt es weitgehend ab, wie nachhaltig die Effizienz von Optimierungsprozessen gesteigert werden kann. Nach Möglichkeit sollen quantitative Vergleichskenngrößen herangezogen werden, wie Nutzungsgrade des Leistungs- und Wissenspotentials oder Ranking-Werte im Wettbewerbsvergleich. In diesem Zusammenhang wird deutlich, dass ein Bedarf an Kennziffersystemen zur Technologiebewertung auch im Sinne einer Potenzialabschätzung besteht.

Die besondere Schwierigkeit in der Bewertung von Technologiepotenzialen liegt in der Erfassung von vergleichbaren Parametern. Weiterhin unterliegen Technologiepotenziale zeitlichen Veränderungen, nicht zuletzt durch den Fortschritt der Wissenschaft. Auch ist Stetigkeit der Entwicklung nicht immer gegeben, oft haben Phasensprünge zu unerwarteten Marktveränderungen beigetragen.

WISSENSCHAFTLICHE BEGLEITFORSCHUNG

Die Erforschung der Zusammenhänge von Entstehung, Entwicklung, Durchsetzung, Verbreitung und Ablösung von Technik, somit das Phänomen Innovation, ist Gegenstand einer Vielzahl von Wissenschaftsdisziplinen. Im Zentrum des Interesses stehen dabei neben der Technik selbst vor allem auch die Einflüsse, die zu bestimmten Krisen führen können, und die zu ihrem Erfolg oder Scheitern beitragen.

Die multidisziplinäre Innovationsforschung vollzieht sich vor dem Hintergrund eines zunehmenden Bewusstseins der Zusammenhänge zwischen technischer, wirtschaftlicher, gesellschaftlicher und kultureller Veränderung.

Es zeigt sich eine große Bandbreite an Forschungsansätzen und Konzepten, die Grundlage einer Fülle historisch-empirischer Untersuchungen der Entwicklung und Verbreitung von technologischen Innovationen sind. Sie spiegeln unterschiedliche wissenschaftliche Traditionen, Fachdisziplinen und Interessenlagen wider.

Eine Innovationslehre, die zwar in ihrem Ursprung regelmäßig den Wirtschaftswissenschaften zugeordnet wurde, entwickelt sich so zu einer integrativen, multidisziplinären Wissenschaft.

Die stärksten Einflüsse wissenschaftlicher Untersuchungen technologischer Innovationen gehen dabei vor allem von den Theorien und empirischen Analysen der technikgeschichtlichen Forschung, der technisch-ökonomischen Innovationsforschung sowie der sozialwissenschaftlichen Technikgeneseforschung aus (Bild 11).

Bild 11: Innovationsorientierte Grundlagenforschung

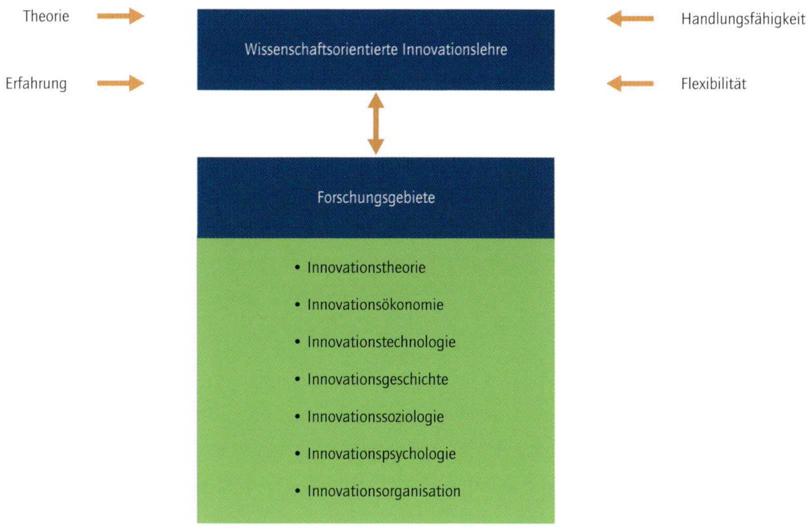

Die Technik unserer Zeit sucht den Dialog mit Geistes- und Sozialwissenschaften. Sie geht damit über ihre Einbettung in Naturwissenschaften und Wirtschaftswissenschaften bewusst hinaus. Aus den langwelligen Entwicklungsphasen der Technik ist abzuleiten, dass nach dem technologischen Aktionismus des 19. Jahrhunderts und dem technologischen Rationalismus des 20. Jahrhunderts nunmehr ein auf Erhaltung unseres Wohlstands gerichteter technologischer Humanismus den Innovationsschub begleitet.

Die heutige Phase ist gekennzeichnet durch eine systematische Verknüpfung von Wissenschaft und Technik. Sie beginnt in der zweiten Hälfte des 19. Jahrhunderts und erreicht unter dem Einfluss der derzeitigen Diskussion um Forschungs-, Technologie-, Innovations- und Wissenschaftspolitik einen Höhepunkt. Wissenschaften und Technologien werden nach wirtschaftsgesellschaftlichen Zielen bewertet. Die Wissenschaft ist zu einer unabdingbaren Voraussetzung für technische Innovationen und Wettbewerbsfähigkeit geworden. Noch immer ist ein deutlicher Vorsprung wissenschaftlicher Erkenntnis gegenüber dem Stand der Technik in der industriellen Realisierung zu erkennen.

Die skizzierte Entwicklung verdeutlicht, dass der Einfluss von Wissenschaft und Forschung im Rahmen technologischer Innovationsprozesse fortwährend zugenommen hat. Eine Dominanz der Grundlagen- und der angewandten Forschung bei der Entstehung von Basisinnovationen ist unverkennbar. Allerdings bekommt auch die Verbindung von Forschung und industrieller Praxis durch Technologietransfer eine zunehmende Bedeutung.

INNOVATISIERUNG ALS PLANUNGSSYSTEM

Technik befindet sich in einer permanenten Zustandsänderung. Jede Beschreibung des Entwicklungszustands technischer Systeme ist immer nur die Beschreibung eines Momentanzustands. Der Änderungsgradient technischer Systeme ist auf das Neue gerichtet. Dies wird einerseits durch bestimmte, also gezielt geplante Funktionsparameter, andererseits auch durch unbestimmte und zufällige, unerwünschte Störparameter beeinflusst. Der Funktionszustand eines technischen Systems ist planungsgemäß, wenn der Funktionsprozess die vorgegebenen Toleranzen störungsfrei einhält (Bild 12).

Bild 12: Optimierung technischer Systeme durch Innovatisierung

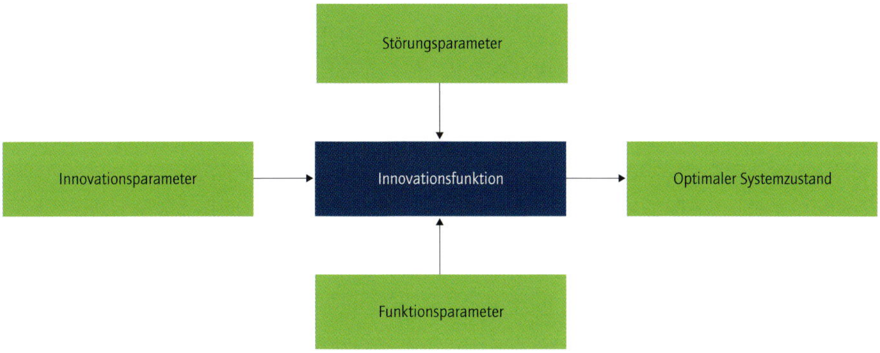

Auf Grund der hohen Komplexität und der meist vorhandenen Wechselwirksamkeit einzelner Störparameter ist eine theoretisch abgeleitete Vorhersage der Innovationsqualität technischer Systeme sehr erschwert. Deshalb sind theoretische, experimentelle und empirische Untersuchungen von Innovationsprozessen unverzichtbar.

Aus dem Modell abstraktiver Systemeigenschaften werden materiell darstellbare Wirkfunktionen so abgeleitet, dass eine physische Entstehung des geplanten Systems optimal möglich wird. Aus den Systemparametern werden schließlich Innovationsparameter, die die angestrebte Funktionsqualität sichern müssen.

Für die Optimierung der Systemauslegung ist der Wahrheitswert aller Entscheidungen von hoher Bedeutung. Insbesondere ist bei schwierigen Verknüpfungen der Findungsprozess zu einer optimalen Lösung so aufwändig, dass der erreichbare Wahrheitswert eingeschränkt ist. Oft sind die Entwicklungsprozesse von technischen Systemen mehrläufig, führen also nicht zu einer einzigen Lösung, sondern zu einer mehrfachen Wahrheit.

Hierin liegt ein Dilemma der Entwicklung technischer Systeme: Das Lösungsmodell der Aufgabenstellung lässt sich meist nicht mit Hilfe einer formulierbaren Handlungsvorschrift direkt aus dem Anforderungsmodell ableiten. Sowohl die Eigenschaftsparameter als auch die Lösungsparameter bilden einen mehrdimensionalen Funktionsraum, der nicht frei von Widersprüchen und Zwängen ist. Hinzu kommt erschwerend, dass nicht alle Systeme Neuentwicklungen sind. Durch Vorgabe des Vorhandenen können die gestalterischen Freiheitsgrade bereits eingeschränkt sein. Gleiches gilt auch für die fortgeschrittenen Phasen des Entwicklungsprozesses. Hieraus wird deutlich, dass reale Systeme nach dem Stand der Technik nicht immer die einzige optimale Lösung darstellen.

Es fehlt nicht an Ansätzen, um technische Entwicklungsprozesse zu steuern oder normativ zu regulieren. Damit ist die Frage nach einem Imperativ für technisches Handeln angesprochen, der im Handlungspotenzial der Ingenieurwelt, von dem Innovationsprozesse ausgehen, wirksam wird. Ingenieure unserer Zeit arbeiten überwiegend als Spezialisten im Netzwerk, wobei es immer schwieriger wird, ein Innovationsobjekt in seiner ganzheitlichen Nutzungswirkung im Voraus zu reflektieren. Die meisten Ingenieure sind zeitlich hoch beansprucht im Bemühen, die sich stellenden technischen Probleme als optimale Funktion mit niedrigstem Aufwand bei höchster Zuverlässigkeit im vorgegebenen Zeitraster zu lösen. Zunehmend wichtiger und aufwändiger wird es im Entwicklungsprozess alle relevanten technischen Regelwerke zu berücksichtigen, um nachweislich die Gebote nach höchster Sicherheit und Vorsorge für einen möglichen Schadensfall zu erfüllen.

Technologische Innovationsprozesse werden nicht nur hinsichtlich ihrer Nutzungsfunktion, sondern auch hinsichtlich ihrer Absicherung gegen Störwirkungen auf die Umwelt bewertet. Die Weiterentwicklung von Technologie muss zu einer Lösung gesamtgesellschaftlicher Probleme beitragen, die Probleme der Gesellschaft und der Infrastruktur genauso berücksichtigen wie die unproduktive Verschwendung natürlicher Ressourcen. Schwierig ist die Bewertung von langfristig wirkenden Technologieprozessen, deren Stabilität, Sicherheit und Ergiebigkeit in ihren Auswirkungen auf die Gesellschaft jedoch teilweise durch Szenarientechnik vorausgesehen werden kann.

PERMANENTE INNOVATISIERUNG

Der ökonomische Zwang im Innovationsmanagement erfordert eine Innovatisierung mit größtem Nutzen bei möglichst geringem Aufwand. Grundlage ist eine Maximierung der Leistungsintensität im Innovationspotenzial, das zur Verfügung steht. Dies bedeutet auch, eine zielgerichtete volle Entfaltungsmöglichkeit des technologischen Wissens zu schaffen. Die Ansätze hierfür liegen in der Aktivierung von Wissen und Können sowohl innerhalb des Unternehmens als auch im erreichbaren Umfeld. Eine solche Entfaltung ist allerdings kein Selbstläufer. Sie bedarf einer gezielten Stimulierung aller verfügbaren Ressourcen und der Erzeugung eines Produktivitätsdrucks, der zu einer permanenten Innovationsdynamik führt (Bild 13).

Bild 13: Durchsetzung der Wettbewerbsfähigkeit durch permanente Erneuerung

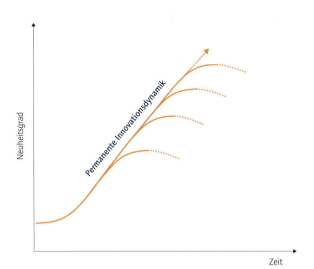

Die Durchsetzung der Marktführerschaft setzt eine kundenorientierte und marktnahe Innovatisierung in allen Unternehmensbereichen sowie Schaffung einer innovations-freundlichen Kultur voraus. Innovatisierung ist nicht allein Aufgabe von Forschung und Entwicklung. Sie betrifft die gesamte Prozesskette innerhalb des Unternehmens wie aber auch den Umgang mit dem Markt. Sie ist unternehmensspezifisch und deshalb von den Wettbewerbern nur schwierig zu kopieren – viel schwieriger jedenfalls als rein technische Produkterneuerungen. Um Innovatisierung erfolgreich zu betreiben, muss das Management die Innovationsfähigkeit permanent zur Entfaltung bringen.

Die Informationstechnik hat eine weit reichende Reform unserer Technologiekultur eingeleitet. Ihre nachhaltige Dynamik hat eine veränderte Wirtschaftswelt erwirkt. Die fortschreitende Automatisierungstechnik hat nicht nur eine Flexibilisierung der Produk-tionstechnik ermöglicht, sondern auch eine globale Verfügbarkeit multikultureller Tech-nologiekulturen zur Folge. Dabei ist ein innovationsorientierter Marktdruck entstanden, der die Unternehmen zwingt, mit Hilfe hochleistungsfähiger Kommunikationsmittel zielstrebig und permanent zur Stärkung ihrer Wettbewerbsfähigkeit beizutragen.

Eine solche Dynamisierung der Produktionswirtschaft bewirkt durch technologische und organisatorische Reformen eine Erhöhung der Weltproduktivität. Treibende Fak-toren sind die informationstechnisch orientierten Investitionen zur Erneuerung der Pro-duktionstechnik. Global lassen sich komparative Wettbewerbsvorteile der verschiedenen Arbeitskulturen erkennen. Attraktive Standorte sind nicht nur Niedriglohnländer, sondern zunehmend auch Länder mit hoher technischer Kompetenz und einer verfügbaren modernen Industriestruktur. Das globale Produktionspotenzial ist ein vernetztes Zellen-werk verdichteten Wissens, das von innovativen Zulieferern im Wettbewerb laufend erneuert und bereichert wird.

Diese Entwicklung erzwingt einen globalen Wettbewerb der Innovationen. Es kommt entscheidend auf eine optimale Nutzung der kapitalstarken Investitionen an. Die zuneh-mende Eigendynamik technologischer Innovationen treibt den Markt: Das Innovations-potenzial der Welt steht im Wettbewerb.

Eine solche Entwicklung erzwingt aber auch einen globalen Wettbewerb der wissen-schaftsorientierten Technologiekulturen. Sie beruht auf Innovationswellen des jeweils verfügbaren Kreativpotenzials und ist damit Ausdruck des Leistungswettbewerbs men-taler Kunstfertigkeit des Menschen.

Permanente Innovatisierungswellen sind die Folge. Sie erhalten ihre Dauerimpulse aus Kreativfunktionen, die laufend in das Handlungspotenzial zum Erfinden und Erkennen einfließen. Sie beruhen auch auf Verbesserung und Erneuerung der Innovationspotenzi-ale, indem sie neue Medien, Methoden und Systeme anbieten, die zu einer qualitativen Anreicherung entscheidungsorientierter Handlungen führen. Sie kann dann intelligente Innovatisierung genannt werden, wenn ihre Störwirkungen im Voraus erkennbar sind und das System dem Handelnden Einsichten vermittelt, durch seine Entscheidungen den Innovationsprozess nachhaltig zu optimieren.

Intelligente Innovatisierung kann als idealer Zustand einer technologischen Evolu-tionstheorie auch als das hohe Ziel einer Technikgenese verstanden werden, die wie in der Natur zyklisch Neues hervorbringt. Eine solche Innovatisierung unserer Technologie-kultur erzwingt eine radikale Umstellung unserer Wirtschaft. Sie betrifft nicht nur das Produktionssystem, sondern vor allem das Forschungssystem unserer Gesellschaft.

Die so entstehenden Innovationswellen benötigen ein Orientierungsparadigma zur Konzertierung aller strategischen Maßnahmen, um der Dauerhaftigkeit des Marktdrucks durch ein nachhaltig wirkendes Innovationsmanagement gerecht zu werden. Die Fähig-keit zur schnellen Anpassung an neue Anforderungen und zum raschen Nachholen ist Grundbedingung wettbewerbsorientierter Innovatisierung. Ein solcher Reformdruck zielt auf innovative Entwicklungszyklen mit mehrläufigen Lösungen, die je nach Wettbewerbs-situation wahlweise umgesetzt werden können. Es kommt auf die Reserve an.

RISIKOSICHERUNG DER INNOVATIONSPLANUNG

Technik strebt nach Beherrschbarkeit und Berechenbarkeit des Nutzungspotenzials der Natur zum Wohle der Menschheit. Die Werte des technologischen Wandels werden durch technische Vernunft bestimmt. Sie kann eine „Instrumentalisierung" der Technik durch die Macht des Unvernünftigen aber nur dann verhindern, wenn sie diese Gefahr recht-zeitig erkennt.

Technische Vernunft muss selbstkritisch die Fähigkeit zur Reflexion einschließen. Es kommt darauf an, die Planfunktionen technischen Handelns so zu verarbeiten, dass

Risiken von Fehlhandlungen, die zum Misserfolg führen, minimiert werden. Es geht um das frühe Erkennen von Fehlerpotenzialen, bevor sie zur Wirkung kommen. Die technische Vernunft gebietet den Zwang zur permanenten Fehlersuche, den Zwang zur technischen Vollkommenheit (Bild 14).

Bild 14: Regulierung von Innovationsprozessen

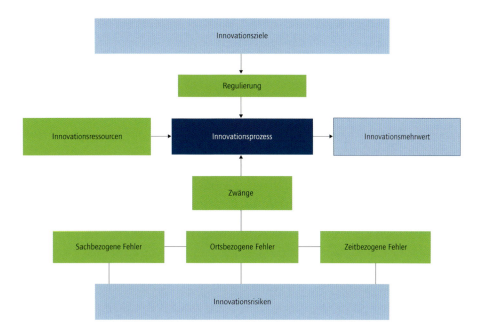

Wenn die Funktionalität der Technik auf einer objektivierten Ordnung ihrer Vernunft, auf einem der Wirklichkeit inne wohnenden Prinzip der absoluten Rationalität beruht, dann entsteht unter dem Aspekt der fortschreitenden Informationstechnik die Frage, wie sich Innovationsprozesse als System koordinierter technischer Planung mit Hilfe digitaler Modelle simulieren lassen.

Über die Methodik einer vorlaufenden simulativen Planung können Möglichkeiten erschlossen werden, Innovationsprozesse in ihrer Zuverlässigkeit, Robustheit, Sicherheit und Produktivität zu verbessern. Mit Hilfe komplexer Algorithmen lassen sich sowohl strategische Zielsetzungen als auch operative Einzelabläufe in ihrer kommunikativen Verknüpfung durch Anpassung der Parameter optimieren.

Der globale Zwang zur permanenten Innovatisierung technologischer Produktionsprozesse ist eine Herausforderung zur Neugestaltung technischer Planungssysteme.

Mangelnde Planungsverlässlichkeit führt zu instabiler Verfügbarkeit der meist sehr kapitalintensiven Investitionen und damit zu erheblichen Kostensteigerungen.

Eine solche Planungskultur darf nicht nur an technologischen Kriterien gemessen werden, sie muss sich insbesondere an den Kriterien der ökonomischen Vernunft ausrichten. Der permanente Innovationsdruck vermittelt eine neue Qualität planerischer Arbeitsleistung und ermöglicht dadurch eine periodische Erzeugung des Neuen. Gewissermaßen als Handlungsbevorratung denkbar, kann das Neue bei Bedarf kurzfristig abgerufen werden. Dabei verlagert sich der Schwerpunkt der Innovationsstrategie zunehmend auf informationstechnische Werkzeuge dezentral organisierter Zuliefererbetriebe, die im Netzwerkverbund untereinander abgestimmt agieren.

Die zunehmende Komplexität technologischer Prozesse ist eine Herausforderung der Informationstechnik. Mangelnde Planungsverlässlichkeit führt zu instabiler Verfügbarkeit der meist sehr kapitalintensiven Investitionen und damit zu erheblichen Kostensteigerungen. Die Risikohaftigkeit komplexer Innovationen führt zur Forderung nach Absicherung gegen Fehlplanungen. Hier sind Methoden des Qualitätsmanagements geeignet, die durch rechnerunterstützte Regulierung entscheidungsrelevanter Teilprozesse optimiert werden können.

Insbesondere gilt die Forderung nach begleitender Risikoabschätzung für weit reichende Innovatisierungsprozesse. Angestrebt werden informationsintegrierte, dezentral wirksame Regulative, deren autonome Intelligenz eine periphere Überwachung aller relevanten Prozessschritte ermöglicht. Eine solche risikobezogene Ablauforganisation würde konsequenterweise informationstechnisch gestaltet werden und zur Rechnerunterstützung von Innovationsprozessen (Computer Aided Innovation – CAI) führen. Sie zielt auf Entlastung von ereignisorientierten Planungsarbeiten mit komplexen Zeit-Raum-Mengen-Problemen und bildet ein Instrumentarium, das von mühsamer Überwachung komplexer Planungsabläufe entbindet. Eine solche regulative Innovatisierung führt zu einer risikosicheren Verdichtung von Planungsquanten und damit auch zur Steigerung der Innovationsgeschwindigkeit.

VIRTUELLE PROZESSOPTIMIERUNG

Die methodische Überführung eines Innovationsprozesses in einen rechnerintegrierten Ablauf mit gleichzeitiger ereignisorientierter Darstellungsmöglichkeit des möglichen Risikoverhaltens auch bei Änderung der Eingangsparameter wird virtuelle Innovatisierung genannt. In diesem Sinne sind virtuelle Konstruktions- und Arbeitsplanungsprozesse sowie in erweiterter Form auch logistische Innovationsprozesse eingeschlossen (Bild 15).

Bild 15: Virtueller Innovationsprozess als Planungswerkzeug

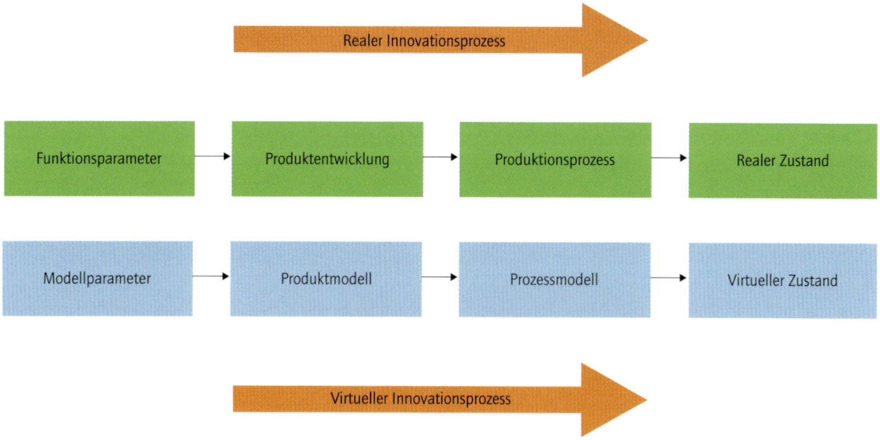

Der neuerdings zu beobachtende Trend zur virtuellen Fabrik basiert auf Simulationssystemen mit Hilfe digitaler Modelle. Für Innovationsplanungen könnten digitale Assistenzsysteme hilfreich sein, die der Orientierung und operationalen Bewältigung von Handlungsalternativen dienen.

Neben Modellen zur Innovatisierung materieller Produkte sind Modelle zur Innovatisierung immaterieller Produkte von Bedeutung, die zu einer Innovationslehre für „Neues Wissen" entwickelt werden könnten. Eine solche instrumentalisierte Wissensverarbeitung erfordert sowohl generative als auch kommunikative Wirkprozesse in Informationsmaschinen, die Wissensquanten nach Leitfunktionen verarbeiten.

Die Digitalisierung von Innovationsprozessen basiert auf einer rechnerintegrierten Verarbeitung digitaler Modellprozesse mit visueller Darstellung durch Simulation. Sie dient der Optimierung von Innovationssystemen und erlaubt eine optimierende Anpassung der Gestaltungsparameter vor einer prototypischen Realisierung. Eine solche virtuelle Innovatisierung kann somit als Planungswerkzeug für die reale Innovatisierung dienen.

Klaus Lucas interpretiert Innovationen als evolutionäre Strukturbildungsprozesse und stellt in einer Studie der Berlin-Brandenburgischen Akademie der Wissenschaften die Frage nach der Entwicklung von Optimierungsmodellen für Innovationsprozesse. Dabei erweist sich die Verknüpfung des Anforderungsprofils mit den Handlungs- und Gestaltungsparametern besonders schwierig, weil die „Zielsetzungen, die in technischen oder sozialen Systemen verfolgt werden sollen, ihrerseits teilweise nur unscharf formulierbar sind und sich im Lauf der Zeit in ihren Inhalten und, beim Vorliegen mehrfacher Teilziele, in ihrer relativen Bewertung ändern können".

Es ist zu erwarten, dass die informationstechnischen Komponenten und Systeme bei abnehmenden Kosten ihre Leistungsfähigkeit weiter steigern werden. Die Ausrichtung der Innovatisierungssysteme wird in Zukunft verstärkt auf Zuverlässigkeit gerichtet sein. Hierbei nimmt die Verfügbarkeit von qualifiziertem Personal eine Schlüsselfunktion ein, was nicht ohne Einfluss auf spezielle Ausbildungsstrukturen sein wird. Die gesellschaftliche Bedeutung einer permanenten Innovatisierung macht die Transparenz ihrer Genese erforderlich. Mehr Öffentlichkeitswirken ist nicht nur eine Bringschuld der Wirtschaft, sondern auch der Wissenschaft. Innovationen erwirtschaften Ressourcen, die gesamtgesellschaftlichen Nutzen bringen. Sie führen zu Produkten, die der Mensch allein nicht erzeugen könnte. Die Abhängigkeit der Lebensfähigkeit unserer Gesellschaft von intelligenten Hilfswelten einer innovativen Technologiekultur ist unverkennbar.

Zukunftsorientiertes Handeln steht unter permanentem Zeitdruck. Jeder will der erste sein. Wettbewerbsfähigkeit genügt nicht mehr, absolute Marktführerschaft ist das Ziel. So etwas wie „digitaler Netzwerkkapitalismus" drängt sich auf: Wissen wird technologisch erzeugt, im Netz logistisch verteilt und ökonomisch verwertet. Das Wissenspotenzial der Welt entwickelt einen Innovationsdruck, der – von Eigendynamik geprägt – die Realität des gegenwärtigen Zustands weit übertreffen wird. In der digitalen Welt wird der Fortschritt der Technik „kunstvoll errechnet". Das Bauwerk entsteht zwar in der sinnlichen Vorstellung des Gestalters, erscheint aber als „digitale Erleuchtung" am Bildschirm. Die Informationstechnik hat die Schwungmasse der natürlichen Kreativität erweitert und gleichzeitig beschleunigt. Die Kompositeure der digitalen Technologiekultur sind die Aufbereiter einer neuen Lebens- und Arbeitsweise der Gesellschaft.

Informationsmaschinen transformieren die geistigen Ressourcen der menschlichen Natur in eine Nutzungswelt zweckorientierter Wissensprozesse und begründen eine digitalisierte Hilfswelt im Dienste der Gesellschaft. Die Globalisierung des Innovationsmarktes führt auch zur Globalisierung des Arbeitsmarktes. Kompetenz und Kreativität konvergieren in ihrer Wirkung als vernetzte Innovationswellen auf einen globalen Ausgleich der Lebensqualität.

LITERATUR

Habermas, J. (1968): *Technik und Wissenschaft als Ideologie*, Frankfurt a. M.

Freeman, Ch. (Hrsg.) (1986): „Design, Innovation and Long Cykles", in *Economic Development*, Royal College of Art.

Kornwachs, K. (2004): *Vertrauen in das Neue – Innovationen verantworten*, Stiftung *Brandenburger Tor*, Arbeitsgruppe Wissenschaft und Forschung, Workshop 21./22. Juni 2004, Berlin.

Lucas, K.; Roosen, P. (2005): *Strukturbildung und Innovation*, BBAW, Jahrbuch 2004, Akademie Verlag, Berlin, S. 241.

Mittelstraß, J. (1992): *Leonardo-Welt. Über Wissenschaft, Forschung und Verantwortung*, Suhrkamp Verlag, Frankfurt a. M.

Mittelstraß, J. (1998): *Die Häuser des Wissens – Wissenschaftstheoretische Studien*, Suhrkamp Verlag, Frankfurt a. M.

Mittelstraß, J.(1989/1997): *Der Flug der Eule*, Suhrkamp Verlag, Frankfurt a. M.

Picht, G. (1969): *Mut zur Utopie – Die Großen Zukunftsaufgaben*, R. Piper & Co. Verlag, München.

Ropohl, G. (1999): *Allgemeine Technologie – Eine Systemtheorie der Technik*, 2. Auflage, Carl Hanser Verlag, München.

Ropohl, G. (1998): *Wie die Technik zur Vernunft kommt – Beiträge zum Paradigmenwechsel in den Technikwissenschaften*, Verlag Fakultas, Amsterdam.

Schumpeter, J. (1912): *Theorie der wirtschaftlichen Entwicklung*, Leipzig.

Schumpeter, J. (1908): Wesen und Hauptinhalt der theoretischen Nationalökonomie. Leipzig.

Spengler, O. (1931): *Der Mensch und die Technik. Beitrag zu einer Philosophie des Lebens*, C.H. Beck´sche Verlagsbuchhandlung, München.

Spur, G. (1998): *Technologie und Management*, Carl Hanser Verlag, München.

Spur, G. (2004): „Eliten an die Front – Technologische Innovationen sind gefragt", ZWF 99 1-2, S. 6-7.

Spur, G. (2004): „Moderne Technikwissenschaften als Motor der Innovationen", ZWF 99 7-8, S. 360-364.

Spur, G. (2004): „Innovatisierung – eine Herausforderung der Produktionswissenschaft", ZWF 99 12, S. 682-683.

Spur, G. (2005): „Mehr Planungssicherheit bei Innovationen", ZWF 100 10, S. 548-549

Weingart, P. (1981): *Wissenschaftssoziologie und Technik*, Report Wissenschaftsforschung Nr. 7, Kleine Verlag, Bielefeld.

Zimmerli, W. Ch. (2005): „Über das Vorurteil für das Neue", Akademische Tagung, Braunschweig, 05. Mai 2005.

> BEITRÄGE AUS DER DISKUSSION*

WORKSHOP I, 12. – 13. MAI 2003
THEMA: „TECHNOLOGISCHE INNOVATIONEN – THEORIE UND PRAXIS"

Zum Beitrag von Prof. Dr.-Ing. Günter Spur

- Zwischen Innovation und Invention gibt es einen wesentlichen Unterschied.
- Innovation ist eine geeignete Aufeinanderfolge kleiner Schritte mit Tastschritten, Fehlschritten und auch gelungenen Schritten.
- Der Bereich der Kundenorientierung mit dem Bereich der Vermarktung ist der Soziotechnik zugeordnet.
- Die Neuerung muss am Markt erfolgreich sein, muss akzeptiert werden.
- Die Innovationsforschung muss im multi-disziplinären Wissenschaftsverbund erfolgen.
- Nach welchen Kriterien sollen die Technikwissenschaften entwickelt werden? Gibt es möglicherweise ganz harte Kriterien?
- Das erste Prinzip ist die Sicherheit des Staates.
- Jede Innovation kostet viel Geld. Wenn es nicht zurückfließt, war es ein Fehlschlag.
- Wie kann man Geschäftsmodelle aufbauen, um den Aufwand wieder zu erwirtschaften?
- Den Nutzen im Voraus zu identifizieren, wird zunehmend schwieriger.

Zum Beitrag von Dr. Eckhard Schüler-Hainsch

- In TRIZ gibt es eine Klassifizierung von Erfindungen hinsichtlich ihres Niveaus in fünf Stufen.
- TRIZ war eine russische Methode, ist aber jetzt eine amerikanische geworden und findet in Amerika eine große Verbreitung, zum Beispiel in der chemischen Industrie.
- Da jeder Algorithmus auch wie ein Highway zu einer bestimmten Richtung führt, ist es wichtig, zu wissen, welche Lösungswege TRIZ verbaut.
- Die Schwachstelle dieser Methode ist der große Aufwand zur Problemanalyse.
- In der ehemaligen DDR gab es Erfinderschulen, die mit TRIZ erfolgreich gearbeitet haben.
- Dieses modellorientierte und modellbasierte Entwickeln ist durch die Art des Denkens in den 90er Jahren aufbereitet.

---

* Redaktionell bearbeitet durch Yetvart Ficiciyan

- An TRIZ beeindruckt am meisten der ungeheuer große Wissensspeicher mit Lösungsprinzipien.

Zum Beitrag von Prof. Dr.-Ing. Klaus Lucas

- Die Gefahr ist immer sehr groß, dass man in einem hoch dimensionalen Optimierungsrahmen schnell in ein lokales Optimum fällt.
- Es gibt in der Geschichte genügend Beispiele, dass sich nicht immer die besten Lösungen durchgesetzt haben. Um hier mit Dürrematt zu sprechen: Je sorgfältiger man plant, umso härter trifft einen der Zufall.
- Es gibt Elemente im Innovationsprozess, für die nur teilweise Lösungsansätze bekannt sind.
- In Zusammenarbeit mit Sozialwissenschaftlern werden Methoden zugespielt, die nicht gleichungsorientiert, sondern sprachorientiert sind, sodass man erkennen kann, wo die Grenzen von Risiken sind.
- Größere technologische Phasensprünge sind aufwändig. Und je aufwändiger sie sind, desto weniger hat man die Möglichkeit, nachzuweisen, dass das investierte Geld auch zurückfließt.
- Das Risiko der wirtschaftlichen Rückführung, wenn man das in einer freien Marktwirtschaft erzwingen will, wird immer nur als eine Sache kleiner Schritte zu bewältigen sein.
- Die Bereitschaft eines Investors hängt sehr von Produkt, Mittelbedarf und Risikodeckung ab.
- Wir brauchen den Staat als Investor, wenn es sich um große risikobehaftete Vorhaben handelt. Große Innovationen kommen schneller voran, wenn der Staat daran Interesse hat.
- Innovationen befolgen betriebswissenschaftliche und gesellschaftliche Ziele.
- In der Regel erfordert mehr gesellschaftlicher Nutzen auch mehr Aufwand.
- Auch das Wohlergehen eines kleinen Unternehmens stellt einen hohen gesellschaftlichen Nutzen dar.
- Wir können unglaublich viel für Innovation tun, wenn wir das unterlassen, was wir falsch machen.

Zum Beitrag von Prof. Dr. Anton Heuberger

- Die Konkurrenzsituation zu Niedriglohnländern kann in der produzierenden Industrie nur durch kontinuierlich erfolgende Innovationen in Produktionstechnik und Produkten bzw. Systemen erfolgreich bestanden werden.
- Der Marktbedarf für Mikroelektronik und Mikrosystemtechnik erscheint gesichert zu sein. Deshalb werden die notwendigen Innovationen – weltweit betrachtet – mit Sicherheit erfolgen. Die entscheidende Frage ist, ob sich Deutschland daran angemessen beteiligen kann.

- Zur Beseitigung von Innovationshemmnissen soll die angewandte Forschung und Entwicklung als Brücke zwischen Grundlagenforschung und industrieller Anwendung verstärkt werden, d.h. ein frühzeitiges Erkennen von Anwendungschancen ist erforderlich.
- Die Stärkung der lokalen Anwenderindustrie ist ein wichtigster Standortfaktor.
- Eine starke Anwenderindustrie erzwingt eine hohe Investitionsrate in Mikroelektronik und Mikrosystemtechnik. Als positives Beispiel sei hier die Automobil-Industrie genannt, als negatives Beispiel die Computer-Industrie.

Zum Beitrag von Prof. Dr.-Ing. Michael F. Zäh

- Modularisierung führt letztlich zur Wiederverwendbarkeit.
- Durch Standardisierung und Wiederwendbarkeit kann man die Kosten niedrig halten.
- Der Werkstattmann wird nicht programmieren, er wird auch das System nicht selbst warten.
- Es geht darum, integrative Prozessketten zu gestalten, die weit über den Metall verarbeitenden Produktionstechnik hinausgehen.
- Es müsste eigentlich ein Paradigmenwechsel für bestimmte Anwendungen auch im Bereich der Werkzeugmaschinen stattfinden, um hier das Machbare an Funktionszuwächsen in Richtung Sicherheit, Verfügbarkeit, Notlaufeigenschaften und Umkonfigurierungsmöglichkeiten zu lenken.

Zum Beitrag von Prof. Dr.-Ing. Jürgen Gausemeier

- Das Informationszeitalter rottet die Arbeit aus: Die neuen Techniken führen praktisch zur Abschaffung des Fließbandarbeiters. Sinnvolle Jobs wird es jenseits der herkömmlichen Beschäftigungsfelder geben.
- Der Maschinenbau führt das Wissen aus vielen Disziplinen zu Lösungen zusammen, die großen Nutzen stiften. Dabei ist nicht nur das Erzeugnis zu entwickeln, sondern auch der Produktionsprozess.
- Der Innovationspfad führt uns über Grundlagenforschung und angewandte Forschung zur Entwicklung und Kommerzialisierung eines Produkts.
- Erfolgspotenziale von heute und morgen führen über Produktinnovationsmanagement zu erfolgreichen Produkten sowie über strategisches Produktionsmanagement zu effizienter Auftragsabwicklung bzw. Produktion.
- Strategische Produkt- und Produktionsprozessplanung ist ein wesentlicher Hebel für den nachhaltigen Unternehmenserfolg.

WORKSHOP II, 14. – 15. OKTOBER 2003
THEMA: „STAATLICHE VERANTWORTUNG FÜR HOCHTECHNOLOGISCHE
INNOVATIONEN"

Zum Beitrag von Ministerialdirektor Dr. Peter Krause

- Die Forschungslandschaft in Deutschland ist nicht schlecht und wird oft unter Wert verkauft, gerade im Vergleich zu den USA.
- Forschungslandschaft, Bildung und Kultur sowie gesellschaftliche Dimension sind die tragenden Säulen der hochtechnologischen Innovationen.
- Die Voraussetzung für einen zukunftsfähigen Standort Deutschland sind gut ausgebildete Menschen.
- Leitvisionen sind gesellschaftliche Bedürfnisfelder für die Zukunft. Demgegenüber orientieren sich Leitinnovationen stärker an der Technologie.
- Eine klare Korrelation ist, dass Spitzenforschung automatisch auch das Geld anzieht.

Zum Beitrag von Henning Banthien

- Gesellschaftlicher Bedarf, Forschungsrelevanz und Umsetzbarkeit sind drei Kriterienblöcke der Innovationsförderung.
- Man muss Mut zur Priorisierung haben und Schwerpunkte setzen können, in die investiert werden soll, sodass Architekturen für Innovationen aufgebaut werden.
- Innovationen entstehen eigentlich immer an den Schnittstellen von altbekannten Systemen, indem diese mit neuen Ideen kombiniert werden. Deswegen ist es auch logisch, dass Interdisziplinarität eine höhere Aussicht auf Innovationen bringt.
- Das Thema Innovation sollte tatsächlich politische und gesellschaftliche Aufbruchsignale setzen und den Kreis der interessierten Öffentlichkeit vergrößern.

Zum Beitrag von Prof. Dr. Henning Klodt

- Durch den höheren Produktivitätsfortschritt in der Industrie im Vergleich zum Dienstleistungssektor vollzieht sich ein Prozess, der vergleichbar ist mit der Verschiebung von der Agrargesellschaft zur Industriegesellschaft.
- Das größte Wachstum haben wir zurzeit im Dienstleistungssektor bei unternehmensbezogenen Leistungen, die wiederum Vorleistungen für die Industrie produzieren.
- Die Rolle wissensbasierter Dienstleistungen, d.h. die Dienstleistungswirtschaft, gewinnt zunehmend eine höhere Bedeutung. Im Umfeld von klassischen Institutionen entsteht eine ganze Reihe von Einrichtungen, die einen Netzwerk bildenden Charakter haben.
- Wenn wir unsere nationale Kompetenzen nicht halten und fördern, dann haben wir auf Dauer auch einen Standortnachteil für die Industrie. Das Wissen wandert in andere Länder ab und wir werden zu der berühmten viel zitierten verlängerten Werkbank.

Zum Beitrag von Prof. Dr.-Ing. Manfred Fricke

- Auch die Industrie selbst ist gefordert, innovativ zu denken und zu handeln.
- Das Forschungssystem in Deutschland ist sehr fragmentiert. Dabei sollte man die Komplexität und langfristige Nutzungsmöglichkeiten von großtechnologischen Projekten zunehmend im europäischen Kontext sehen.
- Die deutsche Forschungsförderung besteht im Wesentlichen darin, Technologien voranzutreiben, die wirtschaftlich nützlich sind und Arbeitsplätze schaffen sowie die Ausbildung einschließen. In den USA wird geforscht, damit das Wirtschafts- und Lebenssystem erhalten bleibt. Dazu gehören auch Technologien, die wiederum die Staatspolitik stärken.
- Das Motiv, sich in irgendeiner Weise schützen zu müssen, ist ein gutes Verkaufsargument für die Allokation großer Mengen von Fördermitteln. Es ist jedoch schwierig, es in Europa zu vertreten.
- Interessanterweise entstehen große Innovationsschübe in Deutschland seitens der mittelständischen Unternehmen, die oftmals an bestimmten Forschungsvorhaben überhaupt nicht partizipieren.
- In Deutschland muss das gesellschaftliche nationale Klima dafür geschaffen sein, dass Innovation überhaupt ein Thema ist.

Zum Beitrag von Prof. Dr. Dietmar Theis

- Auch in den Großunternehmen gibt es eine Schwerfälligkeit gegenüber neuartigen Themen und internationalen Orientierungen. Bis vor zehn, fünfzehn Jahren waren viele europäische Unternehmen national verwurzelt.
- In Europa sind die nationalen Interessen immer noch offensichtlich, sodass man sich doch nicht zu einer intensiven Zusammenarbeit im Sinne des europäischen Geistes zusammenfindet.

Zum Beitrag von Dr. Uwe Wiemken

- Viele technologische Fragestellungen werden in Amerika als ein nationales Sicherheitsproblem aufgefasst.
- Überraschungsfreiheit ist keine apodiktische Forderung, sondern ist ein Ziel. Durchbrüche sind nicht prognostizierbar, aber trotzdem muss versucht werden, möglichst überraschungsfrei zu sein.
- Die Amerikaner haben einen sehr gut etablierten Prozess des Ableitens der Vorgaben für die Planung aus politischen Visionen heraus.

Zum Beitrag von Prof. Dr. Anton Heuberger

- Um etwas Funktionierendes zu bauen, muss man eigene Erkenntnisse und einen Entwicklungsstil für die Forschung haben.

- Volkswirtschaftlich ist es falsch gedacht, nur die Ideenfindung zu fördern. Bis zu einer gesicherten Produkterkenntnis müssen wir wesentlich mehr tun, als nur die Idee zu haben.
- Die Qualität der Universitätsforschung nimmt immer mehr ab, da die Ressourcen einfach zu bescheiden sind.
- In der Halbleitertechnik ist es üblich geworden, dort neue Produkte und Technologien zu entwickeln, wo sie auch produziert werden.
- Wissenschaft und Forschung haben auf der Straße keine Lobby. Man ist froh, wenn sich Politik dazu als Partner bereit findet.

WORKSHOP III, 21. – 22. JUNI 2004
THEMA: „ECKPFEILER FÜR INNOVATIONEN: VERANTWORTUNG, MUT, VERTRAUEN"

Zum Beitrag von Prof. Dr. Wolfram Fischer

- Eine Maschine ist immer etwas Einzigartiges und muss einen bestimmten Zweck erfüllen. Daher kann es auch Konstruktionslehren für spezielle Aufgabenstellungen geben, die zu ganz speziellen Produkten führen.
- Innovationen begleiten nicht nur die Geschichte der Menschheit, sie sind ein wesentlicher Bestandteil ihrer Geschichte.
- Innovationen beschränken sich nicht nur auf die industrielle Welt. Ihre Schwerpunkte wechseln im Laufe der Geschichte.
- Die Bedeutung der Innovationen ist schwer vorauszusehen. Hoch gepriesene Neuerungen können sich als Sackgassen erweisen, unscheinbare dagegen eine lang dauernde Wirkung entfalten.
- Zur Konzeption und Durchführung von Innovationen, die oft einzelnen Köpfen entspringen, bedarf es des Zusammenspiels vieler Akteure.
- Um Innovationen voranzubringen, sind innovationshemmende Kräfte bzw. Blockaden zu überwinden.
- Zur Durchsetzung von Innovationen gehört aber auch die schöpferische Zerstörung von Altem, Gewohntem bzw. Vertrautem.

Zum Beitrag von Prof. Dr.-Ing. Günter Spur

- Wenn man Großtechnologien als Innovation vorantreiben möchte, muss man jemanden haben, der den kleinen und mittelständischen Unternehmen, selbst sogar großen Firmen, das Risiko abnimmt.
- Insbesondere Ingenieure sollten Innovationsprozesse bewusst unter dem Gesichtspunkt der Erträge sehen.
- Mit der Virtualität von Innovationsabläufen hätten wir die Möglichkeit, während des laufenden Prozesses auf einen besseren ökonomischen Erfolg umzusteuern.
- Der Vorrang der Militärtechnik, den die Amerikaner ausüben, hat langfristig zwei Folgen: Zum einen steigen die Staatsschulden, zum anderen bleibt die Handelsbilanz immer negativ.

Zum Beitrag von Prof. Dr. Klaus Brockhoff

- Es gibt nicht mehr nur den Einzelerfinder in den Unternehmen, sondern es sind häufig gruppengetriebene Prozesse, die Innovationen voranbringen.
- Innovationen finden nicht nur in den Produktionseinstellungen statt, sondern auch in unserer Volkswirtschaft.
- Innovationen sind Nicht-Routineprozesse, haben hohe Risiken und erfordern besondere Managementfähigkeiten.

- Die Schnittstellen zwischen den verschiedenen, an dem Entstehen einer Innovation beteiligten Bereichen durch die entsprechenden Maßnahmen zu gestalten und zu überbrücken, sind enorm wichtig.
- Ein Forscher, der wenig vom Management versteht, wird dauerhaft keinen Erfolg haben, weil er lediglich Technologieorientierung betreibt.

Zum Beitrag von Prof. Dr.-Ing. Günther Schuh

- In Analogie an die Kognitionslehre kann man eine Anatomie der technischen Systeme schaffen, vor allen Dingen um die Planbarkeit von eigentlich schon nicht mehr überschaubaren Systemen zu ermöglichen.
- Man müsste es schaffen, auch die sozialen Prozesse richtig zusammenzufügen.
- Marktforschung liefert nicht unbedingt eine Garantie für gute Innovationen.
- Eine der wesentlichen technologischen Erfindungen sind die Toleranzen und das Denken in Toleranzen.
- Wenn ich ein Unternehmen hauptsächlich nach „return on capital employed" bewerte, dann ist ein guter Unternehmer ein Fabrikant ohne Fabrik.
- Wir müssen mit unserem Gesamtprozess in der Lage sein, die Innovationsfähigkeit am Standort Deutschland zu steigern.

Zum Beitrag von Rolf Jungnickel

- Innovation ist nicht nur eine Technologie. Innovation ist ganz im Schumpeterschen Sinne eine Leistung, die sich auf dem Markt durchsetzt, möglichst hohe Gewinne beschert und von der Konkurrenz nicht gleich kopiert werden kann.
- Innovation ist in der Regel eine Zusammenführung von Wissen und insbesondere von technologischem Wissen.
- Innovation ist mehr als eine über Forschung und Entwicklung zwangsläufig entstandene Erfindung. Innovation ist eine Marktposition, die wir durch eine intelligente Lösung erreicht haben.
- Eine zentrale Aufgabe für Innovationsforschung wäre, zu dokumentieren, wie die Stärke in Spitzentechnologie sich auf einer Zehn- bzw. Zwanzigjahresbasis dann auch in den Arbeitsplätzen niederschlägt.
- Am Ende der Forschungsförderung muss ein Produkt stehen.

Zum Beitrag von Prof. Dr. Klaus Kornwachs

- In Deutschland gibt es keine einheitliche Einstellung zur technischen Innovation.
- Man kann nicht über Technikfeindlichkeit oder Misstrauen gegenüber der Technik in Deutschland sprechen. Es gibt vielmehr ein Unverständnis und eine Gleichgültigkeit gegenüber Großtechnologien.
- Erfindungen sind politisch und moralisch neutral. Mann kann sie gebrauchen oder missbrauchen.
- Vertrauen in Technologien erfordert auch Vertrauen in ihre organisatorischen Strukturen.

> TEILNEHMER DER WORKSHOPS

Henning Banthien
Leiter des Konsortiums des Forschungsdialogs Futur, Berlin

Dr. Werner Borrmann
A. T. Kearny GmbH, Düsseldorf

Prof. Dr. Klaus Brockhoff
Wissenschaftliche Hochschule für Unternehmensführung (WHU) – Otto Beisheim School of Management, Lehrstuhl für Unternehmenspolitik, Vallendar

Prof. Drs. Wolfram Fischer
Freie Universität Berlin, Lehrstuhl für Wirtschafts- und Sozialgeschichte

Prof. Dr.-Ing. Manfred Fricke
Technische Universität Berlin, Institut für Luftfahrt- und Raumfahrttechnik

Walter Ganz, M.A.
Fraunhofer-Institut für Arbeitswirtschaft und Organisation (IAO), Stuttgart

Prof. Dr.-Ing. Jürgen Gausemeier
Universität Paderborn, Heinz Nixdorf Institut

Prof. Dr. Heinz Grimm
Mitglied des Stiftungsvorstands der Stiftung *Brandenburger Tor* der Bankgesellschaft Berlin

Prof. Dr. Anton Heuberger
Fraunhofer-Institut für Siliziumtechnologie, Itzehoe

Dr. Kurt Hornschild
Deutsches Institut für Wirtschaftsforschung (DIW), Berlin, Abteilung „Industrie, Dienstleistungen, Innovation"

Prof. Dr.-Ing. Dr. Dagmar Hülsenberg
Technische Universität Ilmenau, Fakultät für Maschinenbau

Prof. Dr. Reinhard F. Hüttl
Brandenburgische Technische Universität, Cottbus, Lehrstuhl für Bodenschutz und Rekultivierung

Rolf Jungnickel
Hamburgisches Welt-Wirtschafts-Archiv (HWWA), Schwerpunkt „Internationale Mobilität von Unternehmen und Arbeitskräften"

Prof. Dr.-Ing. Matthias Kleiner
Universität Dortmund, Lehrstuhl für Umformtechnik

Prof. Dr. Henning Klodt
Institut für Weltwirtschaft, Abteilung Wachstum, Strukturwandel und Internationale Arbeitsteilung, Kiel

Prof. Dr. Klaus Kornwachs
Brandenburgische Technische Universität, Cottbus, Lehrstuhl für Technikphilosophie

Ministerialdirektor Dr. Peter Krause
Bundesministerium für Bildung und Forschung, Leiter der Abteilung Information und Kommunikation; Neue Technologien, Bonn

Prof. Dr.-Ing. Jörg Krüger
Technische Universität Berlin, Institut für Werkzeugmaschinen und Fabrikbetrieb

Prof. Dr. Stefan Kuhlmann
Fraunhofer-Institut für Systemtechnik und Innovationsforschung, Karlsruhe, Abteilung Technikbewertung und Innovationsstrategien

Peter Langer
German Scholars Organization für Wissenschaft und Forschung (Vorstand), Universitätskanzler a.D., Berlin

Prof. Dr.-Ing. Klaus Lucas
Rheinisch-Westfälische Technische Hochschule Aachen, Institut für Technische Thermodynamik

Prof. Dr. Bernd Mahr
Technische Universität Berlin, Institut für Telekommunikationssysteme

Prof. Dr.-Ing. Horst Meier
Universität Bochum, Lehrstuhl für Produktionssysteme

Prof. Dr. Eckard Minx
DaimlerChrysler AG, Forschung „Gesellschaft und Technik", Berlin

Dr. Thomas Müller-Kirschbaum
Henkel KGaA, Produktentwicklung Wasch-/ Reinigungsmittel, Düsseldorf

Prof. Dr.-Ing. Reimund Neugebauer
Fraunhofer-Institut für Werkzeugmaschinen und Umformtechnik, Chemnitz

Dr. Franka Ostertag
Büro Einstein-Jahr 2005, Berlin

Dieter Schliek
Bayerische Motorenwerke AG, Sparte Motorrad, Berlin

Dr. Eckhard Schüler-Hainsch
DaimlerChrysler AG, Forschung „Gesellschaft und Technik", Berlin

Prof. Dr.-Ing. Günther Schuh
Rheinisch-Westfälische Technische Hochschule Aachen, Lehrstuhl für Produktionssystematik

Prof. Dr.-Ing. Günther Seliger
Technische Universität Berlin, Institut für Werkzeugmaschinen und Fabrikbetrieb

Prof. Dr.-Ing. Dieter Spath
Fraunhofer-Institut für Arbeitswirtschaft und Organisation (IAO), Stuttgart

Prof. Dr.-Ing. Günter Spur
Technische Universität Berlin, Institut für Werkzeugmaschinen und Fabrikbetrieb

Ralf-Jürgen Striek
BSH – Bosch und Siemens Hausgeräte GmbH, Zentrale Technik, München

Ralph Tarraf
Bundeskanzleramt, Leiter des Referats 023, Berlin

Prof. Dr. Dietmar Theis
Siemens AG, Corporate Technology – Strategisches Marketing, München

Winfried Ventker
Bundesministerium der Verteidigung, Planungsstab, Berlin

Prof. Dr. Eicke Weber
German Scholars Organization für Wissenschaft und Forschung (Vorstandsvorsitzender), Berlin; University of California, Department of Materials Science and Engineering, Berkeley

Dr. Hans-Dieter Weger †
Institut für Stiftsberatung, Verl

Prof. Dr. Axel von Werder
Technische Universität Berlin, Institut für Betriebswirtschaftslehre

Dr. Uwe Wiemken
Fraunhofer-Institut für Naturwissenschaftlich-Technische Trendanalysen (INT), Euskirchen

Prof. Dr.-Ing. Michael F. Zäh
Technische Universität München, Institut für Werkzeugmaschinen und Betriebswissenschaft

> AUTORENVERZEICHNIS

HENNING BANTHIEN

ist seit 1999 Leiter des Berliner Büros von IFOK und verantwortlich für den Bereich Innovation. Seit März 2004 ist er Mitglied der Geschäftsleitung. Darüber hinaus ist er Mitglied der Expertengruppe „The Future of Key Research Actors in the European Research Area" der EU-Kommission und leitet den nationalen Foresight-Prozess Futur. Zuvor war er Mitglied im Ausschuss Innovationsnetzwerke des Verein Deutscher Ingenieure (VDI) und in der High Level Expert Group on Regional Foresight der EU-Kommission. Er studierte Philosophie, Geographie und Umweltwissenschaften.

KLAUS BROCKHOFF

Prof. Dr. Dr. h.c., ist ehemaliger Rektor der Wissenschaftlichen Hochschule für Unternehmensführung in Vallendar bei Koblenz und dort Inhaber des Lehrstuhls für Unternehmenspolitik. Zuvor war er Direktor des Instituts für Betriebswirtschaftliche Innovationsforschung und des Instituts für Betriebswirtschaftslehre der Christian-Albrechts-Universität Kiel. Er ist zudem Mitglied verschiedener Aufsichts- und Beiräte sowie wissenschaftlicher Fördereinrichtungen und Gesellschaften.

WOLFRAM FISCHER

Prof. em. Drs. Dr. h.c., ist emeritierter Professor an der Freien Universität Berlin. Vor seiner Professur für Wirtschafts- und Sozialgeschichte an der FU Berlin war er Professor an der Universität Münster. Er studierte Geschichte, Philosophie, Wirtschafts- und Sozialwissenschaften in Heidelberg und promovierte zunächst im Fach Geschichte und dann in den Wirtschaftswissenschaften.

MANFRED FRICKE

Prof. Dr.-Ing., ist emeritierter Professor für Flugführung und Luftverkehr an der Technischen Universität Berlin. Zwei Amtszeiten lang übte er das Amt des Präsidenten der Universität aus. Er ist bis heute Mitglied im Senat der Helmholtz-Gemeinschaft. Überdies wirkte er unter anderem als Vorsitzender des Wissenschaftlichen Beirats beim Bundesminister für Verkehr und als Mitglied des Senats der Deutschen Forschungsanstalt für Luft- und Raumfahrt. Außerdem war er Mitglied des Aufsichtsrates der Lufthansa Consulting GmbH. Er promovierte und habilitierte an der Technischen Universität Berlin im Bereich Maschinenbau mit dem Schwerpunkt Flugtechnik. Fricke erhielt 1994 das Bundesverdienstkreuz 1. Klasse.

JÜRGEN GAUSEMEIER

Prof. Dr.-Ing., ist Professor für Rechnerintegrierte Produktion am Heinz Nixdorf Institut der Universität Paderborn. Gausemeier ist seit 2003 ordentliches Mitglied von acatech. Überdies ist er Vorstandsmitglied und Geschäftsführer des *Berliner Kreis – Wissenschaftliches Forum für Produktentwicklung e.V.* sowie Initiator und Aufsichtsratsvorsitzender der UNITY AG – Aktiengesellschaft für Unternehmensführung und Informationstechnologie. Er promovierte an der Technischen Universität Berlin.

HEINZ GRIMM

Prof. Dr., ist Professor für Volkswirtschaftslehre an der Fachhochschule des Bundes – Fachbereich Sozialversicherung in Berlin. Grimm studierte Volkswirtschaftslehre an der Technischen Universität Berlin. Nach Abschluss seines Studiums war er als Wissenschaftlicher Mitarbeiter am Institut für Volkswirtschaftslehre der Technischen Universität Berlin tätig, wo er auch zum Dr. rer. oec. promovierte. Bis 2003 arbeitete er als Chefvolkswirt der Bankgesellschaft Berlin. Neben seiner Tätigkeit an der Fachhochschule des Bundes ist Grimm Vorstand der Stiftung *Brandenburger Tor* der Bankgesellschaft Berlin, Lehrbeauftragter der Bankakademie in Frankfurt/Main sowie Berater der BGB-Invest.

ANTON HEUBERGER

Prof. Dr., ist seit 1994 Professor für Halbleitertechnologie an der Christian-Albrechts-Universität Kiel. 1994 wurde er zum Leiter des Fraunhofer-Instituts für Siliziumtechnologie (ISIT) berufen, das er seit 1990 mit aufgebaut hatte. Zuvor war er seit 1983 Inhaber des Lehrstuhls „Technologie hochintegrierter Schaltungen" im Institut für Mikroelektronik der Technischen Universität Berlin und Leiter des neugegründeten Berliner Fraunhofer-Instituts für Mikrostrukturtechnik (IMT). Heuberger promovierte im Fach Physik an der Technischen Universität München.

ROLF JUNGNICKEL

Dipl.-Volkswirt, ist wissenschaftlicher Referent am HWWA-Institut für Wirtschaftsforschung. Er leitet dort den Schwerpunkt „Internationale Mobilität von Unternehmen und Arbeitskräften". Seine Arbeiten konzentrieren sich auf die Analyse von internationalen Direktinvestitionen und Europäischer Integration, insbesondere europäischer Industrie- und Technologiepolitik. Gegenwärtig stehen Fragen der Migration Hochqualifizierter im Mittelpunkt.

HENNING KLODT

Prof. Dr., ist seit 2005 Leiter des Zentrums Bildungsprogramme am Zentrum für Weltwirtschaft an der Universität Kiel, wo er 1999 zum Direktor und Professor ernannt wurde. von 1997 bis 2005 war er Leiter der Forschungsabteilung „Wachstum, Strukturwandel und internationale Arbeitsteilung" und von 1990 bis 1997 Leiter der Forschungsgruppe „Strukturwandel und Beschäftigung" des Instituts für Weltwirtschaft. Er studierte Volkswirtschaftslehre in Kiel und promovierte in den Politikwissenschaften.

KLAUS KORNWACHS

Prof. Dr., ist seit 1992 Lehrstuhlinhaber für das Fach Technikphilosophie an der Brandenburgischen Technischen Universität Cottbus und war überdies 1997 bis 1998 Direktor des Zentrums für Technik und Gesellschaft an der BTU Cottbus. Seit 2003 ist er ordentliches Mitglied von acatech. Kornwachs gründete 1988 die Deutsche Gesellschaft für Systemforschung e.V. und wurde 1990 zum Honorarprofessor an der Universität Ulm ernannt. 1991 erhielt Klaus Kornwachs den SEL-Forschungspreis Technische Kommunikation. Darüber hinaus war er beim Fraunhofer-Institut für Arbeitswirtschaft und Organisation Leiter der Abteilung Qualifizierungsforschung und Technikfolgenabschätzung. Kornwachs studierte Mathematik, Physik und Philosophie. Er promovierte und habilitierte im Fach Philosophie.

PETER KRAUSE

Dr., war Leiter der Abteilung Neue Technologien des Bundesministeriums für Bildung und Forschung. 1995 übernahm er die Leitung des Projektträgers Biologie, Energie, Ökologie in Jülich (heute PTJ). Von 1982 bis 1986 war er Wissenschaftsreferent an der Deutschen Botschaft Brasilia. Anschließend war er bis 1995 im Bundesministerium für Forschung und Technologie auf den Gebieten Energieforschung und Technologie sowie Umweltforschung tätig. Er studierte Geowissenschaften und wissenschaftliche Politik in Marburg und Frankfurt am Main.

KLAUS LUCAS

Prof. Dr.-Ing., ist seit 2000 Inhaber des Lehrstuhls für technische Thermodynamik an der RWTH Aachen. Lucas ist ordentliches Mitglied von acatech und Mitglied der Berlin-Brandenburgischen Akademie der Wissenschaften. Zuvor war er Professor für Thermodynamik an der Universität Duisburg. Zudem war Lucas bis 2002 Wissenschaftlicher Leiter am Institut für Energie- und Umwelttechnik in Duisburg. Lucas studierte und promovierte an der Technischen Universität Berlin im Bereich Chemieingenieurwesen. Er habilitierte an der Ruhr-Universität Bochum.

GÜNTHER SCHUH

Prof. Dr.-Ing. Dipl.-Wirt.-Ing., ist seit 2002 Inhaber des Lehrstuhls für Produktionssystematik an der RWTH Aachen und Mitglied in den Direktorien des WZL und des Fraunhofer IPT in Aachen. Er ist in mehreren Aufsichts- und Verwaltungsräten tätig. Zuvor war er an der Universität St. Gallen (HSG) Professor für betriebswirtschaftliches Produktionsmanagement und zugleich Mitglied des Direktoriums am Institut für Technologiemanagement. Er ist Gründer der GPS Firmengruppe in Würselen, St. Gallen und Atlanta. Günther Schuh studierte Maschinenbau und Betriebswirtschaftslehre an der RWTH Aachen und promovierte am WZL. 1991 wurde ihm die Otto-Kienzle-Gedenkmünze der Wissenschaftlichen Gesellschaft für Produktionstechnik verliehen.

ECKHARD SCHÜLER-HAINSCH

Dr.-Ing., ist seit 2002 Leiter des Fachgebiets Innovationsumfeld in der Forschungsgruppe Gesellschaft und Technik der DaimlerChrysler AG. Zuvor war er, ebenfalls in der Konzernforschung bei DaimlerChrysler, von 1991 bis 2000 in der Verkehrsforschung und von 2000 bis 2001 in der Forschungsgruppe Fahrzeugkonzepte tätig. Er studierte an der Technischen Universität Berlin und promovierte dort am Institut für Verkehrsplanung und Verkehrswegebau. Für seine Dissertation wurde er 1992 mit der Beuth-Medaille der Deutschen Maschinentechnischen Gesellschaft (DMG) ausgezeichnet.

UWE WIEMKEN

Dr., ist seit 2001 Leiter des Fraunhofer-Institutes für Naturwissenschaftlich-Technische Trendanalyse (INT), Euskirchen. Das INT ist Mitglied des Fraunhofer-Verbundes Verteidigungs- und Sicherheitsforschung und unterstützt das BMVg bei der Schaffung von nationaler Urteilsfähigkeit zu langfristigen Entwicklungen von Naturwissenschaft und Technik. Wiemken befasst sich als Mitglied des INT seit 1974 mit diesen Fragestellungen und ihren Implikationen für staatliche Planung. Schwerpunkte der letzten zehn Jahre waren die Internationalisierung der Verteidigungs- und Sicherheitsforschung sowie grundsätzliche Aspekte der wechselseitigen Beeinflussung von Technik und Gesellschaft. Wiemken hat einen Lehrauftrag an der Fachhochschule Köln.

GÜNTER SPUR

Prof. Dr.-Ing. Dr.-Ing. E. h. mult. Dr. h. c. mult., ist emeritierter Professor der Technischen Universität Berlin. Über mehr als drei Jahrzehnte leitete er das Institut für Werkzeugmaschinen und Fabrikbetriebe der Technischen Universität Berlin und gründete 1976 das Fraunhofer-Institut für Produktionsanlagen und Konstruktionstechnik. Von 1991 bis 1996 war er Gründungsrektor der Brandenburgischen Technischen Universität Cottbus. Spur hat bedeutende Beiträge zur Produktionswissenschaft vor allem auf den Gebieten der Werkzeugmaschinen und Fertigungstechnik, der Automatisierungstechnik, des Fabrikbetriebes sowie der rechnerintegrierten Produktionsplannung geleistet. Günter Spur ist Mitglied in zahlreichen wissenschaftlichen Institutionen und Akademien. Seine Verdienste als Wissenschaftler und Hochschullehrer wurden national und international durch hohe Auszeichnungen und Ehrungen gewürdigt.

DIETMAR THEIS

Prof. Dr.-Ing., ist Leiter des Fachzentrums Cooperation and Media in der Zentralabteilung Corporate Technology der Siemens AG. Er ist zuständig für Fragen der Forschungs- und Förderpolitik, der Kooperation mit der öffentlichen Forschung und der Marketing-Kommunikation für Corporate Technology. Theis promovierte am Institut für Festkörperphysik der TU Berlin, arbeitete auf den Gebieten Optoelektronik und Leistungshalbleiter und ist seit 2004 Honorarprofessor für das Fachgebiet „Displaytechnik" an der TU München.

DANIELA WITCZAK

Dipl.-Ökonomin, studierte Wirtschafts- und Sozialwissenschaften an der Universität Lüneburg. Sie ist seit 2005 als wissenschaftliche Referentin am Institut für Angewandte Wirtschaftsforschung (IAW) in Tübingen tätig. Forschungsschwerpunkte sind Öffentliche Finanzen und Steuersysteme.

MICHAEL F. ZÄH

Prof. Dr.-Ing., ist seit 2002 Leiter des Instituts für Werkzeugmaschinen und Betriebswissenschaften (iwb) und Inhaber des Lehrstuhls für Werkzeugmaschinen und Fertigungstechnik und unter anderem Leiter der Logistik an der Technischen Universität München. Bei der Gleason-Pfauter Maschinenfabrik GmbH war er zuvor Mitglied der erweiterten Geschäftsleitung und unter anderem Leiter der Logistik. Er studierte Maschinenbau an der Technischen Universität München und promovierte am Institut für Werkzeugmaschinen und Betriebswissenschaften (iwb).

> STIFTUNG BRANDENBURGER TOR DER BANKGESELLSCHAFT BERLIN

Die Stiftung *Brandenburger Tor* der Bankgesellschaft Berlin wurde 1997 gegründet und ist eine rechtsfähige Stiftung des bürgerlichen Rechts, die ausschließlich gemeinnützige Zwecke verfolgt und Aufgaben in den Bereichen

- Bildung und Erziehung
- Kultur
- Wissenschaft und Forschung

wahrnimmt. Sie versteht sich als operativ arbeitende Stiftung, das heißt sie initiiert und konzipiert ihre Förderprojekte eigenverantwortlich und begleitet diese bis hin zur praktischen Umsetzung. Sie verfügt über keine Programme zur Förderung von Fremdprojekten, ist aber offen für Anfragen.

Die Arbeit in dem Förderbereich Wissenschaft und Forschung bezieht sich nicht auf Forschungsförderung, sondern sie konzentriert sich auf die Beschleunigung und Anreicherung des Wissens- und Technologietransfers sowie auf die Verbesserung des Dialogs zwischen den Technikwissenschaften und der Praxis.

www.stiftungbrandenburgertor.de

> acatech – EIN DACH UND EINE STIMME FÜR DIE TECHNIKWISSENSCHAFTEN

„acatech" steht für die Symbiose von Akademie und Technik. Der gemeinnützige Verein „acatech – Konvent für Technikwissenschaften der Union der deutschen Akademien der Wissenschaften" wurde im Februar 2002 gegründet. Erstmalig sind damit die technikwissenschaftlichen Aktivitäten der sieben – bisher weitgehend regional orientierten – Akademien der Wissenschaften in Deutschland unter einem nationalen Dach vereint. Als Länder übergreifende, selbstständige und unabhängige Institution vertritt acatech die deutschen Akademien in allen technikwissenschaftlichen Belangen im In- und Ausland. acatech versteht sich als Forum für die kritische Beleuchtung technikwissenschaftlicher Fragen vor gesellschaftspolitischem Hintergrund. Zu den Mitgliedern zählen herausragende Persönlichkeiten aus Wissenschaft und Wirtschaft. Getragen von der Expertise und Reputation seiner Mitglieder will acatech seine Leitbildfunktion für Wissenschaft, Wirtschaft, Politik und Gesellschaft aktiv wahrnehmen.

www.acatech.de